古代歷史文化^{研究}輯刊

十九編

王明蓀 主編

第 **36** 冊

蘇軾士人畫論的產生與影響

麥滿堂 著

國家圖書館出版品預行編目資料

蘇軾士人畫論的產生與影響／麥滿堂 著 — 初版 — 新北市：
花木蘭文化事業有限公司，2018〔民107〕
目 4+206 面；19×26 公分
（古代歷史文化研究輯刊 十九編：第 36 冊）
ISBN 978-986-485-432-5（精裝）
1.（宋）蘇軾 2. 文人畫 3. 畫論
618   107002327

ISBN-978-986-485-432-5

9 789864 854325

古代歷史文化研究輯刊
十九編　第三六冊　　　　　　　ISBN：978-986-485-432-5

蘇軾士人畫論的產生與影響

作　　者　麥滿堂
主　　編　王明蓀
總 編 輯　杜潔祥
副總編輯　楊嘉樂
編　　輯　許郁翎、王筑　美術編輯　陳逸婷
出　　版　花木蘭文化事業有限公司
發 行 人　高小娟
聯絡地址　235 新北市中和區中安街七二號十三樓
　　　　　電話：02-2923-1455／傳真：02-2923-1452
網　　址　http://www.huamulan.tw 信箱 hml810518@gmail.com
印　　刷　普羅文化出版廣告事業
初　　版　2018 年 3 月
全書字數　156268 字
定　　價　十九編 39 冊（精裝）台幣 100,000 元

蘇軾士人畫論的產生與影響

麥滿堂 著

作者簡介

麥滿堂，原籍廣東新會，生於香港。香港中文大學工商管理學士，主修會計。英國特許公認會計師及香港會計師公會資深會員，現職會計師。

北京大學中國古代文學碩士，師從周先慎教授研究秦觀詞。北京師範大學中國古代文學博士，師從趙仁珪教授研究蘇軾文藝理論。酷愛中國文化及藝術，研習書法國畫數十年，多次參與國內外書畫展覽，並設帳授徒。

提　要

本文對蘇軾的題畫詩及題畫作品作全面分析，配合蘇軾的繪畫和一般文藝理論的研究，理順他從前期稍為偏重繪畫技巧的畫論，演變到後期以個人修養為主的「士人畫」論的演化過程。

蘇軾年青時提出「尊王抑吳」的說法，對專業畫工的純技藝性表現，與文人繪畫能表達畫外之意，已有初步的看法。蘇軾從不同角度探討詩歌與繪畫關係的論述，最後達至「詩畫一律」這個綱領，將詩歌與文學的審美原則引用到繪畫上面。文同「寓道於竹」，讓蘇軾從中領會「技」與「道」的關係。

然後本文重組蘇軾的「士人畫」概念，論證蘇軾在不同場合提出看似零碎的畫論，與他的「士人畫」論存在的關係，以及這些畫論與他的文學理論的關連。文章又追溯蘇軾提出「士入畫」論的緣起，以至「士人畫」論在南宋的影響。然後，文章研究「士人畫」在元明兩朝由論述進入實踐，以及由此引起繪畫風格和功能的轉變。最後，文章探討蘇軾「士人畫」論在元明兩朝的演化。

本文的結論是：蘇軾看似零碎的畫論，其實都可歸結在他的「士人畫」論之下，「士人畫」論的綱領是「詩畫一律」，因為繪畫和詩歌或更廣義的文學的共通性，使兩者有可以共用的技法和審美要求，其貢獻是將繪畫的地位和層次提高。本文並歸納了蘇軾「士人畫」論對後世繪畫的影響。

目

次

緒　論

　　本文的觸發點是蘇軾的題畫詩，也包括他的其他題畫作品，以及由此帶出的一系列畫論。在他的畫論中，出現一個對中國繪畫影響深遠，具有劃時代意義和指導性思想的概念——「士人畫」。題畫詩或廣義的題畫文學並非始於蘇軾，一般學者都贊同。有學者認為，最早的題畫作品可能要追溯到戰國的繪書〔註1〕，其後不斷有不同形式的題畫作品面世，但一直等到杜甫，題畫詩才大量出現。蘇軾題畫詩的重要性，在於除了一般對畫面的描寫和由此引發的感慨之外，基於好發議論的性格，蘇軾在他的題畫作品中間夾雜了大量議論，包括廣義的文藝理論和與繪畫藝術有直接關係的畫論。繪畫理論也非蘇軾首創，在六朝文藝覺醒的年代，已經有不少繪畫理論產生，但從流傳的資料看來，這些理論都是片段性的論述，不成系統。蘇軾的畫論雖然不能說有嚴密的系統，卻有比較清晰的概念，而且是一系列的，明顯比前人的理論要成熟。蘇軾的畫論也有階段的演變軌跡，初期主要圍繞在繪畫技法層面，例如「王維與吳道子的優劣」、「常形和常理」、「天才論和工夫論」、「形似與神似」等，與此緊緊相連的是他的「詩畫一律」論。到後來，他的畫論變成將繪畫造詣和畫家的個人修養連在一起，於是產生與前期截然不同的理論，「士人畫」的概念就是在這個時期出臺，其實，將畫家和士人相提並論，在蘇軾之前已經出現。張彥遠「歷代名畫記」記載謝赫對劉紹祖有如下評論：「然傷於師工，乏其士體」〔註2〕。但正式提出「士人畫」這個概念，將士人修養直接聯繫到畫藝的，按現存史料看來，蘇軾是第一人。蘇軾的前期畫論著重

〔註1〕　衣若芬《蘇軾題畫文學研究》，臺灣文津出版社 1999 年，15 頁。
〔註2〕　張彥遠《歷代名畫記》卷六，人民美術出版社 1963 年，137 頁。

將畫家從畫工中分離出來，以表現技巧爲分野；後期畫論再將「士人畫」家從一般畫家中分離出來，以修養情操爲分野。

　　蘇軾在陳述了各種技巧理論之後，再將注意力集中到與繪畫造詣看來沒有直接關係的個人修養上，但他並沒有將前期的繪畫技巧理論應用到後期的「士人畫」論上，也沒有說明兩者之間是否存在某種關係，各項理論獨自流傳發展。蘇軾提出「士人畫」論後，並沒有立刻得到繼承，但他的畫論片段卻在南宋開花結果，被廣泛接受。直到元代趙孟頫提出「士夫畫」和辨析「行」家和「戾」家，以至明代董其昌提出「文人畫」，並將源頭追溯至王維，人們再次將畫家的造詣與學問、修養等相提並論，有人甚至援引蘇軾前期的以技巧爲重心的畫論，用以解說「文人畫」。蘇軾的題畫詩和題跋帶出畫論，由以繪畫技巧爲主的畫論演變成以畫家修養爲主的「士人畫」論，經歷不同世代又加入時代因素而產生「士夫畫」論和「文人畫」論，這個演變其實是一脈相承的。

　　然而，由題畫詩帶出畫論，從不同畫論中引申出「士人畫」這個概念，從表面上，我們看不出是蘇軾有意識的行爲，而蘇軾各條畫論之間，表面上亦沒有相連關係。蘇軾並不曾對他的「士人畫」論作過解說，更沒有將他的不同畫論連成體系，後世論者從「士人畫」論演化成「文人畫」論，是否恰當？中間是否對蘇軾原來的「士人畫」論作了修正？學界似乎不太熱衷於這個問題，祇把注意力集中到「文人畫」在明以後的解讀和發展。至於蘇軾前期的畫論可否作爲其「士人畫」論的支持點，以至作爲後世「文人畫」論的基石，這個問題更乏人問津。經過幾個朝代的發展，蘇軾的審美畫論，被納入一般廣義的繪畫審美理論之內，成爲判別畫藝高低基本原則的一部份。這些原則可以應用於所有畫藝，自然亦能應用於「文人畫」，於是原本看來沒有關連的蘇軾畫論，經過一輪演化和解讀，變成「士人畫」和「文人畫」理論基礎的一個重要部份。蘇軾題畫詩從出現、解讀到被接受爲「文人畫」的重要基石之一，經歷漫長的接受和演化過程，但這個過程亦沒有得到學者的重視。本文希望塡補這片空白，理順這個歷程的來龍去脈，找出過程中出現的理論矛盾、調適和折衷。更希望由此打通文學和畫藝兩個領域的界限，達至理論互補，爲解決「士人畫」和「文人畫」的承傳問題提供理論基礎。

　　再者，蘇軾提出的是「士人畫」，與後來趙孟頫提出的「士夫畫」，直至董其昌才正式提出的「文人畫」，在名稱上並不完全相同。不同的名稱，可能

意味著具體意義上的差異。要分辨不同的名稱背後是否代表同一概念已然不易，要分辨這個概念在不同時代環境出現的具體形式就更困難。事實上，他們都不曾對自己提出的概念下過定義，祇有董其昌在《畫旨》對他提出的「文人畫」有比較多的描述。三人提出的或許是類似的概念，但因爲他們相隔數百年，而所處的年代，社會環境和士人氣質亦會有差異，是否可以完全將三個命名等量齊觀，抑或中間存在著某種關係，本文希望爲此找出答案。

蘇軾的「士人畫」論只在同一題跋中出現過兩次，而且語焉不詳，要在他的三言兩語間找出他的本意殊非易事。其實一個人對某種事物或現象形一個看法，不應該是一時意氣和衝動的事。就是說，他應該經過一些思考，經歷蘊釀甚至作過修正，才會形成這個想法。以此推斷，蘇軾對「士人畫」形成概念，也應經歷過階段性的思考才得出。那麼，蘇軾在不同階段的思考，是否會反映在他的作品或題跋上？蘇軾其他的畫論是否可以作爲旁證，以支持他的「士人畫」論？或者他的其他畫論就是「士人畫」論的一部份呢？學者全面研究蘇軾題畫詩的比較少，而是集中討論蘇軾題畫詩提出的某一個畫論，如「詩畫一律」、「寓意而不留意」、「不求形似」等，沒有研究這些理論片段的相互關係，亦有些學者會把蘇軾繪畫觀當作蘇軾整體文藝觀的一部份來研究。再者，研究蘇軾題畫詩的學者並不習慣結合他人畫論或畫論的流變研究，對於蘇軾的立論在後世如何演變也不太關心，尤其對蘇軾所言不詳但影響深遠的「士人畫」論，雖然極力讚賞，但又不熱衷追尋這個概念在後世的繼承和發展。可以說，對蘇軾題畫詩的研究，多集中或停留在歸類和分期的問題上，而較少深入的討論。

本文的目的，主要圍繞在蘇軾「士人畫」論的構成，以及它與後世「文人畫」論之間的關係。細分下來，有如下數點：（一）耙梳整理蘇軾的畫論，找出它們之間的關係和脈絡；（二）整理出蘇軾畫論的綱領；（三）分辨「士人畫」論與蘇軾其他繪畫理論的主次從屬關係；（四）分析「士人畫」論的形成及對後世的影響；（五）研究「士人畫」與「文人畫」的關係。

第一章　蘇軾的尊王抑吳論

　　嘉祐六年，年青的蘇軾剛踏上仕途，赴任鳳翔簽判，在遊玩附近的普門寺和開元寺時，看到吳道子和王維留下的畫跡，留下一首重要的論畫詩，揭開比較吳道子和王維畫藝優劣的帷幕，還在蘇軾的生命裏埋下論畫的種子。蘇軾為中國畫論立下重要基石，這是一個里程碑。詩云：

　　　　何處訪吳畫？普門與開元。開元有東塔，摩詰留手痕。吾觀畫
　　品中，莫如二子尊。道子實雄放，浩如海波翻。當其下手風雨快，
　　筆所未到氣已吞。亭亭雙林間，彩暈扶桑暾。中有至人談寂滅，悟
　　者悲涕迷者手自捫。蠻君鬼伯千萬萬，相排競進頭如黿。摩詰本詩
　　老，佩芝襲芳蓀。今觀此壁畫，亦若其詩清且敦。祇園子弟盡鶴骨，
　　心如死灰不復溫。門前兩叢竹，雪節貫霜根。交柯亂葉動無數，一
　　一皆可尋其源。吳生雖妙絕，猶以畫工論。摩詰得之於象外，有如
　　仙翮謝籠樊。吾觀二子皆神俊，又於維也斂衽無間言。

　　　　　　　　　　　　　　　　　　《王維吳道子畫》〔註1〕

　　蘇軾此詩對吳道子和王維的畫藝有所比較批評，雖然基本上讚賞兩人都是畫中高手，但篇末數句刻意褒揚王維，這對後世產生兩方面的影響。第一，一般認為蘇軾尊王抑吳，以為蘇軾雖然佩服吳道子的造詣，卻始終認為吳是屬畫工一類，祇是繪畫技藝高超而已。王維則不同，他的技藝超乎繪畫造形，而達於詩人的境界，因此格調較高。第二，蘇軾的褒王抑吳論，影響後世對王維的評價，使其地位不斷提高。然而，事實真的這樣嗎？讓我們從不同的角度去分析一下。

〔註1〕　《蘇軾詩集》卷三，中華書局 1982 年，108 頁。

第一節　討論的展開

　　先看看觸發蘇軾寫這首詩的吳道子和王維畫作究竟是甚麼樣的作品。普門寺的吳道子壁畫究竟畫得怎樣，蘇軾沒有交代，亦沒有其他文獻可供參考，因此我們祇能集中研究開元寺。《邵氏聞見後錄》卷二十八記載，開元寺有大殿九間，後壁有吳道子所畫壁畫，內容是「自佛始生、修行、說法至滅度；山林、宮室、人物、禽獸，數千萬種，極古今天下之妙。」〔註2〕人物畫是吳道子的看家本領，而描寫宗教故事的人物畫他更是畫過無數遍。張彥遠《歷代名畫記》卷三《記兩京外州寺觀畫壁》記錄了長安和洛陽兩地寺廟的壁畫，多數帶有宗教色彩，其中不少出自吳道子手筆。雖然蘇軾在詩中只提及佛祖滅度，從邵博的記載看來，整幅壁畫的規模其實相當宏大，涵蓋佛祖一生中幾個重要階段。蘇軾另有一詩《記所見開元寺吳道子畫佛滅度，以答子由題畫文殊普賢》，詳述在開元寺所見吳道子所畫的佛滅度故事，可知兩詩寫的是同一幅壁畫，《王維吳道子畫》一詩只輕輕提及佛滅度，而《記所見開元寺吳道子畫佛滅度，以答子由題畫文殊普賢》一詩則詳細描述了佛滅度時的情景。據《邵氏聞見後錄》所描述，開元寺這幅壁畫是以佛滅度為高潮：「如佛滅度，眾比丘躄踊哭泣，皆若不自勝者，雖飛鳥走獸之屬，亦作號頓之狀，獨菩薩淡然在旁如平時，略無哀戚之容。」〔註3〕蘇軾這兩首詩雖然泛寫整幅壁畫，但注意力不免集中在滅度這一高潮上。蘇軾寫《記所見開元寺吳道子畫佛滅度，以答子由題畫文殊普賢》一詩以答子由，可知子由亦有詩寫開元寺中吳道子的佛滅度壁畫。綜合蘇軾此詩和子由《畫文殊普賢》一詩，可知佛滅度這個題材的壁畫是悲壯和雄偉的，其題材基本上已決定了畫風。

　　再看看王維的畫。《王維吳道子畫》詩中云：「祇園子弟盡鶴骨，心如死灰不復溫。門前兩叢竹，雪節貫霜根。交柯亂葉動無數，一一皆可尋其源。」學者有不同的解釋。有以為開元寺內有兩幅壁畫，其一是在唐朝已開始流行的高僧像〔註4〕，而另外一幅是雙勾墨竹〔註5〕，更有認為祇園實指開元寺〔註6〕。壁畫一般篇幅宏大，因此高僧和叢竹同時出現在同一畫面其實並非不可

〔註2〕　《邵氏聞見後錄》卷二十八，中華書局1983年，217頁。

〔註3〕　《邵氏聞見後錄》卷二十八，中華書局1983年，217頁。

〔註4〕　阮璞《中國畫史論辨》，陝西人民美術出版社1993年，103頁。

〔註5〕　阮璞《中國畫史論辨》，陝西人民美術出版社1993年，104頁。

〔註6〕　《蘇軾詩選》，徐續選注，三聯書店香港分店1986年，7頁。

能，前面說到吳道子的壁畫不就是從佛出生畫到滅度嗎？其實究竟是一幅還是兩幅畫並不重要，重要的是畫的內容。從蘇軾的描述我們可以知道，他所看見的王維壁畫，內容是清癯的羅漢和亭亭的修竹，與吳道子所畫佛的一生縮影，以至尤其震攝人心的滅度場面，完全是兩回事。可以想見，吳畫氣魄雄偉，氣氛森嚴悲壯，而王畫則清靜幽奇，這是題材使然。假如吳王將繪畫題材對調，道子寫羅漢修竹，摩詰寫佛滅度，肯定會得出如下結論：道子的羅漢修竹清奇而摩詰的滅度雄偉，我們不能單從開元寺裏面的道子和摩詰壁畫判定他們兩人的繪畫風格和技藝高低。至於蘇軾的詩意是否傳遞這個訊息，我們在下面再討論。

看到哥哥這首詩，蘇轍不禁作出回應，表達自己的看法。他說：

> 吾觀天地間，萬事同一理。扁也工斲輪，乃知讀文字。我非畫中師，偶亦識畫旨。勇怯不必同，要以各善耳。壯馬脫銜放平陸，步驟風雨百夫靡。美人婉娩守嫺獨，不出庭戶修容止。女能嫣然笑傾國，馬能一蹴致千里。優柔自好勇自強，各自勝絕無彼此。誰言王摩詰，乃過吳道子？試謂道子來置女，所挾從軟美。道子掉頭不肯應，剛傑我已足，自恃雄奔不失馳，精妙實無比。老僧寂滅生慮微，侍女閒潔非復婢。丁寧勿相違，幸使二子齒。二子遺跡今豈多，岐陽可貴能獨備。但使古壁常堅完，塵土雖積光艷長不毀。

《王維吳道子畫》〔註7〕

蘇轍並不同意他哥哥的看法，他的觀點可以歸納成兩方面。首先，他認為剛健有剛健的美，柔媚有柔媚的美，不能說一種美比另一種美優勝。正如馬可以一蹴千里，美女也能一笑傾國，各擅勝場，不分軒輊。寫馬固然應該寫得剛健，寫美人就不能這樣；寫美女要表現其柔美的一面，寫馬就不能，這就是前面所談到的題材決定風格的道理。開元寺裏面的吳王壁畫就有同樣的分別。再者，蘇轍認為吳道子可能很滿足自己風格雄壯的一面，並不在意多闢門徑，去發展清奇的另一面。既然不同風格有不同的美，我們就不應對此強分軒輊，硬要說美女優於壯馬，同樣也不應說羅漢修竹優於老僧滅度。因此，他對哥哥的看法作了堅決的否定：「誰言王摩詰，乃過吳道子？」

〔註7〕《蘇轍集》卷二，中華書局1990年，24頁。

第二節　吳道子的畫工身份

在蘇軾《王維吳道子畫》這首詩裏面，蘇軾對吳道子基本上是推崇備至的，唯一的批評就是吳道子的畫工身份：「吳生雖妙絕，猶以畫工論」。那麼，畫工究竟是一個怎樣的族群？在蘇軾的心目中的地位又如何？

相傳是漢人劉歆撰、葛洪集的《西京雜記》記載一段題為《畫工棄市》的故事：

> 元帝後宮既多，不得常見，乃使畫工圖形，案圖召幸之。諸宮人皆賂畫工……畫工有杜陵毛延壽，為人形，醜好老少，必得其真。安陵陳敞，新豐劉白、龔寬，並工為牛馬飛鳥，亦肖人形，好醜不逮延壽。下杜陽望亦善畫，尤善布色。樊育亦善布色。同日棄市。京師畫工，於是差稀。〔註8〕

《西京雜記》一書的作者仍無定論，所記亦非正史一類可供徵引的史實，但亦包含了不少禮節習俗、名物典章等漢朝風俗，可以作為參考資料。這段文字記載漢元帝從畫工的繪圖中誤選王嬙和番，因而遷怒於一眾畫工，俱斬於市。我們可以想見，畫工在當時已相當普遍，其職能在於對物繪圖，以供參考，因此以逼真為目的，使觀圖者從圖畫中想見所繪事物的具體形象。這段記載的後半部透露了更多關於畫工的資料。他們的分工非常精細，從畫種上看，有善畫人像的，也有善畫牛馬飛鳥的。從畫藝上看，有人特別擅長布色，意味著有人特別擅長勾線。古時的繪畫都是先用雙鉤將物事的外形鉤出，然後再設色。《歷代名畫記》卷三《記兩京外州寺觀畫壁》記載多處壁畫由吳道子繪圖，他的弟子或其他工人布色，可資證明。由此可知，畫工作為一個以繪圖存形的工匠階層很早就出現了，這現象起碼可以追溯到漢代，他們是以技術性的繪事謀生，除了上述服務於皇室的畫工外，應該還有為平民老百姓服務的一群，不過他們的層次可能還要低一些，根本沒有人會記錄他們的活動。

《歷代名畫記》是第一部有系統的畫史，張彥遠打破歷來對繪畫藝術的輕視，把繪畫看成是「成教化、助人倫、窮神變、測幽微」〔註9〕的事業，將可稽考的畫人畫事記錄下來。對參與繪畫行業的人，張彥遠有不同的稱呼。張彥遠寫的是畫史，因此我們可以從他的不同稱呼中知道他心目中的不同概念。例如：

〔註8〕　《西京雜記校注》，上海古籍出版社1991年，67頁。
〔註9〕　《歷代名畫記》卷一《敘畫之興廢》，人民美術出版社1963年，1頁。

圖畫之妙，爰自秦漢。可得而記，降於魏晉。

代不乏賢，洎乎南北，哲匠間出。〔註10〕

從秦漢以至魏晉，他用「匠」來稱呼這個族群，與《西京雜記》裏面用畫工稱呼從事繪畫行業的人是一致的。主要是突出這個族群以技術性的描摸方法謀生。再看下例：

昔謝赫云：畫有六法……自古畫人，罕能兼之。〔註11〕

進入魏晉這個文藝覺醒年代，從張彥遠引述謝赫的話看來，似乎對從事繪畫工作的人有已所改觀，不再稱之爲匠，改稱畫人，雖然仍未十分尊敬，但已然有改善。

今人之畫，錯亂而無旨，眾工之跡也。〔註12〕

其細畫（指吳道子）又甚稠密，此神異也。至於傳模移寫，乃畫家末事。〔註13〕

國朝吳道玄，古今獨步，前不見古人，後無來者……吳宜爲畫聖。〔註14〕

以上三條是張彥遠用以描述唐代的畫人，第一條指當代畫人之末流，只是一般的畫工造詣。後兩條是說吳道子的畫藝六法俱全，已臻畫家之列，甚至可以被尊爲畫聖。

已上皆唐朝以來名手畫工，有同蘭菊叢芳競秀，蹤跡佈在人間，姓名不可遺棄。〔註15〕

此條出現在《歷代名畫記》卷九，張彥遠在這裡臚列唐朝一批傑出畫人，中間夾雜了十七位他認爲畫藝相當，而又有畫作留傳人間的「畫工」，認爲他們的名字不應該被埋沒。

張彥遠沒有對他的不同稱謂作過說明，但我們還是可以從中找到一些脈絡。畫工是一般對從事繪畫工作者的統稱，特別在魏晉以前，他們都是純粹的技術工匠，沒有太多的藝術性質。踏入魏晉這個文藝覺醒時代，就是繪畫工匠也有所要求，隨著技藝與文化修養的改善，繪畫藝術亦有相應提高，從

〔註10〕《歷代名畫記》卷一《敘畫之興廢》，人民美術出版社1963年，5頁。
〔註11〕《歷代名畫記》卷一《論畫六法》，人民美術出版社1963年，13頁。
〔註12〕《歷代名畫記》卷一《論畫六法》，人民美術出版社1963年，13頁。
〔註13〕《歷代名畫記》卷一《論畫六法》，人民美術出版社1963年，15頁。
〔註14〕《歷代名畫記》卷二《論顧陸張吳用筆》，人民美術出版社1963年，24頁。
〔註15〕《歷代名畫記》卷九，人民美術出版社1963年，184頁。

事這門工藝的專門人士，其社會地位也有改善。把畫人的技藝作出判別後，張彥遠改稱技藝高超如吳道子者為畫家，技藝較為一般的仍然稱為畫工。根據學者韓剛的考證，在唐朝，集賢殿書院設有人數眾多的專業畫師，身份由畫工開始，經過多年的磨練和考核，可以層層遞陞至不同品直的畫官，其身份和俸祿以至社會地位都會有所改善。〔註 16〕張彥遠的稱謂規格，相信不至於如韓剛先生的論文一般考究，但他用畫家尊稱有高度造詣的畫人，而以畫工稱呼一般從事繪畫工作的畫人，應該是沒有疑問的。

蘇軾對畫工的理解與張彥遠相若，請看下面的例子：

> 屢蒙寄紙糖，一一愧荷。駙馬都尉王晉卿畫山水寒林，冠絕一時，非畫工能彷彿。　　　　　　《與寶月大師五首之二》〔註 17〕

> 觀士人畫，如閱天下馬，取其意氣所到。乃若畫工，往往只取鞭策皮毛槽櫪芻秣，無一點俊發。　　《又跋漢傑畫山二首》〔註 18〕

歷史對吳道子的生平記載並不清楚，朱景玄的《唐朝名畫錄》記他年未弱冠就以丹青聞名浪跡東洛，後為玄宗召入禁中供奉。〔註 19〕《歷代名畫記》記吳道子曾學書於張旭和賀知章而不成，亦曾當過小吏。〔註 20〕吳道子的一生成就全在繪畫，尤以人物和富有佛教色彩的畫為最，這給他帶來畫聖的稱號。雖然他也曾隨當時的大名流張旭和賀知章學過書法，但沒有學成。不過，就算學成書法，也不能改變他以技藝謀生和成名的事實，與一般以讀書進仕的文人有著截然不同的社會身份和地位。蘇軾對吳道子的畫工稱謂，應該是針對其純粹的專業畫師身份而言。

第三節　王維的文人與畫家身份

王維早慧，二十一歲中進士，不久就釋褐當官。他的官運並不亨通，「安史之亂」發，王維不及逃走，被困京城，安祿山將他迎置洛陽，逼當「賊官」。亂平後，曾為賊官者皆得罪，重則斬首。幸好王維曾有詩「萬戶傷心生野煙，百官何日再朝天」，弟王縉又自願削官替兄長贖罪，王維終能得免。《舊唐書》

〔註 16〕　《北宋翰林圖畫院制度淵源考論》，河北教育出版社 2007 年，102 頁。
〔註 17〕　《蘇軾文集》卷六十一，中華書局 1986 年，1888 頁。
〔註 18〕　《蘇軾文集》卷七十，中華書局 1986 年，2216 頁。
〔註 19〕　《唐朝名畫錄》，四川美術出版社 1985 年，2 頁。
〔註 20〕　《歷代名畫記》卷九，人民美術出版社 1963 年，176 頁。

和《新唐書》的王維本傳都非常簡約，而且不及文藝，我們不能從這裡看出王維的文人身份。天寶後期丹陽人殷璠以自己的眼光輯錄同期詩人的作品，他的選擇在相當程度上反映當時的文藝審美標準，在他的集子裏，王維就榜上有名。同時被選入的還有李白、高適、岑參、孟浩然等人，從數量上看，王維和常建最多，都是十五首，李白只得十三首，孟浩然更只有九首。殷璠的選集反映出當時的審美眼光和後世有相當大的不同，但王維是當時代人心目中的有份量的文人，已是不成疑問。殷璠還在每位詩人的選詩前面加上評論，他對王維的評論是：「維詩詞秀調雅，意新理愜，在泉為珠，著壁成繪，一字一句，皆出常境。」〔註21〕，由此可見，王維的文人身份，在當時已經確立。

王維的詩集，最初由其弟王縉編次，王縉曾對代宗表示王維詩歌數以萬計，安史之亂後百不存一，幸存於世的僅餘三百多首。王維詩歌成就卓著，題材多，有樂府、邊塞、山水、田園，最擅長寫大自然風景，有論者認為田園詩以淵明為表表者，山水詩則首推謝靈運，而能兩者兼善的，非王維莫屬。王維長時期生活在大自然之中，對景物有入微的觀察，表現在詩歌裏，亦富有美感和動人。王維篤信佛，晚年築別業於藍田輞川，詩風尤其崇尚自然閒適，甚至頹放，常以佛理入詩，遂有「詩佛」的稱號。

王維的文人身份，可由他傳世的詩集得到明證，相比之下，他的畫藝，由於已沒有畫作留傳後世，就只能通過前人的記述找尋證據。張彥遠《歷代名畫記》是第一部有系統的畫史，成書於唐末大中元年，和王維相距只有一百年左右，對王維生活年代前後畫壇的理解和分析，應該具有無可比擬的參考價值。此書下半部是畫史，搜羅了從傳說時代到晚唐會昌年間的重要畫家三百七十多人，作了概括性的描寫和分評論。王維的史傳出現在卷十《唐朝下》：

> （王維）藍田南置別業，以水木琴書自娛。工畫山水，體涉今古。人家所蓄，多是右丞指揮工人布色。原野簇成，遠樹過於樸拙，復務細巧，翻更失真。清源寺上畫輞川，筆力雄壯。常自製詩曰，當世謬詞客，前身應畫師。不能捨餘習，偶被時人知。誠哉是言也。余曾見破墨山水，筆跡勁爽。〔註22〕

〔註21〕　《河嶽英靈集卷上》《王維》，《河嶽英靈集研究》，中華書局 1992 年版，149頁。

〔註22〕　《歷代名畫記》卷十，《唐朝下》《王維》，人民美術出版社 1963 年，191 頁。

張彥遠曾親眼見過王維的眞跡，除了清源寺有王維的《輞川圖》，他的畫已有被人收藏。大約和張彥遠同時期的朱景玄，也編了《唐朝名畫錄》，收錄了一百二十五名唐代畫家，分別列入神妙能逸四品。王維被列入妙上品：

> 其畫山水松石，蹤似吳生，而風致標格特出。今京都千福寺西塔院有掩障一合，畫青楓樹一圖。又嘗寫詩人襄陽孟浩然《馬上吟詩圖》，又傳於世。復畫《輞川圖》，山谷郁郁盤盤，雲水飛動，意出塵外，怪生筆端。……慈恩寺東院與畢庶子，鄭廣文各畫一小壁，時號三絕。故庚右丞宅有壁畫山水兼題記，亦當時之妙。〔註23〕

據朱景玄所說，王維的畫在當時就很有名聲，因而請他題畫宅壁的人也不少。王維的畫名，由唐入宋後越發受到重視，這點與王維受到北宋一批詩畫兼善的文人所推崇，是很有關係的。到北宋末年，《宣和畫譜》面世，這是一部記錄皇室收藏歷代繪畫作品的名冊，裏面還有對各種畫品的分門評論，當然不乏對著名畫家的品評。其中卷十是《山水門》有關於王維的評述，所說大多是取材於前人對王維的評論，但篇末說當時御府收藏了一百二十六幅王維的繪畫，縱使所藏容或雜有贗品，但這但數字足以反映皇家收藏對王維畫的重視。這重視，又可以證明王維的繪畫在宋人心目中的地位。可惜的是，經過後的戰亂和世事變遷，王維的繪畫並沒有保存下來，不但國內沒有，連國外都找不到。除了日本大阪市立美術館則藏有一幅傳爲王維眞跡的《伏生授經圖》。現在能看見的，就只有仿王維的作品了。

從前面的事實上，王維作爲一個詩人和畫家，同時兼擅兩方面的修爲，是毫無疑問的，王維也有自知之明，因此他曾有詩這樣說：

> 老來懶賦詩，惟有老相隨。宿世謬詞客，前生應畫師。
>
> 不能捨餘習，偶被世人知。名字本皆是，此心還不知。

《偶然作之六——餘習》〔註24〕

王維樣說了，結果是得到後來很多人的認同。蘇轍《題王詵都尉畫山水橫卷三首》有云：

> 摩詰本詞客，亦自名畫師。
>
> 平生出入輞川上，鳥飛魚泳嫌人知。

〔註23〕 《唐朝名畫記》妙品上，四川美術出版社1985年，16頁。
〔註24〕 《王右丞集箋注》卷五，上海古籍出版社1998年版，75頁。

山光盎盎著眉睫，水聲活活流肝脾。

行吟坐詠皆自見，飄然不作世俗詞。〔註25〕

此外，宋朝孫紹遠記載，王仲至在另一場合，又有如下詩句：

固知神駿不易寫，心與道合方能知。

文章書畫固一理，不見摩詰前身應畫師。

《次韻蘇子由詠李伯時所藏韓幹馬》〔註26〕

由此可見，宋朝人對王維的認識，已不是純粹的詩人，而是一個畫家兼詩人。認定王維這但雙重身份的，當然包括蘇軾。他不獨毫無保留地承認王維的畫家兼詩人身份，還獨具慧眼地看出，王維如何將兩種藝術所要求的不同稟性，自如地在兩種藝術上運用和發揮，這就是所謂「詩中有畫、畫中有詩」的論述。

第四節　蘇軾對吳、王二人的欣賞

蘇軾對吳道子的欣賞和推崇，並不是一時興起或者信口開河，而是有著深刻體會的。這首《王維吳道子畫》，他稱讚了道子「雄放」和運筆成風的一面，在隨後的幾十年間，蘇軾仍不斷對道子作出稱許，讓我們看看他是怎樣說的。熙寧三年，在《跋內教博士水墨天龍八部圖卷》中，蘇軾稱道吳道子畫的鬼神人物，「得面目之新意，窮手足之變態，尤妙於旁見側出曲折長短之勢，精意考之，不差毫毛，其粗可言者如此。至其神妙自然使人喜愕者，固不可言也。」〔註27〕連「面目新意、手足變態以至曲折長短不差毫毛」這等難臻化境的工夫，也只是「粗可言者」，還有更精妙、更令人折服的造詣不能言傳，這是對吳道子極端的恭維。蘇軾曾經在長安陳漢卿家見過吳道子《畫佛圖》，後來鮮于子駿將此圖裝背完好後送給蘇軾，蘇軾作詩《僕曩於長安陳漢卿家，見吳道子畫佛，碎爛可惜。其後十餘年，復見之於鮮于子駿家，則已裝背完好。子駿以見遺，作詩謝之》答謝。詩中對吳道子畫佛的本領再次大加稱讚：「吳生畫佛本神授，夢中化作飛空仙。覺來落筆不經意，神妙獨到秋毫顛。」〔註28〕元豐六年，蘇軾在臨皋亭見到吳道子畫的《地獄變相》，作出這樣的評語：「出新意於

〔註25〕　《欒城集》卷十六，《蘇轍集》中華書局 1990 年版，307 頁。
〔註26〕　《聲畫集》卷七，文淵閣四庫全畫本，1349 冊，907 頁。
〔註27〕　《蘇軾文集》佚文匯編卷六，中華書局 1986 年，2572 頁。
〔註28〕　《蘇軾詩集》卷十六，中華書局 1982 年，830 頁。

法度之內，寄妙理於豪放之外」《跋吳道子地獄變相》〔註29〕，觀者從畫中人在地獄受折磨的逼真情景，會激發起向善之念。元豐八年，蘇軾再一次對吳道了的畫藝作出讚歎，而且將其成就與其他文藝領域的顛峰人物相提並論：

> 智者創物，能者述焉……故詩至於杜子美，文至於韓退之，書至於顏魯公，畫至於吳道子，而古今之變，天下之能事畢矣。道子畫人物，如以燈取影，逆來順往，旁見側出，橫斜平直，各相乘除，得自然之數，不差毫末，出新意於法度之中，寄妙理於豪放之外，所謂遊刃餘地，運斤成風，蓋古今一人而已……

《書吳道子畫後》〔註30〕

這段題跋與前一段《跋吳道子地獄變相》相隔兩年，而文中用語與前者有不少相同的地方，可見蘇軾並非一時意興之下寫成，而是他的真實觀感。這段文字將吳畫與杜詩、韓文和顏書放在同等高度，不獨是對吳道子造詣的肯定，簡直將他推到畫壇的頂峰，是真正的「古今一人」。此後，蘇軾對吳道子的評論沈寂了好一段日子，直到紹聖元年，他又寫了這首詩：

> 丹青久衰工不藝，人物尤難到今世。
> 每摹市井作公卿，畫手懸知是徒隸。
> 吳生已與不傳死，那復典型留近歲。
> 人間幾處變西方，盡作波濤翻海勢。
> 細觀手面分轉側，妙算毫釐得天契，
> 始知真放本精微，不比狂花生客慧……

《子由新修汝州龍興寺吳畫壁》〔註31〕

蘇軾對繪畫藝術的式微，尤其是人物畫之後繼無人，一般的低劣畫工竟然已登堂入室，被捧為畫師，感到十分可惜。如吳道子般造詣的畫師已不復見，如今再目睹其精湛畫藝，令他十分感慨。蘇軾再次強調吳道子的精妙獨到之處，畫中人物的做手和面容，都根據位置和動作有適當的向背，每一細節都經過推敲和計算，精準無瑕，所謂豪放和氣勢，實在是建基於妙到毫顛的細緻描寫。後面幾句活像蘇軾對道子高妙造詣的頓悟，從前只道道子的繪畫氣勢逼人，如今才領略到氣勢其實是建基於精細的描寫。

〔註29〕 《蘇軾文集》卷七十，中華書局 1986 年，2213 頁。
〔註30〕 《蘇軾文集》卷七十，中華書局 1986 年，2210 頁。
〔註31〕 《蘇軾詩集》卷三十七，中華書局 1982 年，2027 頁。

　　蘇軾對吳道子畫藝的評論，從嘉祐六年至紹聖元年，前後至少維持了三十幾年，除了第一次寫《王維吳道子畫》時對有過「畫工」的評語外，就一直祇有誇許，不過他的稱許是有針對性的，可以歸結為三個層面。第一是用筆，他留意到道子落筆乾淨俐落，氣勢迫人，如「畫佛圓光，風落電轉，一揮而就」《跋文勛扇畫》〔註32〕。又如「當其下手風雨快，筆所未到氣已吞」《王維吳道子畫》〔註33〕。第二是道子寫鬼神人物的獨到，對於描寫事物的形象、角度、動作，以及手足姿態的具體造型，拿捏得精準無誤，不差分毫。如「道子畫人物，如以燈取影，逆來順往，橫斜平直，各相乘除，得自然之數，不差毫末」《書吳道子畫後》〔註34〕。又如「吳道子畫鬼神人物，得面目之新意，窮手足之變態，尤妙於旁見側出曲折長短之勢，精意考之，不差毫毛」《跋內教博士水墨天龍八部圖卷》〔註35〕。第三是他看到道子「出新意於法度之內，寄妙理於豪放之外」。同樣的評論，他在《跋吳道子地獄變相》和《書吳道子畫後》兩度提及，卻沒有進一步說明。但在《跋內教博士水墨天龍八部圖卷》裏面可以得知，他所指的新意其實是指「得面目之新意」和「窮手足之變態」，就是說，道子在法度之內找到了突破，創造出新穎的面目，和找到盡顯手足之態的方法。至於「寄妙理於豪放之外」的具體意義，則可從《子由新修汝州龍興寺吳畫壁》一詩中找到答案。詩中云「細觀手面分轉側，妙算毫釐得天契，始知真放本精微，不比狂花生客慧。」說明道子看似豪放的畫風，其實內藏精微細緻的描繪，畫中鬼神人物的手足面容，都包含合乎天契的道理。用筆、造型以至出新意和寄妙理，其實都是圍繞著道子的繪畫造詣而言。蘇軾對道子的佩服是徹頭徹尾的建基於他的畫藝，從最初對道子的畫工出身有微言，到後來不得不尊為畫聖，都是以他的畫藝為對象，不曾對此以外作過任何評論。

　　再看看蘇軾對王維的稱許，究竟是在那些方面。在《王維吳道子畫》一詩，蘇軾特別強調王維的詩人身份：「摩詰本詩老，佩芷襲芳蓀」，接著又說「今觀此壁畫，亦若其詩清且敦」，將他的畫與其詩拉上關係。在寫這首詩後兩年，嘉祐八年的上元夜，蘇軾再次來到開元寺東院觀看王維的壁畫，覺得

〔註32〕　《蘇軾文集》卷七十，中華書局1986年，2212頁。
〔註33〕　《蘇軾詩集》卷三，中華書局1982年，108頁。
〔註34〕　《蘇軾文集》卷七十，中華書局1986年，2210頁。
〔註35〕　《蘇軾文集》佚文匯編卷六，中華書局1986年，2572頁。

「畫僧踽踽欲動，恍然久之」《題鳳翔東院王畫壁》〔註36〕。可以想見，王維所繪製的這幅壁畫其實相當逼眞，能夠充分反映他的繪畫造詣，可能和吳道子也相去不遠，祇是吳道子佛滅道故事性比較強，畫面可能較有動感；而王維畫的老僧配以修竹，畫面比較清幽和靜穆而已。奇怪的是，蘇軾雖然也讚賞王維的畫藝，卻並不太標榜他繪畫的具體造詣，而是偏向欣賞其畫風和詩人身份。蘇軾此詩對王維的另一推許是「得之象外」，這應該怎樣理解呢？

> 戴容州云：「詩家之景，如藍田日暖，良玉生煙，可望而不可置於眉睫之前也。」象外之象，景外之景，豈容易可譚哉？然題記之作，目擊可圖，體勢自別，不可廢也。　　　《與極浦書》〔註37〕

司空圖引用戴叔倫的話，說明詩人之景，是帶有層次和朦朧性的，一般人不可能用具體和確切的語言描寫，這給詩人留下廣闊的想像空間，可以透過其想像力，用洗練的語言將肉眼所見以外的意念表達出來。司空圖形容這是「象外之象」，「景外之景」，也同意這是不容易表達的。這種朦朧和多層次的景象不好解說，於是他舉了清晰而實在的具體景象作爲反襯的說明。譬如題記之作，基本上是記錄眼前所見，清晰可辨，不存在多種層次，如沒有特別描寫的需要，直說就是了。相比之下，「象外之象」、「景外之景」就不僅僅是圖寫眼前所見，而是超越眼前所見，是由詩人的想像力作主導塑造出來的景象。套用於《王維吳道子畫》中的評論可以看出，蘇軾認爲王維的主要成就超越所繪圖象，而是在於畫像以外所帶出的信息和意境。吳道子畫的佛滅道無疑比較具體，雖然神化了的故事也著實需要畫家的想像，但畫面傳達的訊息並不須要觀者的太多推想，因爲故事已很實在而具體。與此相比，王維的老僧修竹並不存在故事內容，沒有指定的觀看和想像方向，觀者可以任憑自己的思緒去推敲。不過，我們不能因爲王畫的故事內容不如吳畫具體，就達至王畫有「象外之象」的結論。至於一幅老僧修竹圖能究竟帶出怎樣的「象外之象」？我們沒見到原畫，無從推測，但我們知道，繪畫製圖是畫家的工作，傳遞圖畫以外的信息，卻是詩人的工夫，起碼在蘇軾那個年代是這樣。因此，我們從這裡又看到蘇軾在稱道王維的詩人修養，而非繪畫造詣。

在另一篇沒有記年的題記裏，蘇軾的側重王維詩人身份就更明顯。

〔註36〕《蘇軾文集》卷七十，中華書局1986年，2209頁。
〔註37〕《司空表聖詩文集箋校》，安徽大學出版社2002年，215頁。

　　味摩詰之詩，詩中有畫。觀摩詰之畫，畫中有詩。詩曰：「藍溪
白石出，玉川紅葉稀。山路元無雨，空翠濕人衣。」此摩詰之詩，
或曰非也。好事者以補摩詰之遺。　　《書摩詰藍田煙雨圖》〔註38〕

王維中年後半隱於長安附近的藍田輞川，著《輞川集》，畫《輞川圖》。朱景玄《唐朝名畫錄》說王維「復畫《輞川圖》，雲水飛動，怪生筆端。」〔註39〕黃庭堅曾經題曰：「王摩詰自作《輞川圖》，筆墨可謂造微入妙。」〔註40〕黃伯思《東觀餘論》亦記此圖「賦象簡遠而運筆勁峻。」〔註41〕可見王維《輞川圖》曾經是唐宋兩代文人雅士傳閱推許的作品，可惜原畫已佚，現在祇能看到傳爲郭忠恕的摹本。蘇軾所說的《藍田煙雨圖》卻不見記錄，按畫題應該也是王維半隱藍田輞川時所寫的山川景物，不知是否《輞川圖》之誤。從題記得知蘇軾所見，此圖原本沒有題跋，後來被人題上一首傳爲王維的詩。這首詩原爲：「荊溪白石出，天寒紅葉稀。山路元無雨，空翠濕人衣。」〔註42〕前兩句與蘇軾所記有異，應是傳寫之誤。爲甚麼蘇軾的題記會這樣說呢？因爲王維的詩富有畫意，與畫面的氣氛很配合；而他的畫又很有詩意，切合詩人超越圖象所傳遞的思緒。狹義的理解，是蘇軾認爲王維這首詩有畫意，也只有這幅畫有詩意，但更合理的，應該是蘇軾認同王維的詩普遍有畫意，而他的畫也普遍有詩意，《山中》一詩並非特別爲《藍田煙雨圖》而寫，而《藍田煙雨圖》寫的也不是爲了配對《山中》一詩，但詩意和畫意卻出奇的配合。蘇軾以爲這裡用王維的詩配以王維的畫來說明這點，是最合適不過了。在另一首與黃庭堅唱和的詩，蘇軾這樣寫：

　　前身陶彭澤，後身韋蘇州。欲覓王右丞，還向五字求。
　　詩人與畫手，蘭菊芳春秋。又恐兩皆是，分身來入流。

　　　　　　　　　　《次韻黃魯直書伯時畫王摩詰》〔註43〕

我們可以看得出來，蘇軾對王維的推許，注意力集中在他的詩人身份，和其詩與畫的相通，反而不太在意他的畫藝。然而，蘇軾稱許畫師的詩畫相通，並不單單在王維。這一點在以後還要談到。

〔註38〕《蘇軾文集》卷七十，中華書局1986年，2209頁。
〔註39〕《唐朝名畫錄》，四川美術出版社1985年，16頁。
〔註40〕《山谷題跋》卷三，上海遠東出版社1999年，74頁。
〔註41〕《宋本東觀餘論》卷下，中華書局1988年，221頁。
〔註42〕《王右丞集箋注》卷十三，上海古籍出版社1998年，271頁。
〔註43〕《蘇軾詩集》卷四十七，中華書局1982年，2543頁。

第五節　小　結

　　蘇軾寫《王維吳道子畫》一詩時在嘉祐六年，當時他只得二十六歲，無論在文學和書畫修養以至審美能力，都只屬於起步階段，不能說是成熟。他在開元普門二寺同時看到王維和吳道子的畫，一時有所感觸，對兩家作了比較。受到繪畫題材的限制，吳道子和王維表現的畫風亦因配合畫題而有所區別，蘇軾注意到吳道子的「雄放」和摩詰的「清敦」。蘇軾還比較了兩人的身份，道子是從事繪畫的人，其藝業只集中在畫藝；摩詰除了精於畫藝，還是成就超卓的詩人，對於傳遞畫像以外的信息和意境，明顯較道子優勝。應該注意，蘇軾在這首詩裏面對吳王兩人的比較是分開兩個層次的：繪畫造詣和畫藝以外的修養。引用現代畫學的說法，就是「畫內工夫」和「畫外工夫」。對於純粹的畫藝，蘇軾認為兩人的造詣都同樣高超，因此說「吾觀畫品中，莫如二子尊」，又說「吾觀二子皆神俊」，可見他並不認為王維的畫藝較吳道子為佳。反而隨著年紀長大和閱歷增進，他漸漸發覺吳道子的畫藝確實超群，於是改稱畫師：「應似畫師吳道子，高堂巨壁寫降魔」《追和子由去歲試舉人洛下所寄九首之四》〔註 44〕，甚至畫聖：「道子，畫聖也。出新意於法度之內……」《跋吳道子地獄變相》〔註 45〕，他對吳道子畫藝的讚賞無疑是與日俱增的。不過蘇軾對王維的推許其實也保持著一貫性，從最初「亦若其詩清且敦」，到「詩中有畫，畫中有詩」以至「詩人與畫手，蘭菊芳春秋。又恐兩皆是，分身來入流。」都強調王維的詩人身份和詩畫相通。

　　蘇軾寫了《王維吳道子畫》一詩後不久，就引來蘇轍同名和詩的反對意見，不過蘇軾就此煞住，沒有再討論下去。蘇轍的和詩只集中討論吳王兩人的畫風，一雄放一清敦，各有所強，各有美感，難分軒輊，認為蘇軾不應以此論斷吳王高低。其實蘇軾並非刻意要拿吳王作比較，而是在同一地方剛巧看見兩人的畫，於是表達了一些感想，在這之後，他就沒有再將兩人放在一起比較，更遑論評論高低了。再者蘇軾並沒有在這首詩就吳王兩人「畫內工夫」上分高下，而是表示更加佩服王維的「畫外工夫」。蘇轍的反駁並沒有對準蘇軾詩歌的重點，或許蘇軾也因弟弟的誤解而感到失望，也就不多說了。從蘇軾以後分別對吳道子畫藝的稱道不斷加溫，對王維詩畫相通能力的持續讚賞，可以證明褒王抑吳並非蘇軾的原意，蘇轍以至後來不少人誤解而衍生

〔註 44〕　《蘇軾詩集》卷九，中華書局 1982 年，459 頁。
〔註 45〕　《蘇軾文集》卷七十，中華書局 1986 年，2213 頁。

出來的蘇軾「吳王優劣論」，是蘇軾意料不到的。蘇軾從這首詩反映出的詩畫相通觀點以及詩人從事繪畫的意義，反而被忽略，其實這個觀點在他二十六歲時已經萌芽了。雖然年青時從父親處學得不少繪畫知識，但個人學養並未完善，對前人作品的鑑賞能力亦未成熟。他應該仍未開始習畫，對繪畫的鑑賞和辨識能力相當有限。隨著學養的不斷提高，和理論陸續改進，他這個觀點才變得明顯和被人接受。

第二章　蘇軾的詩畫關係論

　　詩與畫本來是兩種不同的藝術表現，詩以文字爲媒介，畫以圖象爲表達形式，各有自身表現的長處和局限。張彥遠云：「記傳所以敘其事，不能載其容，讚頌有以詠其美，不能備其象。」〔註1〕文字有敘述功能，但始終不能記錄事物的形象和容貌。張彥遠除了發表自己的看法，還引述陸機的話：「丹青之興，比雅頌之述作，美大業之馨香。宣物莫大於言，存形莫善於畫。」〔註2〕陸機言論的重點和張彥遠有所不同，著重突出繪畫的優點，認爲丹青之作，其功用甚至可以媲美詩歌。可見繪畫的功能在六朝已受到注意和重視。隨著繪畫藝術的勃興，於是促成畫論的發展，以及產生將繪畫和詩歌相提並論的現象。詩歌和繪畫是兩種不同媒介的藝術，自然有其相異之處，但既然都是藝術作品，又不免同時具備相近以至互通的審美要求。汲汲於比較兩者異同，本來沒有太大意義。然而，弄清兩者相通之處，意味一方的理論和技法可以應用到另一方，更重要的是，地位相對較低的繪畫藝事，可以憑藉與詩歌在某程度相通的關係，攀上較高的社會地位。

第一節　無聲詩和有聲畫

　　詩畫的關係可以分作三個層次去看，第一個層次著重詩和畫的基本特質，即是詩歌的聲音和繪畫的圖象。第二個層次探究詩畫的相互滲透，蘇軾稱之爲「詩中有畫、畫中有詩」。第三個層次是詩畫的共通性，即「詩畫一律」。

〔註1〕　《歷代名畫記》卷一《敘畫之興廢》，人民美術出版社 1963 年，3 頁。
〔註2〕　《歷代名畫記》卷一《敘畫之興廢》，人民美術出版社 1963 年，3 頁。

郭熙《林泉高致・畫意篇》有這段話：

> 更如前人言：「詩是無形畫，畫是有形詩。」哲人多談此言，吾之所師。余因暇日，閱晉唐古今詩什，其中佳句有道盡人腹中之事，有狀出人目前之景；然不因靜居燕坐，明窗淨几，一炷爐香，萬慮消沉，則佳句好意亦看不出，幽情美趣亦想不成。即畫之生意，亦豈易及乎？〔註3〕

《林泉高致》一書是郭思整理其父郭熙的遺墨而成，雖然在整理過程時可能摻進郭思自己的意見，但基本上可以相信這書的內容大部份是郭熙的思想和理論。郭熙的生卒年沒有確切記錄，大約生於宋眞宗天僖年間，比蘇軾要大十來歲。這段文字自謂引「前人」所述，可以想見，「詩是無形畫，畫是有形詩」這種說法，在北宋之前就出現，並非郭熙所創。這個說法，道出「詩」「畫」兩者的不同，在於前者無形而後者則有形，雖然有此不同，但兩者其實又有共同之處，前人沒有說明這個共通之處，郭熙在此作了些分析。他認爲詩歌裏面包含有詩人要抒發的胸臆，也有詩人對周遭景物的描寫，不過，如果讀者不是在窗明几淨和心神安寧的環境裏閱讀這些篇什，是不能領略詩歌的「好意」和「美趣」的。這種對心情和環境配合的要求，在畫家構思創作時一樣需要。這其實就是說明詩歌和繪畫創作論的相通。

在上面引文之下，郭思又道：

> 思因記先子嘗所誦古人清篇秀句有發於佳思而可畫者，並思亦嘗旁搜廣引以獻之先子，先子謂爲可用者，其詩雖全章半句及只一聯者，咸錄之於下。好事者觀之，則古今精筆亦可以思過半矣。

《林泉高致・畫意篇》〔註4〕

郭熙和郭思時常談論繪畫，並談到前人一些「佳篇秀句」，認爲閱讀和參詳這些「佳篇秀句」，也可以激發繪畫構圖的靈感。就是說，詩歌能作爲畫家繪畫的催化劑，畫家可以無需親眼目睹美麗的風景，只要讀了詩人對景物的文字描寫，也可運用丹青妙筆將之轉化爲圖畫。不獨如此，人們讀了這些秀句，還可由此想像到那些優秀繪畫的表現效果。郭氏父子這些言論，說明繪畫藝事在當時仍是詩歌的附從，至少有部份繪畫創作，其實只是詩歌意境的轉化，

〔註3〕 《宋人畫論》，湖南美術出版社 2000 年，27 頁。
〔註4〕 《宋人畫論》，湖南美術出版社 2000 年，27 頁。

取材立意，以至表現重點都受到詩歌的影響和支配。雖然在構思和醞釀過程中，詩歌和繪畫都有類似的要求，但兩者的主次關係仍是明顯的。

　　蘇軾雖然好發議論，對於詩畫的形聲之別，卻沒有太多說話，他只道：

　　　　少陵翰墨無形畫，韓幹丹青不語詩。

　　　　此畫此詩真已矣，人間駑驥漫爭馳。　　　　　　　　　《韓幹馬》〔註5〕

韓幹是唐朝畫家，工畫馬，所師從之曹霸，亦善畫馬。《歷代名畫記》謂韓幹「善寫貌人物，尤工鞍馬。」〔註6〕《唐朝名畫錄》將畫人分神妙能逸四品，以神品為上。作者朱景玄把韓幹列於神品，並以其畫藝依次排列為鞍馬、高僧、佛像、鬼神、人物和花卉六門。從韓幹畫藝的門類看來，很難想像和詩歌有甚麼直接關係。據《唐朝名畫錄》記載，天寶年間韓幹奉召入宮，玄宗曾命他追隨同樣善畫馬的陳閎學習，但對於韓幹所畫和陳閎的不一樣，很不高興。韓幹解釋道：「臣自有師，陛下內廄之馬，皆臣之師也。」〔註7〕後來韓幹「果能狀飛黃之質，圖噴玉之奇，九方之職既精，伯樂之相乃備。」〔註8〕韓幹不肯追摹前人，而以寫生為重，於是更能掌握馬匹的神態和習性，對馬的瞭解，就如伯樂和九方　一樣，結果能畫出馬的神粹。

　　杜甫是唐代寫作較多題畫詩的詩人，甚至令沈德潛誤以為題畫詩的出現始於杜甫。〔註9〕杜甫寫作題畫詩二十二首，題畫馬的就有好幾首，包括題韓幹畫的馬。他題韓幹老師曹霸的《丹青引》時曾經提到韓幹，有云「弟子韓幹早入室，亦能畫馬窮殊相。韓惟畫肉不畫骨，忍使驊騮氣凋喪。」〔註10〕杜甫這首詩的後兩句引來張彥遠的不滿：「彥遠以杜甫豈知畫者，徒以幹馬肥大，遂有畫肉之誚。」〔註11〕這首詩對韓幹略有貶意，卻並不代表杜甫對韓幹的真正評價，孔壽山先生以為《丹青引》一詩「只是以韓幹陪襯曹霸，故有抑揚。」〔註12〕杜甫對韓幹的真正評價，可見於以下這首詩：

〔註5〕　《蘇軾詩集》卷四十八，中華書局1982年，2630頁。
〔註6〕　《歷代名畫記》卷九，人民美術出版社1963年，188頁。
〔註7〕　《唐朝名畫錄》，四川美術出版社1985年，10頁。
〔註8〕　《唐朝名畫錄》，四川美術出版社1985年，10頁。
〔註9〕　沈德潛《說詩晬語》卷下有云：「唐以前未見題畫詩，開此體者老杜也。」《清詩話》本，上海古籍出版社1978年，551頁。
〔註10〕　《杜詩詳注》卷十三，中華書局1997年，1147頁。
〔註11〕　《歷代名畫記》卷九，人民美術出版社1963年，188頁。
〔註12〕　《唐朝題畫詩注》，四川美術出版社1988年，142頁。

> 韓幹畫馬，毫端有神。驊騮老大，騕褭清新。
>
> 魚目瘦腦，龍文長身。雪垂白肉，風蹙蘭筋。
>
> 逸態蕭疏，高驤縱恣。四蹄雷電，一日天地。
>
> 御者閒敏，云何難易。愚夫乘騎，動必顛躓。
>
> 瞻彼駿骨，實惟龍媒。漢歌燕市，已矣茫哉。
>
> 但見駑駘，紛然往來。良工惆悵，落筆雄才。　　《畫馬贊》〔註13〕

從這首詩可見杜甫對韓幹畫馬的造詣實在推崇備至，不獨馬的形態活靈活現，篇末更替韓幹圖寫駿馬的動機下了注腳，認爲是韓幹對良馬不遇伯樂而感慨。仇兆鰲亦云：「末傷駿才少而凡馬多，語中皆含感慨，畫馬本意，在首尾點明。」〔註14〕正因爲杜甫有兩題韓幹畫馬在前，所以蘇軾在看見韓幹的畫馬圖時，很自然就想起杜甫，並把兩人連在一起。杜甫的文字功力，能點出畫家的心思，還把畫面的精粹道來，所以是「無形畫」；韓幹的筆端有神，不但能夠寫活馬形和馬性，而他不屑摹寫前人作品，堅持直接與馬匹接觸以瞭解其習性，藉以寫其「神」，其畫傳達畫面筆墨以外的意趣，所以又稱得上是「不語詩」。於是這兩個相類的概念，被蘇軾巧妙地放在同一首詩裏。蘇軾對韓幹的造詣是絕對認同的，在另一個場合見到韓幹的畫馬圖，他親自示範了如何將「不語詩」轉化爲「無形畫」。

> 二馬並驅攢八蹄，二馬宛頸駿尾齊。
>
> 一馬任前雙舉後，一馬卻避長鳴嘶。
>
> 老髯奚官騎且顧，前身作馬通馬語。
>
> 後有八匹飲且行，微流赴吻若有聲。
>
> 前者既濟出林鶴，後者欲涉鶴俯啄。
>
> 最後一匹馬中龍，不嘶不動尾搖風。
>
> 韓生畫馬眞是馬，蘇子作詩如見畫。
>
> 世無伯樂亦無韓，此詩此畫誰當看。　　《韓幹馬十四匹》〔註15〕

從蘇軾的詩看來，韓干將十四匹馬分成幾組，有前有後，有動有靜，各具形態。馬的嘶鳴，飲水的聲音，馬尾搖拂生風，都躍然於畫面上。雖然我們沒能看見韓幹的原畫，從蘇軾的題詩可以想見其活潑的筆觸和傳神的意態。

〔註13〕　《杜詩詳注》卷二十四，中華書局1997年，2191頁。

〔註14〕　《杜詩詳注》卷二十四，中華書局1997年，2191頁。

〔註15〕　《蘇軾詩集》卷十五，中華書局1982年，767頁。

　　郭熙和郭思氏父子是畫家，所以目光集中在形的方面，其他一些從事文字創作的詩人，注意力就放在聲音上。同樣是詩和畫的異同，在郭氏父子等畫人看來兩者都是畫，分別在於有形和無形；詩人則認爲，兩者都是詩，分別在於有聲和無聲。黃庭堅和釋惠洪就有如下敘述：

松含風雨石骨瘦，法窟寂寥僧定時。

李候有句不肯吐，淡墨寫出無聲詩。

《次韻子瞻子由題憩寂圖》〔註16〕

宋廸作八景絕妙，人謂之無聲句。

演上人戲余曰：道人能作有聲畫乎？

因爲之各賦一首。《題宋廸作瀟湘八景圖詩》〔註17〕

除了黃庭堅和惠洪，其他詩人稱畫爲無聲詩的大不乏人，白玉蟾云：「何人作此無聲詩，展開如入溪山境。」〔註18〕楊萬里云：「小潘詩家子，解作無聲詩。」〔註19〕釋惠洪云：「雪裏壁間枯木枝，東坡戲作無聲詩。」〔註20〕張舜民云：「詩是無形畫，畫是有形詩。」〔註21〕錢鍪云：「終朝誦公有聲畫，卻來看此無聲詩。」《次袁尚書巫山十二峰二十五韻》〔註22〕陳普云：「敢將有聲畫，博君無聲詩。」〔註23〕由此可見，自北宋而後，將詩畫用有聲無聲之別連在一起，這現象非常普遍，漸漸的，留意兩者有形和無形之別的，已經很少。本來，詩人和畫家各自從其專注的角度看待詩畫之別，是非常自然的。在古代，詩的地位畢竟較高，因此，慢慢的，以聲音（實質是文字）分辨兩者關係的說法成了主流，意味繪畫藝術向詩歌藝術的靠攏。南宋孫紹遠將所藏前賢詩卷，「擇其爲畫而作者」編爲一卷，名爲《聲畫集》，甚至明朝姜紹書編寫明代的畫史，亦以《無聲詩史》作爲書名，都是明證。

〔註16〕　《山谷詩集注》，上海古籍出版社 2003 年，241 頁。

〔註17〕　《石門文字禪》卷八，文淵閣四庫全書本 1116 冊，239 頁。

〔註18〕　白玉蟾〈題歐陽氏山水後〉《御定歷代題畫詩類》卷十四，人民美術出版社 1995 年，494 頁。

〔註19〕　楊萬里《題文發叔所藏潘子真水墨江湖八境小軸・靈隱冷泉》《御定歷代題畫詩類》卷二十九，人民美術出版社 1995 年，1024 頁。

〔註20〕　釋惠洪《戒壇院東坡枯木張嘉夫妙墨童子告以僧不在不可見作此示王履道》《聲畫集》卷五，文淵閣四庫全書本 1349 冊，875 頁。

〔註21〕　張舜民《跋百之書畫》《畫墁集》卷一，文淵閣四庫全書本 1117 冊，8 頁。

〔註22〕　《宋詩紀事》卷五十九，上海古籍出版社 2008 年，1485 頁。

〔註23〕　陳普《以詩就葉洞春求畫蒲萄》《御定歷代題畫詩類》卷九十一，人民美術出版社 1995 年，3241 頁。

第二節　詩中有畫、畫中有詩

　　蘇軾在看到王維的《藍田煙雨圖》後，寫下這段記錄文字，揭櫫後來對王維「詩中有畫、畫中有詩」的討論。題記云：

> 味摩詰之詩，詩中有畫。觀摩詰之畫，畫中有詩。詩曰：「藍谿
> 白石出，玉川紅葉稀。山路元無雨，空翠濕人衣。」此摩詰之詩，
> 或曰非也。好事者以補摩詰之遺。〔註24〕

王維酷愛輞川，曾修輞川別業，共有遊止二十處，日與好友裴迪遊玩其中，賦詩以記，收爲《輞川集》，又繪製《輞川圖》，甚爲後世所重，但已不傳。輞川在藍田西南面不遠處，蘇軾提到的這幅《藍田煙雨圖》不見經傳，不知是否就是《輞川圖》。題記裏面提及的詩，有些版本收在王維集中，有些卻不收。首句「藍溪」有作「荊溪」，次句「玉川」亦有作「天寒」，趙殿成《王右丞集箋注》收此詩於外編，詩題作《山中》。《山中》詩原本不是爲此畫而作，卻被後人用以補題摩詰此畫，東坡更進一步用此詩此畫說明王維的詩畫交融現象。值得注意的是，蘇軾這裡本來只是針對王維的《山中》詩和《藍田煙雨圖》而言，但細味蘇軾的語氣，又似乎並不單指王維此詩此畫，而是指出王維詩畫交融的普遍性。雖然「詩中有畫、畫中有詩」的說法只在這段題記出現過一次，又專指王維而言，但後人對蘇軾這個說法的接受和引用則遠超想像，成了王維詩畫藝術的公認特徵，人們評論王維的成就，不免都要落到「詩中有畫、畫中有詩」這個結論上。對於其他詩人畫家，如果其一方專業偶有觸及另一領域，論者都會將討論牽引到蘇軾這句說話上。這兩句話本來只是對一個現象的陳述，說明兩種不同藝術的交融現象，雖然這個說明帶有稱許的語氣。但是，經過大量引用和不斷升溫，已變成絕對的襃揚。它引申出來的意義，比原先蘇軾想要表達的更加明顯和深刻。

（一）詩中有畫

　　《詩中有畫》的字面意義，是詩歌中帶有畫意，讀者可以通過對詩人描寫文字的領略和想像，在腦海裏形成一個畫面。如果詩人的描寫夠具象，善畫的甚至可以將詩歌文字轉化入畫。以王維《山中》詩爲例，藍溪白石，玉川紅葉，行人走在山路上，雖然沒有下雨，但山林蒼翠濕潤，亦不覺沾衣。

〔註24〕《蘇軾文集》卷七十，中華書局 1986 年，2209 頁。

這首詩確實有明顯的畫面構圖，山景，流水及人物齊備，顏色鮮明突出，環境和氣氛亦引人入勝，不愧是「詩中有畫」。怎樣的詩才具備構成「詩中有畫」的條件呢？我們可以因為王維這首詩有畫意就能達至他「詩中有畫」這個結論嗎？

> 畫筆善狀物，長於運丹青。丹青入巧思，萬物無遁形。
> 詩筆善狀物，長於運丹誠。丹誠入秀句，萬物無遁情……

《詩畫吟》〔註25〕

邵雍這首詩說，繪畫長於寫形，詩歌長於寫情，這基本上是正確的。詩歌中如果包含較多有形之物，不管是否有常形，只要有形，就比較容易在讀者腦海中產生畫意，甚至可以入畫。反之，如果包含較少實物，而多議論和感歎等無形之情，不但難以在讀者腦海裏形成畫面，想用繪畫表達出來就更不可能了。詩人寫作的篇什，必定包含多種體裁和內容，甚至風格亦可能在一生中有所改變，寫情的和寫景的肯定都會涵蓋，既然內容以寫景為主的詩基本上都可以用繪畫表達，那麼，所有詩人在某程度上都可以和「詩中有畫」對應上。文同在洋州任上遊玩官家園林，寫下《守居園池雜題三十首》，吟詠園林周遭三十處不同的景物，亭臺樓榭，池塘書齋都有涉及，由於寫的多是靜態景物，因此全組詩大致上都可以轉化成繪畫，只有《金橙徑》、《二樂榭》和《無言亭》三首多表達詩人的感慨，畫面不完整，因此亦不適宜入畫。從這組詩看來，文同也稱得上「詩中有畫」。文同這組詩引來蘇軾兄弟和鮮于侁的和詩，可以想像，他們都沒有去過洋州，當然亦不可能像文同一樣遍遊這三十景，所以雖然文同「詩中有畫」，但畢竟經過他本人的篩選，而短短的五言詩只能表達場景的一部份，加上和詩者不可能虛構景物，又不想重覆文同的意境，於是傾向多抒發些感慨和議論，或者是對作詩人的誇讚，原來可以入畫的詩境因而變得與畫境有一段距離。試看在文同這組詩裏面完全可以入畫的幾首原詩，到了蘇軾兄弟手上變成怎樣。

《蓼嶼》

> 孤嶼紅蓼深，清波照寒影。時有雙鷺鷥，飛來作佳景。〔註26〕

（文同）

〔註25〕　《伊川擊壤集》卷十八，文淵閣四庫全書本，1101 冊，142 頁。
〔註26〕　《文同全集編年校注》卷三，巴蜀書社 1999 年，127 頁。

風高蓮欲衰，霜重蓼初發。會使此池中，秋芳未嘗歇。〔註27〕

（蘇轍）

秋歸南浦螻蛄鳴，霜落橫湖沙水清。

臥雨幽花無限思，抱松寒蝶不勝情。〔註28〕　　　　　（蘇軾）

文同此詩構圖完整，明顯可以入畫。在蘇轍筆下，祇是通過蓮衰蓼發，表達夏去秋來的意思，畫面已弱了一層。到了蘇軾，前兩句寫秋天的氣象，後兩句寫秋天的情思，沒有具體的圖象，更難入畫。詩中雖然秋意盎然，不過已和蓼嶼關係不大了。

《此君庵》

叢筠裏圓檐，淨影碧如水。誰識愛君心？過橋先到此。〔註29〕

（文同）

風梢遠篸匜，霜幹當窗淨。遙知素壁上，醉墨森相映。〔註30〕

（蘇轍）

寄語菴前抱節君，與君到處合相親。

寫真雖是文夫子，我亦真堂作記人。〔註31〕　　　　　（蘇軾）

文同此詩的畫境雖小，只有小橋引領出四面被竹子包圍的此君庵，不過還是很具體的，稍加遠景近物，畫面就完整了。蘇轍重覆文同前兩句的意思，然後用想像文同的墨竹壁畫作結，畫面已不完整。到了蘇軾，基本上在敘事，已然和此君庵的場景不相干了。

《望雲樓》

巴山樓之東，秦嶺樓之北。樓上捲簾時，滿樓雲一色。〔註32〕

（文同）

雲生如涌泉，雲散如翻水。百變一憑欄，悠悠定誰使。〔註33〕

（蘇轍）

〔註27〕　《蘇轍集》中華書局 1990 年，105 頁。
〔註28〕　《蘇軾詩集》卷十四，中華書局 1982 年，669 頁。
〔註29〕　《文同全集編年校注》卷三，巴蜀書社 1999 年，131 頁。
〔註30〕　《蘇轍集》中華書局 1990 年，109 頁。
〔註31〕　《蘇軾詩集》卷十四，中華書局 1982 年，677 頁。
〔註32〕　《文同全集編年校注》卷三，巴蜀書社 1999 年，127 頁。
〔註33〕　《蘇轍集》中華書局 1990 年，105 頁。

陰晴朝暮幾回新，已向虛空付此身。

出本無心歸亦好，白雲還似望雲人。〔註34〕　　　　　　　（蘇軾）

文同此詩的景象恢宏，雖然有點抽象，並不容易入畫，但畫面仍然很清晰，在讀者腦海裏形成具體圖象。東臨巴山，北望秦嶺，山雨欲來之時，巴山和秦嶺都看不見了。蘇轍只集中在雲生雲散，以及對風雲瞬息萬變的感慨，已然沒有完整的構圖。蘇軾乾脆不寫望雲樓的場景，而是將筆鋒一轉，由文同所寫望雲樓上風雲色變，引領到文同的個人修養上去，說道以文同的修為，變幻已經不再是一回事了，最後更將文同這個望雲人和他所注目的雲連在一起。蘇軾這個安排在文學寫作技巧來看是高妙的，但和詩中的畫面構圖就完全無涉了。

　　在以上三個例子裏面，文同的詩歌有周全完整的繪畫構圖，蘇轍只抓住一小部份，畫面構圖打了折扣，蘇軾乾脆不理會繪畫構圖，而選擇放懷直書。由此可知，描寫具體事物的詩歌，易於在讀者腦海裏形成畫面，經過細心安排後，也比較容易入畫，抒發情感和闡述議論的，就和入畫無緣。這就是邵雍所說的，詩筆和畫筆各有所長。

　　再來看看王維的詩歌。王維經營輞川別業，和裴迪遊玩吟詠其間，互相酬唱而寫成《輞川集》二十首，從創作動機看來，與文同遊玩洋州官家園林而寫的《守居園池雜題三十首》很類似。遊玩輞川風景而成吟，一組可以入畫的詩歌是可以期待的，但事實卻與想像有點距離。在《輞川集》的詩歌當中，《孟城坳》是詩人遷進新宅時想起前人，因而抒發一些感慨，除了交代家門還剩下少許衰柳，基本上沒有畫境。《文杏館》、《茱萸沜》和《柳浪》只著重對文杏、茱萸和柳樹的描寫，突出植物作為地名的標誌意義，仍與畫面構圖無涉。《金屑泉》和《椒園》寫神話，《漆園》則寫歷史，《華子岡》雖然題及飛鳥和秋色，但主要還是抒發惆悵之情，並無畫境。一組二十首遊歷山水園林詩，其中有八首和「詩中有畫」沾不上邊，叫人有點意外。在這組詩裏面，和《山中》詩一樣有完整畫面構圖的並不多，《欒家瀨》和《竹里館》是其中的表表者。其他大部份詩作，其實很難入畫，譬如《鹿柴》，詩云：「空山不見人，但聞人語響。反景入深林，復照青苔上。」〔註35〕四句詩都沒有實質的畫面，我們只能想像摩詰在深山中打坐，空山寂靜，但他還是聽見遠

〔註34〕　《蘇軾詩集》卷十四，中華書局1982年，670頁。
〔註35〕　《王右丞集箋注》卷十三，上海古籍出版社1998年，243頁。

處傳來的人聲,完成打坐時,他看見一絲陽光,透過樹林,投射到石塊的青苔上。這個畫面可以想像,眞的要畫,就不容易表達了。可以說,這組詩接近一半和繪畫無涉,剩下的大部份極其量只可在讀者腦海裏形成畫面,眞正可以轉化爲繪畫的其實不多。王維《輞川集》二十首和文同《守居園池雜題三十首》一樣,詩歌的題材雖然有入畫的傾向,但就著詩人取材的角度和手法不同,寫成的作品與繪畫構圖並沒有必然關係。以上所說並不在於否定王維「詩中有畫」的特徵,而是要說明「詩中有畫」和詩人取材與描寫角度有關係。

　　除了《輞川集》的一組詩令人有點意外,其實王維詩歌既有畫境又可以入畫的特徵,還是有其普遍性的,部份更經常被畫家整首或局部用作題畫,或者按著詩意繪製成畫。經常被整首應用的詩歌如:

渭城朝雨裛輕塵,客舍青青柳色新。

勸君更盡一杯酒,西出陽關無故人。　　　《送元二使安西》〔註36〕

空山新雨後,天氣晚來秋。明月松間照,清泉石上流。

竹喧歸浣女,蓮動下漁舟。隨意春芳歇,王孫自可留。

《山居秋暝》〔註37〕

寒山轉蒼翠,秋水日潺湲。倚杖柴門外,臨風聽暮蟬。

渡頭餘落日,墟裏上孤煙。復值接輿醉,狂歌五柳前。

《輞川閒居贈裴秀才迪》〔註38〕

山下孤煙遠村,天邊獨樹高原。一瓢顏回陋巷,五柳先生對門。

桃紅復含宿雨,柳綠更帶春煙。花落家僮未掃,鶯啼山客猶眠。

《田園樂七首》〔註39〕

以上所列詩歌,具備完整的畫面構圖,遠景、近物、賓主、配角一應俱全。時節、氣候、位置、色彩都交代得清清楚楚,甚至連畫中主人翁的活動也沒有遺漏,更難得是詩意盎然。但王維詩歌的畫意還不止於此,他有部份詩歌雖然以抒情爲主,但內容涉及對周遭景物的描寫,由於寫得概括而具體,使讀者很容易在腦海中形成畫面,下面就是一些明顯例子:

〔註36〕　《王右丞集箋注》卷十四,上海古籍出版社 1998 年,263 頁。

〔註37〕　《王右丞集箋注》卷七,上海古籍出版社 1998 年,122 頁。

〔註38〕　《王右丞集箋注》卷七,上海古籍出版社 1998 年,122 頁。

〔註39〕　《王右丞集箋注》卷十四,上海古籍出版社 1998 年,357 頁。

中歲頗好道，晚家南山陲。興來每獨往，勝事空自知。

行到水窮處，坐看雲起時。偶然值林叟，談笑無還期。

《終南別業》〔註40〕

不知香積寺，數里入雲峰。古木無人徑，深山何處鐘。

泉聲咽危石，日色冷青松。薄暮空潭曲，安禪制毒龍。

《過香積寺》〔註41〕

單車欲問邊，屬國過居延。征蓬出漢塞，歸雁入胡天。

大漠孤煙直，長河落日圓。蕭關逢候騎，都護在燕然。

《使至塞上》〔註42〕

《終南別業》是自言中年以後，以輞川為家，過著自然閒適的隱居生活，詩歌本以自況，但「行到水窮處，坐看雲起時」兩句卻充滿畫意。《過香積寺》和《使至塞上》寫路過香積寺和出使河西行至涼州，詩歌勾勒出一幅有詩意的山水畫，「征蓬出漢塞，歸雁入胡天。大漠孤煙直，長河落日圓」很具體描繪出塞上風光，在讀者腦海裏留下深刻印象。事實上，王維在不同主題內容的詩歌中穿插寫景句子，是一個普遍現象。例如《酌酒與裴迪》〔註43〕寫的是與裴迪飲酒時感慨，但頸聯有這兩句：「草色全輕細雨濕，花枝欲動春風寒」。又如《贈從弟司庫員外郎絿》〔註44〕有「清冬見遠山，積雪凝蒼翠」；《歸嵩山作》〔註45〕有「荒城臨古渡，落日滿秋山」；《送張判官赴河西》〔註46〕有「沙平連白雪，蓬卷入黃雲」之句。就連應制之作也一樣，《奉和聖製送不蒙都護兼鴻臚卿歸安西應制》〔註47〕有「落日下河源，寒山靜秋塞」，《奉和聖製登降聖觀與宰臣等同望應制》〔註48〕有「林疏遠村出，野曠寒豈靜」等句。

〔註40〕《王右丞集箋注》卷三，上海古籍出版社1998年，35頁。

〔註41〕《王右丞集箋注》卷七，上海古籍出版社1998年，131頁。

〔註42〕《王右丞集箋注》卷九，上海古籍出版社1998年，156頁。

〔註43〕《王右丞集箋注》卷十，上海古籍出版社1998年，185頁。

〔註44〕《王右丞集箋注》卷二，上海古籍出版社1998年，20頁。

〔註45〕《王右丞集箋注》卷七，上海古籍出版社1998年，123頁。

〔註46〕《王右丞集箋注》卷八，上海古籍出版社1998年，135頁。

〔註47〕《王右丞集箋注》卷十一，上海古籍出版社1998年，200頁。

〔註48〕《王右丞集箋注》卷十一，上海古籍出版社1998年，198頁。

王維的「詩中有畫」還有與其他詩人不一樣的特徵，那是畫家的眼光和心思。詩家寫景可以只抓住一點小景然後發揮，中間加插議論和感慨，即可成詩，前面提到蘇軾蘇轍兄弟追和文同《守居園池雜題三十首》就是明顯例子。畫家則不同，要有完整畫面，必需照顧遠近、賓主和趣味點，否則畫不成畫。這不是說身兼畫家的詩人，在寫詩時會刻意照顧詩歌的畫面構圖，而是說這些詩人具有畫家的素質，在觀察景物和取材時，會不知不覺的採用了繪畫構圖的手法。試看王維下面幾首詩：

> 井邑傅巖上，客亭雲霧間。高城眺落日，極浦映蒼山。
> 岸火孤舟宿，漁家夕鳥還。寂寥天地暮，心與廣川閒。
>
> 《登河北城樓作》〔註49〕

詩人站在高處眺望，落日紅霞，近處孤舟已點起漁火，更多的漁船如歸鳥般從遠處駛回，一幅漁舟唱晚的圖畫盡收眼底，天高地迴，頓覺心曠神怡。

> 新晴原野曠，極目無氛垢。郭門臨渡頭，村邊連溪口。
> 白水明田外，碧峰出山後。農月無閒人，傾家事南畝。
>
> 《新晴晚望》〔註50〕

雨後的曠野特別清明，不遠處，渡頭正好在城門旁邊，而小溪就從村邊流去。詩人的目光沿著小溪流向稻田，直到更遠處，山外有山。

> 寂寞掩柴扉，蒼茫對落暉。鶴巢松樹徧，人訪蓽門稀。
> 嫩竹含新粉，紅蓮落故衣。渡頭燈火起，處處採菱歸。
>
> 《山居即事》〔註51〕

詩人從居處寫起，柴扉、松樹、嫩竹、紅蓮，一直到遠處渡頭和採菱的歸舟。這是一幅山居風情畫，絕對可以入畫，但作畫時，詩人須要將自己身處的柴屋也寫入畫，與松樹、嫩竹、紅蓮構成近景，畫面才完整。如只以詩人眼中所見入畫，而忽略自身所處居所，則松樹、嫩竹、紅蓮失去與之相關的民居，生活氣息就蕩然。可以看出，王維的風景詩確實有畫家的眼光和取態，就是不能直接轉化成繪畫，順著他的描寫想像，也很容易在腦中形成畫面。前面所舉的詩歌如《輞川閒居贈裴秀才迪》和《過香積寺》等，也有同樣的特徵。

〔註49〕 《王右丞集箋注》卷九，上海古籍出版社1998年，154頁。
〔註50〕 《王右丞集箋注》卷四，上海古籍出版社1998年，62頁。
〔註51〕 《王右丞集箋注》卷七，上海古籍出版社1998年，124頁。

　　王維詩歌有「詩中有畫」傾向的另一個原因是凝固的畫面，他總是耐心地、舒緩地，從近到遠細緻地看，目光有選擇性地集中在某些有趣味的重點景物上，然後用文字串連起來，像是在寫生一樣。有些詩人寫景是有動態的，或者是詩人自己在移動，又或者是詩人將事物因應時間的變化寫進詩歌，詩歌內的事物出現不同時間的形態或組合變化，因而不能在同一畫面裏表達。先看看蘇軾這兩首詩：

　　　　船上看山如走馬，倏忽過去數百群。

　　　　前山槎牙忽變態，後山雜踏如驚奔。

　　　　仰看微徑斜繚繞，上有行人高縹緲。

　　　　舟中舉手欲與言，孤帆南去如飛鳥。　　　　　　《江上看山》〔註52〕

　　　　黑雲翻墨未遮山，白雨跳珠亂入船。

　　　　捲地風來忽吹散，望湖樓下水連天。

　　　　　　　　　　　　　　　　《六月二十七日望湖樓醉書》〔註53〕

《江上看山》是蘇軾偕父親和弟蘇轍離蜀沿水路赴京時所作，描寫從舟中仰望兩岸高山的景致，舟行似箭，兩旁景物亦瞬息萬變，前山槎牙，後山驚奔，畫面並非凝固不變。《六月二十七日望湖樓醉書》寫蘇軾在西湖邊望湖樓上所見，本來陰霾密佈，風雨驟至，忽然雨過雲散，水天一色。四句短詩，包含了兩種景色。《江上看山》表現詩人觀賞位置的不同，造成畫面變動；《六月二十七日望湖樓醉書》因為時間的改變，造成畫面的轉變。雖然兩首詩歌的畫面都同樣清晰，但詩人的描寫要在讀者腦海形成畫面還可以，要轉化成繪畫，就不可能，真的要做，也只能用一組畫來表達。再看王維類似題材的詩歌表達：

　　　　泛舟入滎澤，**茲邑**乃雄藩。河曲閭閻隘，川中煙火繁。

　　　　因人見風俗，入境聞方言。秋野田疇盛，朝光市井喧。

　　　　漁商波上客，雞犬岸旁村。前路白雲外，孤帆安可論。

　　　　　　　　　　　　　　　　　　　《早入滎陽界》〔註54〕

〔註52〕　《蘇軾詩集》卷一，中華書局 1982 年，16 頁。

〔註53〕　《蘇軾詩集》卷七，中華書局 1982 年，339 頁。

〔註54〕　《王右丞集箋注》卷四，上海古籍出版社 1998 年，67 頁。

言入黃花川，每逐青溪水。隨山將萬轉，趣途無百里。

聲喧亂石中，色靜深松裏。漾漾汎菱荇，澄澄映葭葦。

我心素已閒，清川澹如此。請留盤石上，垂釣將已矣！

《青溪》〔註55〕

這兩首詩與蘇軾的《江上看山》比較接近，王維乘小舟駛經細小溪流，水流固然不像蘇軾離蜀入京途中那樣湍急，詩中的氣勢因此也不一樣。但我們可以發現，王維的觀察是細心的，他目光留意的每樣事物，都可以被放入畫面，起互補的作用，不會排斥。再看：

喬木萬餘株，清流貫其中。前臨大川口，豁達來長風。

漣漪涵白沙，素鮪如游空。偃臥盤石上，翻濤沃微躬。

漱流復濯足，前對釣魚翁。貪餌凡幾許？徒思蓮葉東。

《納涼》〔註56〕

斜光照墟落，窮巷牛羊歸。野老念牧童，倚杖候荊扉。

雉雊麥苗秀，蠶眠桑葉稀。田夫荷鋤至，相見語依依。

即此羨閒逸，悵然歌式微。　　　　　《渭川田家》〔註57〕

這兩首詩與蘇軾《六月二十七日望湖樓醉書》相近，都是寫詩人對眼前景物變化的觀察，不同的是，王維只抓住有代表性的一刻，將足以營造氣氛的元素寫進詩歌裏，並沒有刻意表達所觀察的景物因應時間和空間的變化。《納涼》一詩是王維躺臥在盤石上欣賞四周景致，當他遊目四顧時，景物不會全無變化，但他並沒有太注意變化，只是把眼前所見的重點凝固在一個畫面裏。蘇軾《六月二十七日望湖樓醉書》卻是刻意將雲收雨霽的前後景致同時寫進詩歌裏，除了營造強烈對比，還突出了驟雨來去之速。可見兩人寫此詩時的心思和取態不同。

　　王維的詩歌充滿山水畫境元素，是不爭的事實。中年後半隱於輞川，閒居禮佛，固然是原因之一，也不能否定他本身就具備畫人的素質。因此，不管詩歌的主要內容是甚麼，他總愛穿插一些寫景的句子。他描繪的景象，具備畫家的眼光，善於將現場景物的趣味點集中和凝固在一個畫面裏，讓讀者

〔註55〕《王右丞集箋注》卷三，上海古籍出版社1998年，34頁。

〔註56〕《王右丞集箋注》卷四，上海古籍出版社1998年，69頁。

〔註57〕《王右丞集箋注》卷三，上海古籍出版社1998年，37頁。

在腦海裏容易形成畫面，善畫的更能將之轉化爲繪畫。王維詩歌中包含畫境，是確實有其普遍性，因此，評王維「詩中有畫」是一個公允的說法。

不過，「詩中有畫」卻並非王維獨有，很多詩人或多或少都能和這個評語拉上關係。同屬盛唐《田園詩派》又和王維相友好的孟浩然，就有不少詩歌可以和繪畫接上關係。例如以下兩首：

> 武陵川路狹，前棹入花林。莫測幽源裏，仙家信幾深。
> 水迴青嶂合，雲渡綠谿陰。坐聽閒猿嘯，彌清塵外心。

《武陵泛舟》〔註58〕

> 故人具雞黍，邀我至田家。綠樹村邊合，青山郭外斜。
> 開筵面場圃，把酒話桑麻。待到重陽日，還來就菊花。

《過故人莊》〔註59〕

這兩首詩基本上都有王維「詩中有畫」的相同特徵，凝固的畫面，如寫生般具體而細緻的描寫，《武陵泛舟》和王維《早入滎陽界》有點相似，《過故人莊》則和《輞川閒居贈裴秀才迪》有相類的味道。再看其他一些詩人的作品，他們都曾寫過有同樣特徵的詩歌。

> 谷口來相訪，空齋不見君。澗花然暮雨，潭樹暖春雲。
> 門徑稀人跡，簷峰下鹿群。衣裳與枕席，山靄碧氤氳。

岑參《高冠谷口招鄭鄠》〔註60〕

> 依依西山下，別業桑林邊。庭鴨喜多雨，鄰雞知暮天。
> 野人種秋菜，古老開原田。且向世情遠，吾今聊自然。

高適《淇上別業》〔註61〕

> 野水煙鶴唳，楚天雲雨空。玩舟清景晚，垂釣綠浦中。
> 落花飄旅衣，歸流澹清風。緣源不可極，遠樹但青蔥。

韋應物《游溪》〔註62〕

孟浩然和王維同樣擅長山水田園詩歌，韋應物風格也比較接近，兩人的詩歌帶有畫意，也許不應感到奇怪。但高適和岑參多寫風格較高昂悲壯的邊塞詩，

〔註58〕《孟浩然集校注》卷三，人民文學出版社1998年，152頁。
〔註59〕《孟浩然集校注》卷四，人民文學出版社1998年，261頁。
〔註60〕《岑參集校注》卷一，上海古籍出版社1981年，54頁。
〔註61〕《高適詩集編年箋注》，中華書局1981年，169頁。
〔註62〕《韋應物集校注》卷七，上海古籍出版社1998年，455頁。

也同樣會涉及這類帶有畫意的詩歌，可以看出，多數詩人都或多或少跟「詩中有畫」扯上關係。事實上，好些詩人的句子，往往被用作寫畫的題材。畫家郭熙就曾對兒子郭思提及這個道理，郭思把父親的教誨記錄在《林泉高致》裏。

郭思除作了這樣的記載，還列舉了十七例，包括完整詩篇和殘章斷句。鄧椿《畫繼》亦有如下記載：

> 所試之題，如野水無人渡，孤舟盡日橫。自第二人以下，多繫空舟岸側，或拳鷺於舷間，或棲鴉於篷背，獨魁則不然，畫一舟人，臥於舟尾，橫一孤笛。其意以為非無舟人，止無行人耳。且以見舟子之甚閒也。又如亂山藏古寺，魁則畫荒山滿幅，上出旛竿，以見藏意。餘人乃露塔尖或鴟吻，往往有見殿堂者，則無復藏意矣。〔註63〕

文章的主旨在闡述畫人對詩歌的理解和繪畫構圖的造意，不過我們可以從中得知詩歌隱藏的畫意，是普遍存在的事實。明朝唐志契的《繪事微言》對此亦有詳述：

> 馬醉狂述唐世說云：政和中，徽宗立畫博士院，每召名工，必摘唐人詩句試之。嘗以竹鎖橋邊賣酒家為題，眾皆向酒家上著工夫，惟李唐但於橋頭竹外掛一酒帘，上喜其得鎖字意。又試踏花歸去馬蹄香，眾皆畫馬畫花，有一人但畫數蝴蝶飛逐馬後，上亦喜之。又一日，試萬綠叢中紅一點，眾有畫楊柳樓臺一美人者，有畫桑園一女者，有畫萬松一鶴者，獨劉松年畫萬派海水，而海中一輪紅日，上見之大喜。喜其規模闊大立意超絕也。凡喜者皆中魁選。
>
> 《名人圖畫語錄》〔註64〕

畫院截取詩歌以甄試畫士，前題是詩歌必先存畫意，而畫士亦必須對詩和畫都有相當造詣，才能從中領略詩文的精粹，再運用畫藝充份地表達出來。可見「詩中有畫」是一個普遍存在的現象，只是在某些詩人的作品中特別明顯，而在一些詩人作品卻只是偶而出現而已。如前面所述，高適和岑參等人的詩歌雖然偶然帶有畫意，畢竟這不是他們的主要風格，所以沒有被冠以「詩中有畫」的評價，是可以理解的。孟浩然和韋應物對景物描寫的詩歌就不少了，絕對可以接受這個評價，但蘇軾卻單單標舉王維，應該有他考量的原因。

〔註63〕《畫繼》卷一，人民美術出版社 2005 年，5 頁。
〔註64〕《繪事微言》卷四，人民美術出版社 2005 年，106 頁。

（二）畫中有詩

　　蘇軾是在看到王維所畫的《藍田煙雨圖》後提出「畫中有詩」之說，因此研究王維的《藍田煙雨圖》是理解蘇軾立論的最好辦法，但此圖已失傳，我們不能從此取得直接資料，只能參考旁證。可惜的是，王維基本上已無確實畫跡傳世，傳說爲王維所畫的，亦未能得到學者的普遍認同。日本大阪市立美術館收藏有《伏生授經圖》，此圖見錄於《宣和畫譜》，大阪藏品卷首有宋高宗題字，鈐印爲「宣和中秘」，似乎可信，但亦未有定論。既然無畫可證，我們只有從後人的題記裏找證據。王維的畫作中最爲人推崇的是山水畫，其中尤以《輞川圖》、《雪溪圖》、《捕魚圖》等作品爲最。

　　《輞川圖》見錄於《歷代名畫記》、《唐朝名畫錄》和《圖畫見聞志》等早期畫錄，《唐朝名畫錄》評此圖「山谷鬱鬱盤盤，雲水飛動，意出塵外，怪生筆端。」〔註65〕按《歷代名畫記》之說，此圖實爲壁畫，繪於清源寺壁。黃伯思則有記如下：「世傳此圖本，多物象靡密，而筆勢鈍弱。今所傳則賦象簡遠，而運筆勁峻，蓋摩詰遺蹟之不失眞者。」〔註66〕按此說則黃所見卻爲卷軸，而所傳卷軸亦有不同版本。王維居住輞川時間不短，既然酷愛輞川，所繪《輞川圖》或多於一軸，風格亦可能並非完全一致。「意出塵外」、「賦象簡遠」等評語卻道出此圖帶有出塵的思致，能將觀者的思緒帶到一個深邃的境界，說明這幅繪畫可以誘發思潮，並非一般專門圖寫逼眞物象的繪畫作品。秦觀有一段有趣的題記：

> 元祐丁卯，余爲汝南郡學官，夏得腸癖之疾，臥直舍中，所善高符仲攜摩詰《輞川圖》示余曰：閱此可以愈疾。余本江海人，得圖喜甚，即使二兒從旁引之，閱於枕上，恍然若與摩詰入輞川。度華子岡……幅巾杖屨，棋弈茗飲，或賦詩自娛，忘其身之鮑繫於汝南也。數日疾良愈。　　　　　　　　《書輞川圖後》〔註67〕

以《輞川圖》治病，似乎神化了一點，可以相信的是，此圖能夠將觀者的思緒導向至一個脫離現實世界，神遊畫家筆下的輞川，讓困倦的精神得到釋放，達至身心舒暢。《輞川圖》可以誘發思潮，還可從後人的題詩看得出來。

〔註65〕　《唐朝名畫錄》，四川美術出版社 1985 年，16 頁。
〔註66〕　《宋本東觀餘論》下卷，中華書局 1988 年，221 頁。
〔註67〕　《淮海集箋注》卷第三十四，上海古籍出版社 1994 年，1120 頁。

輞川誠自好，人各愛吾園。欲縱家山樂，終縻吏事繁。

鴻飛思避弋，羝觸困羸藩。幾日歸陶逕，方知踐此言。

韓琦《和文潞公題右丞輞川圖詩》〔註68〕

丹青王右轄，詩句妙九州。物外常獨往，人間無所求。

袖手南山廟，輞川桑柘秋。胸中有佳處，涇渭看同流。

黃庭堅《王摩詰畫》〔註69〕

韓琦看見此圖，聯想到自己宦途崎嶇兇險，悠然萌生退意。山谷想到摩詰退隱輞川，逍遙物外，亦悠然神往。《輞川圖》隱藏詩意、足以誘發詩興，於此可見。

王維有被稱為《萬峰積雪圖》的作品，按趙殿成輯錄的記載，畫上蓋有多枚足以證明畫跡真確身份的藏印，包括御府、文淵閣、揭傒斯等印。此外又得到幾位名家的讚賞和題跋，他們觀賞此畫時，還依稀看見王維的自題名字。沈周稱此圖「雪意茫茫寒欲逼」〔註70〕，又說「筆疏墨淡精神在，收閱千年若完璧。宛然一段小江南，三遠備全能事畢。」〔註71〕祝允明認為高人逸士往往喜歡寫雪景，「以寄其孤高絕俗之意」。又說王維此圖「寒氣逼人」。高士奇帶病細心觀賞此圖，發覺王維將所見景致寫得神理曲盡，於是詩興大發，詩云：「長江峻嶺互合沓，叢竹古樹蔽嶮巇。山腰巍巍置層閣，橋根淒淒流冰澌。西風凝寒雪意勁，一天黯淡彤雲垂。斜行飛鴻失沙渚，犯冷孤客望酒旗。或棹扁舟或輕策，神理曲盡毫無遺。」〔註72〕從沈周、祝允明和高士奇三人所記，可知王維此圖不獨寫景，而且給人帶來感受，可能是襲人的寒意，也可能是畫作將觀者帶進畫境中神遊。

王維另有《捕魚圖》，晁補之因為畫中人物衣裳有寒意，從而推斷是寫江南初冬欲雪時之景。畫中人物數十，多是童子在起網捕魚，亦有人在竹屋內對飲，更有騎驢而過，看來場景不過五六里，但畫面氣象恢弘，令觀者覺得畫家已將百里千里的景物包涵在畫裏。不獨如此，晁補之更說「漁者男子、

〔註68〕 《王右丞集箋注》附錄三，上海古籍出版社 1998 年，530 頁。

〔註69〕 《山谷外集詩注》卷第十三，《山谷詩集注》本，上海古籍出版社 2008 年，931 頁。

〔註70〕 《王右丞集箋注》附錄三，上海古籍出版社 1998 年，537 頁。

〔註71〕 《王右丞集箋注》附錄三，上海古籍出版社 1998 年，537 頁。

〔註72〕 《王右丞集箋注》附錄三，上海古籍出版社 1998 年，537 頁。

婦女、童稚、舟、楫、梁、笱、網、罟、罾、罩，紛然在江。然其業廉而事佚，故無市廛爭利意。」〔註73〕可見，王維從他的選材、構圖和表現手法，沒去了畫面的市廛氣，而突出一幅清新的捕魚風情畫。晁補之看得出來，於是有「右丞妙於詩，故畫意有餘」〔註74〕之說。此外，元好問有詩吟詠王維的《雪霽捕魚圖》，如下：

> 江雲滉滉陰晴半，沙雪離離點江岸。
>
> 畫中不信有天機，細向樹林枯處看。
>
> 漁浦移家媿未能，扁舟蕭散亦何曾。
>
> 白頭歲月黃塵底，笑殺高人王右丞。　《王右丞雪霽捕魚圖》〔註75〕

晁補之所序《捕魚圖》可能是初冬欲雪之時，天氣是「黃天慘慘雲而風」〔註76〕，遺山此詩則云「江雲滉滉陰晴半，沙雪離離點江岸」，與晁補之所序之圖頗相近，但出現在文獻上的王維《捕魚圖》有數幀，未能肯定兩者是否是同一作品。根據兩人的記序和題詩，王維的《捕魚圖》存在誘發觀者思致的元素是可信的。

　　王維「畫中有詩」，畫中帶有圖象以外的思致，足以誘發詩興，是蘇軾提出的，但現存蘇軾的文集和詩集裏，卻找不到他在觀看王維繪畫後所作的題詠，只有在年青時寫過《王維吳道子畫》詩，對王維的繪畫造詣有「今觀此壁畫，亦若其詩清且敦」和「摩詰得之於象外，有如仙翮謝籠樊」等稱許。把這些評語拼起來，我們大概可以得出一個對蘇軾之說的理解，他認為王維的繪畫傳達出超越圖象以外的訊息，而這個訊息又有如詩歌一樣清新可喜。

　　蘇軾沒有留下對王維繪畫的題詠，卻有為另外一些畫家的作品留下了「畫中有詩」的註腳。我們可以看看下面一些例子：

> 山蒼蒼，水茫茫，大孤小孤江中央。
>
> 崖崩路絕猿鳥去，惟有喬木攙天長。
>
> 客舟何處來？棹歌中流聲抑揚。

〔註73〕晁補之《捕魚圖序》，《雞肋集》卷三十四，吉林出版集團有限責任公司2005年，238頁。

〔註74〕晁補之《捕魚圖序》，《雞肋集》卷三十四，吉林出版集團有限責任公司2005年，238頁。

〔註75〕《元好問全集》卷第四，山西古籍出版社2004年，86頁。

〔註76〕晁補之《捕魚圖序》，《雞肋集》卷三十四，吉林出版集團有限責任公司2005年，238頁。

　　沙平風軟望不到，孤山久與船低昂。

　　峨峨兩煙鬟，曉鏡開新粧。

　　舟中賈客莫漫狂，小姑前年嫁彭郎。《李思訓畫長江絕島圖》〔註77〕

李思訓是唐朝畫家，以青綠山水著名，明朝莫是龍、董其昌始將畫派分為南北二宗，並追奉思訓為北宗之祖。思訓此圖畫長江上的大、小孤山，現已不傳。蘇軾觀此圖後詩興大發，神遊大小孤山之後，目光集中到隨著波濤上下的小船，並幻想聽到從客舟傳來的歌聲。蘇軾的的思緒不獨沒有停止，反而更活躍放浪，竟然把大小孤山的神話傳說帶到現實來，寫進詩歌裏。

　　江上愁心千疊山，浮空積翠如雲煙。

　　山耶雲耶遠莫知，煙空雲散山依然。

　　但見兩崖蒼蒼暗絕谷，中有百道飛來泉。

　　縈林絡石隱復見，下赴谷口為奔川。

　　川平山開林麓斷，小橋野店依山前。

　　行人稍度喬木外，漁舟一葉江吞天。

　　使君何從得此本，點綴毫末分清妍。

　　不知人間何處有此境，徑欲往買二頃田。

　　君不見武昌樊口幽絕處，東坡先生留五年。

　　春風搖江天漠漠，暮雲卷雨山娟娟。

　　丹楓翻鴉伴水宿，長松落雪驚醉眠。

　　桃花流水在人世，武陵豈必皆神仙？

　　江山清空我塵土，雖有去路尋無緣。

　　還君此畫三歎息，山中故人應有招來歸我篇。

　　　　　　　　　　　　　　　《書王定國所藏煙江疊嶂圖》〔註78〕

蘇軾自注此畫是王晉卿所畫，王晉卿即王詵，為英宗女婿，工詩畫，與蘇軾相善。此圖現存上海博物館，從畫面上看，畫中為一大片煙水迷茫的江心，畫的中間部份千山疊翠，雲煙繚繞。雖有飛瀑奔川，小橋野店卻出於詩人想像。美好的畫景觸動了蘇軾，可能是環境有點相似，他的思緒忽然飄到當年他橫遭黨禍而被貶謫的黃州，現在事過境遷，他反而希望可以重回舊地，在那裡退隱。《煙江疊嶂圖》畫面一片空濛，使人有遠離俗世的出塵之想，蘇軾

〔註77〕《蘇軾詩集》卷十七，中華書局1982年，872頁。

〔註78〕《蘇軾詩集》卷三十，中華書局1982年，1607頁。

經歷幾乎葬送生命的大劫，在京師又處處受制，感觸遂不可遏止，宣之於詩。畫面暗藏詩意，遇著合適的讀者就會發揮作用。

蘇軾的題畫詩變化很大，卻很少會對畫面有太多著墨，有些稍稍觸及畫境，就轉到別的方向描寫，甚至大發議論，這些題畫詩雖然由畫作引起，但由於題詩內容遠離繪畫內容，難以證明詩興源於畫作，更不能證明畫境帶有詩意。在蘇軾的題畫詩中，如這兩首詩般對畫面有直接和大量的想像和描繪，是不多見的，可見這兩幅作品在畫面上的景物和氣氛，的確可以觸動觀者的思緒和感情，使蘇軾詩興勃發。這兩幅作品稱得上「畫中有詩」，應該不成疑問。除了這兩幅畫作，事實上還有一些題詩足以證明所題之畫有引起蘇軾詩興的作用，例如《書李世南所畫秋景二首》、《高郵陳直躬處士畫雁二首》等。如果查證其他詩人的題畫詩，可以發現很多畫家的部份作品，亦足以引發觀者的詩興，可以稱得上「畫中有詩」。孫紹遠輯的《聲畫集》收錄了大量題畫詩，雖然不是所有題畫詩都可以說明所題之畫含有詩意，因為其中包括酬答及和詩，但畢竟還有很多是詩人在觀畫後產生的觀感和聯想。例如杜甫的《戲題王宰畫山水圖歌》、李白的《當塗趙炎少府粉圖山水歌》等，詩人不獨將精神融入畫境裏遨遊，有時甚至聯繫到自己的現實生活。如此看來，很多畫家的作品都蘊含詩意，足以誘發詩人的詩興，發於吟詠，可以稱得上「畫中有詩」，李思訓的《長江絕島圖》如是、王詵的《煙江疊嶂圖》如是，甚至王宰的《山水圖》、趙少府家中的壁畫，莫不如是。王維的部份畫作雖然亦具有詩意，稱得上「畫中有詩」，但「畫中有詩」這個特徵卻並非他獨有。那麼，蘇軾為何只說王維呢？

前面已說過「詩中有畫」並非王維獨有，這裡又說明「畫中有詩」也大有人在，而蘇軾卻單獨標舉王維，是甚麼原因？要解答這個問題，我們應該將命題的兩個部份分開來考慮。如果蘇軾把他的命題改成這樣：「味摩詰之詩，詩中有畫。觀思訓之畫，畫中有詩。」或者是「味浩然之詩，詩中有畫。觀摩詰之畫，畫中有詩」，那會傳遞甚麼信息？和原來的命題有何分別？明顯的，改變後的命題只說明詩人寫的詩注入了畫境元素，畫家的作品也蘊藏詩意，如是而已。它和原來命題最大的差異是後者沒有說明或暗示詩和畫的密切關係。原來的命題「味摩詰之詩，詩中有畫。觀摩詰之畫，畫中有詩」也沒有直接說明詩和畫的關係，畢竟蘇軾只是在題畫，不是寫論文，造語不能太繁瑣細緻，但對兩者密切關係的暗示，卻是非常明顯的。當然，蘇軾選擇

通過王維說出這個關係是對了，如果不是通過一個對兩門藝術都有傑出成就的人，這個關係還是不好表達的。因此，「詩中有畫、畫中有詩」表面上只說一門藝術對另外一門藝術的滲透，但在蘇軾的心目中，最重要的意義還是兩者有著密切的關聯。

第三節　詩畫一律

> 論畫以形似，見與兒童鄰。賦詩必此詩，定非知詩人。
> 詩畫本一律，天工與清新。邊鸞雀寫生，趙昌花傳神。
> 何如此兩幅，疏淡含精勻。誰言一點紅，解寄無邊春。
>
> 瘦竹如幽人，幽花如處女。低昂枝上雀，搖蕩花間雨。
> 雙翎決將起，眾葉紛自舉。可憐採花蜂，清蜜寄兩股。
> 若人富天巧，春色入毫楮。懸知君能詩，寄聲求妙語。

《書鄢陵王主簿所畫折枝二首》〔註79〕

蘇軾在觀賞到鄢陵王主簿所畫的兩幅折枝花鳥畫後，寫了這兩首詩。鄢陵王主簿是誰已無從稽考，此畫亦已失傳，我們只能從蘇軾的題記，推想此畫的內容和氣氛。和蘇軾大多數的題畫詩一樣，第一首詩也不多涉畫作內容，重點在闡述議論，所題的畫畫有折枝，枝上一點紅花在綻放，由於畫面疏淡雅致，一點紅花顯得格外奪目，更加突出春天到來的氣息。第二首詩所題的畫畫有小鳥棲息於竹枝上，蘇軾此處較多描寫畫面內容。第一首題詩引起後世的熱烈討論，按照蘇軾的說法，以寫生馳名的花卉畫家邊鸞和趙昌也達不到這個效果。我們可以這樣推論：王主簿寫此畫時用了特別的手法，他沒有追求刻意細緻的描寫，而是用了簡約的線條和疏淡的筆墨勾勒出折枝，讓初綻的紅花更形突出，畫面春意盎然。這是詩人的襯托對比方法，從而讓主題突顯。蘇軾有所感悟，於是有前面的第一首題詩。此詩提出形似的問題，又首次直接將詩和畫放在一起，認為兩者有著同樣的審美標準，就是「天工與清新」。應該注意的是，蘇軾這裡是在題詩，並非寫論文，他並沒有詳細的把所有論據塞進題詩裏，只提出了一兩個重點，而且用語還得遷就韻律，因此論述並不全面。

〔註79〕《蘇軾詩集》卷二十九，中華書局 1982 年，1525 頁。

（一）天工與清新

　　蘇軾是在這首詩提出這個命題，我們不得不先從這首詩著手。「論畫以形似，見與兒童鄰」並不是說不要形似，而是不能只重形似，絕對的形似，就變成絕對逼真，等於將物事在畫面複製出來，理論上這樣的逼真只有一種，就是和實物無異。「賦詩必此詩，定非知詩人」說出類似的道理，如果將要描寫的物事一成不變、平鋪直敘道來，那也是不諳詩歌的道理。崇尚逼真複製的繪畫手法，和追求單調呆板的寫作，都是稚嫩的想法，並非真正懂得創作的真諦。繪畫和吟詠都應該帶有創作者的感情和主觀意趣，隨著作者的心境和情緒轉變，畫面和詩歌的內容和描寫角度也可以不同，裏面存在偶然性。「論畫以形似」和「賦詩必此詩」看來並不關聯，在蘇軾的心目中卻相類，這兩門藝術有著同樣重要的元素，就是沒有絕對和必然的描寫方向和手法，因此蘇軾將它們放在一起討論。

　　接著下來，蘇軾拈出「詩畫一律」裏面的其中一個重要元素：「天工與清新」，並加以闡述。邊鸞是唐朝畫家，趙昌則生活在宋朝，兩人皆以花鳥畫馳名，蘇軾說他們的畫，都不及眼前所見王主簿畫的折枝。從蘇軾的題詩可以想見，王主簿的折枝畫筆簡墨淡，並不追求細緻刻畫的描寫，但搭配精練，勻稱得宜，雅淡的畫面，令一點紅花更形突出，帶出無限春意。《唐朝名畫錄》記邊鸞「用色鮮明，窮羽毛之變態，奮花卉之芳妍……連根苗之狀，精極。」〔註80〕《圖畫見聞志》則謂趙昌「惟於傅彩，曠代無雙，古所謂失於妙而後精者也。」〔註81〕據此，可知邊鸞和趙昌都擅長精心細意的刻畫，和對比鮮明的傅彩，這是純粹技巧性的繪畫，以逼真精巧見勝，與王主簿折枝的疏淡精勻截然不同。王主簿以淡墨折枝襯托紅花突出春意，換作邊鸞和趙昌，他們很可能用大量色彩鮮艷的花卉直接表達，這樣一來，以蘇軾的標準衡量，就不符合「天工」和「清新」的審美要求。這裏其實也呼應前面的「賦詩必此詩」的說法，要寫有春意的畫，直接繪畫鮮艷的春花是常法，但王主簿沒有「繪畫必此畫」，而選擇另尋門徑，使蘇軾聯想到繪畫的審美其實是和詩歌相通。這個道理，在前面提及《畫繼》記載畫人對「野水無人渡，秋箎盡日橫」，以及《繪事微言》記載李成對「竹鎖橋邊賣酒家」不落窠臼的表達方式，有很具體的說明。

〔註80〕　《唐朝名畫記》妙品中，四川美術出版社 1985 年，23 頁。
〔註81〕　《圖畫見聞志》卷四，人民美術出版社 2005 年，97 頁。

這首題詩著重說明詩和畫在描寫方法和審美角度的共通之處。前四句比較描寫方法，指出切入角度的變化，和創作心態與環境因素的偶然性。後面部份說明審美眼光的共通性，特別突出對「天工」和「清新」的要求。有些學者只圍繞著「天工」和「清新」兩個標準研究，試圖考查蘇軾在別的詩文作品引用這兩個詞時的涵義，去解讀這兩個詞在這裡的具體意義，我以為是走錯方向。這兩個詞只是蘇軾「詩畫一律」概念中的一個組成部份，並非全部。要瞭解蘇軾整體「詩畫一律」的概念，應該把視野擴展到其他方面。

（二）題材與作家

前面論述「詩中有畫」時已經提及，《林泉高致》的《畫意篇》記錄了郭熙郭思父子談論和收錄可以入畫的「佳篇秀句」，「佳篇秀句」本來源自實景，經過詩人的截取和剪裁而已。如果是畫家先發現佳景，他們可以圖之以筆墨丹青，而騷人墨客也可以將畫面用詩歌表達。可以說，詩人的詩材和畫家的畫材可以來自同一源頭，就是實景。文同在洋州任上遊玩官家園林，有《守居園池雜題三十首》，其中有《溪光亭》一首，蘇軾讀了文同的作品，寫下這首和詩：

　　決去湖波尚有情，卻隨初日動簷楹。

　　溪光自古無人畫，憑仗新詩與寫成。

《和文與可洋州園池三十首‧溪光亭》〔註82〕

蘇軾應該沒有到過這地方，對於這個地方的美景也是出於想當然而已，但他的和詩說出他的詩畫概念。同樣的景色，應該可以由畫家來畫，一直沒有畫成，現在就讓詩人用詩歌來描繪。在另一個場合，蘇軾看到郭熙的《秋山平遠圖》，他又有同樣的想法，於是寫了這首詩：

　　目盡孤鴻落照邊，遙知風雨不同川。

　　此間有句無人識，送與襄陽孟浩然。　《郭熙秋山平遠二首》〔註83〕

蘇軾又有詩云：

　　瞳瞳曉日上三竿，客向東風競倚欄。

　　穿竹鳥聲驚步武，入簷花影落杯盤。

〔註82〕《蘇軾詩集》卷十四，中華書局 1982 年，673 頁。

〔註83〕《蘇軾詩集》卷二十九，中華書局 1982 年，1540 頁。

　　勿嫌步月臨玄圃，冷笑乘槎向海灘。

　　勝概直應吟不盡，憑君寄與畫圖看。

《寄題潭州徐氏春暉亭》〔註84〕

詩歌先用了不少筆墨描寫春暉亭的景色，從白天寫到晚上，從陸地寫到水上，結尾時卻慨歎詩歌也不能盡其景致，可能有賴繪畫的補充。蘇軾一再把不同場合的景致與詩畫同時掛鉤，可見有他心目中，詩歌和繪畫的題材可以來自同一源頭，是個不用懷疑的結論。其實，這個想法並不只在蘇軾身上發現，在當時已受到很多人的認同，黃庭堅在寫詩答和蘇軾蘇轍的《憩寂圖詩》時，就有類似的語言：

　　松含宿雨石骨瘦，法窟寂寥僧定時。

　　李侯有句不肯吐，淡墨寫出無聲詩。

《次韻子瞻子由題憩寂圖二首》〔註85〕

山谷說李公麟沒有將那情景寫進詩歌，而選擇繪成圖畫，也暗示這個題材其實可以作畫和寫詩。在蘇軾心目中，繪畫和詩歌很多時可以來自同一題材。

　　除了題材可以共用，蘇軾還認為繪畫對畫家的素質要求，與詩歌對詩人的素質要求一樣很接近。歐陽修得到友人送贈石屏風，囑蘇軾題詩，蘇軾應命，寫道：

　　何人遺公石屏風，上有水墨希微踪。

　　不畫長林與巨植，獨畫峨嵋山西雪嶺上萬歲不老之孤松。

　　崖崩澗絕可望不可到，孤煙落日相溟濛。

　　含風偃蹇得真態，刻畫始信天有工。

　　我恐畢宏韋偃死葬虢山下，骨可朽爛心難窮。

　　神機巧思無所發，化為煙霏淪石中。

　　古來畫師非俗士，摹寫物象略與詩人同。

　　願公作詩慰不遇，無使二子含憤泣幽宮。

《歐陽少師令賦所蓄石屏》〔註86〕

〔註84〕　《蘇軾詩集》卷四十五，中華書局 1982 年，2444 頁。

〔註85〕　《山谷詩集注》卷第九，《山谷詩集注》本，上海古籍出版社 2008 年，241 頁。

〔註86〕　《蘇軾詩集》卷六，中華書局 1982 年，277 頁。

蘇軾充份發揮詩人的想像力，將石屏上紋理看成是畫家所畫峨嵋絕頂上一株老松，又巧妙的將這棵樹和善畫松樹的畢宏、韋偃連在一起，說這是畫家將「神機巧思」化為煙霏，稱道畫家在作畫時的想像力。另一方面，蘇軾又親自示範了詩人心思，使詩歌立意奇特。本來平平無奇的石紋，竟給他牽引到畫家的妙想和神工，更顯出他豐富的創造力。「古來畫師非俗士，摹寫物象略與詩人同」，這裡充份道出在摹寫物事時，想像力和創造力對畫師和詩人的要求是同樣的重要。再看以下這首詩：

> 天工水墨自奇絕，瘦竹枯松寫殘月。
> 夢回疏影在東窗，驚怪霜枝連夜發。
> 生成變壞一彈指，乃知造物初無物。
> 古來畫師非俗士，妙想實與詩同出。
> 龍眠居士本詩人，能使龍池飛霹靂。
> 君雖不作丹青手，詩眼亦自工識拔。
> 龍眠胸中有千駟，不獨畫肉兼畫骨。
> 但當與作少陵詩，或自與君拈禿筆。
> 東南山水相呼應，萬象入我摩尼珠。
> 盡將書畫散朋友，獨與長鋏歸來乎。 《次韻吳傳正枯木歌》〔註87〕

蘇軾這首詩更直接的將詩人和畫家放在一起比較討論，李公麟本來是詩人，但畫功尤勝，吳傳正雖然不涉繪畫，詩藝卻能獨當一面。因為兩種藝事對創作者的心思、創意和想像力有同樣要求，擅長其中一種藝事的，能比較容易掌握另外一種藝事。因此，讓畫家李公麟寫詩，他不會覺得困難；讓詩人吳傳正作畫，他也會比較容易上手。蘇軾再次高舉他的結論「古來畫師非俗士，妙想實與詩同出」，內容與《歐陽少師令賦所蓄石屏》這首題詩如出一轍。可見，在他心目中，這是一個很堅實的結論。

　　繪畫與寫詩對創作者的素質和修養有類似要求，對作品的審美和品評亦有相類的標準，意味兩者的理論可以共通，對一門藝事有深刻理解和造詣的人，有可能兼善另外一門藝事。那麼是否有已經兼善兩門藝事的名家可資證明？在蘇軾的生活圈子裏已有不少，王詵、李公麟都算這類人物。《畫繼》稱王詵「被服禮義，學問詩書，常與寒士角。」〔註88〕又云「東坡謂晉卿得破

〔註87〕《蘇軾詩集》卷三十六，中華書局1982年，1961頁。
〔註88〕《畫繼》卷二，人民美術出版社2005年，14頁。

墨三昧，有《煙江疊嶂圖》……《著色山水》等圖，傳於世。」〔註89〕《畫繼》又謂李公麟「熙寧三年登第，以文學有名於時。」〔註90〕又云「以其餘力留意畫筆，心通意徹，直造玄妙。蓋其大才逸群，舉皆過人也。」〔註91〕蘇軾也說他「龍眠居士本詩人，能使龍池飛霹靂」〔註92〕。比王詵和李公麟更能兼擅詩畫兩門藝術的還有文同，在蘇軾集子裏，對文同的稱許出現得最多，道德操守、詩歌文詞、書畫藝術，各方面都有很高的評價。不過，蘇軾在提出「詩畫一律」這個命題時，他還是標舉了王維。

　　王維的詩歌以景融情，平澹自然，清新雋永，尤其是山水田園詩，正如蘇軾所言「前身陶彭澤，後身韋蘇州」〔註93〕，兼善陶潛和韋應物兩人所長。他的詩歌雖然以山水田園爲主，亦旁及邊塞詩，中年以後更以禪入詩，增強了詩歌的言外之意。王維的詩歌能在盛唐高手林立的環境下脫穎而出，誠非倖至。相比之下，文同的詩歌雖亦清新平淡，但立意和造語都不如王維的豐富和有深度，而且題材和風格亦較爲單調。王詵和李公麟缺乏有說服力的文學作品傳世，顯示他們沒能在北宋初年的文壇露出頭角，成就不會太高。王維的繪畫成就也相對較高，《歷代名畫記》對他有「工畫山水……筆跡勁爽」〔註94〕等評語。《唐朝名畫錄》將他的寫眞、山水、松石、樹木列「妙品上」。北宋熙寧七年成書的《圖畫見聞志》基本上沿用《歷代名畫記》和《唐朝名畫錄》對王維的描寫，對文同則只說他「善畫墨竹，富瀟灑之姿，逼檀欒之秀。」〔註95〕王詵和李公麟的繪畫評價，要等到於南宋成書的《畫繼》才出現。《畫繼》只謂王詵山水學李成，而對李公麟的造詣則比較讚賞：「鞍馬愈於韓幹，佛像追吳道玄，山水似李思訓，人物似韓滉……伯時既出，道子詎容獨步耶？」〔註96〕鄧椿對李公麟的造詣極其褒揚，不過，那已是蘇軾離世六十多年之後的事了。這不是說只有文同、王詵、李公麟才有資格與王維相提並論，他們只是眾多文人中能夠同時兼擅詩畫的部份例子，不過都和王維的代表性有相當距離。蘇軾另有《題王維畫》詩，詩曰：

〔註89〕　《畫繼》卷二，人民美術出版社2005年，15頁。
〔註90〕　《畫繼》卷三，人民美術出版社2005年，18頁。
〔註91〕　《畫繼》卷三，人民美術出版社2005年，18頁。
〔註92〕　《蘇軾詩集》卷三十六，中華書局1982年，1961頁。
〔註93〕　《蘇軾詩集》卷四十七，中華書局1982年，2543頁。
〔註94〕　《歷代名畫記》卷十，人民美術出版社2005年，191頁。
〔註95〕　《圖畫見聞志》卷三，人民美術出版社2005年，64頁。
〔註96〕　《畫繼》卷三，人民美術出版社2005年，18頁。

摩詰本詞客，亦自名畫師。

平生出入輞川上，鳥飛魚泳嫌人知。

山光盎盎著眉睫，水聲活活流肝脾。

行吟坐詠皆自見，飄然不作世俗辭。

高情不盡落縑素，連山絕澗開重帷。

百年流落存一二，錦囊玉軸酬不貲。

誰令食肉貴公子，不覺祖父驅熊羆。

細氈淨几讀文史，落筆璀璨傳新詩。

青山長江豈君事，一揮水墨光淋漓。

手中五尺小橫卷，天末萬里分毫釐。

謫官南出止均潁，此心通達無不之。

歸來纏裹任紈綺，天馬性在終難羈。

人言摩詰是初世，欲從顧老癡不癡。

桓公崔公不可與，但可與我寬衰遲。　　　　　　　　《題摩詰畫》〔註97〕

詩中再次強調王維的詩人和畫家雙重身份，完全是來自他的生活環境和高情逸興，詩歌寫之不盡遂溢而為畫。不獨素材同源，作家亦身兼兩職。大約與蘇軾同年代的謝薖也有類似的詩篇吟詠王維：

欲知摩詰詩中畫，桃紅柳綠皆摹寫。

更含宿雨帶春煙，一段風光生筆下。

欲觀摩詰畫中詩，小幅短短作四時。

山平水遠含變態，是中有句無人知。

此公盤礴萬物表。胸中炯炯秋空曉。

戲磨澹墨汙絹素，世上丹青擅場少。

何人乞與輞川圖，裝成小軸四時俱。

壁間仍題六字句，人言雙絕古今無。

謝幼槃《王摩詰四時山水圖》〔註98〕

王維的詩人與畫家身份在蘇軾生活的年代已經受到廣泛尊崇，而他在兩個藝術領域所達到的成就，也是相當高的，雖然在單一領域還不能算獨步，但要在對兩方面都達到如此高度的，直到蘇軾生活的年代，還很難找到第二人。

〔註97〕《蘇軾詩集》卷四十八，中華書局1982年，2598頁。

〔註98〕《聲畫集》卷四，文淵閣四庫全書本，1349冊，865頁。

因此，蘇軾選擇標舉王維，是個很有說服力和代表性的選擇，可借助他對兩門藝術的兼擅，說明兩門藝術的互通以至共融的道理。

　　詩畫的聲和形之別，在蘇軾之前已有人提出，蘇軾只是個參與者，在這個基礎上，逐漸構成更深層的理論。「詩中有畫、畫中有詩」表面上只說出兩種藝術的混合，但在蘇軾的內心深處，兩者其實有著更密切的關係，否則，詩意如何可以隱藏在繪畫當中？畫意又如何能夠蘊藏在詩歌裏面呢？為了突出兩者的密切關係，蘇軾刻意標舉王維在兩門藝術的匯融能力，藉以說明兩者的互通性。然後蘇軾再進一步點出「詩畫一律」的道理，說明詩畫在題材、作家與審美等多方面的共通性。蘇軾對上述理論的提出，只是通過繪畫的題記，並非長篇論文，因此語焉不詳，但我們不能因為他的論說簡略而不予重視，也不能把簡略論述看成是他理論的全部，將視野局限在提出命題的原詩上面。詩畫關係是蘇軾文藝理論的重要部份，打通兩門藝術的界限，意味文藝理論在兩個界別可以共同應用，一方的理論可以被引用到另外一方。

第三章　文同對蘇軾的啓發

　　在蘇軾的文集裏，出現大量和文同有關的文章、題跋和詩歌，內容非常豐富，除了一般觀畫的題記外，有記載文同的畫藝以至學養和情操的，有關於文同愛竹、賞竹、詠竹和畫竹的，也有文同畫竹心得和理論的記錄。此外，也有蘇軾本人受到文同啓發的闡釋，最重要的是他自己領悟出來的一套理論。蘇軾自謂「吾爲墨竹，盡得與可之法」(《畫繼》)〔註1〕，可見他的墨竹畫基本上繼承了文同的技法和風格。另一方面，文同亦對蘇軾深得自己眞傳，又能與他心靈相通感到無比安慰。據蘇軾自己的記載，文同曾謂「世無知我者，惟子瞻一見，識吾妙處。」(《書文與可墨竹并敘》)〔註2〕文同甚至有時在作畫後，不讓別人題字，留待蘇軾。「故人文與可爲道師王執中作墨竹，且謂執中勿使他人書字，待蘇子瞻來，令作詩其側。」(《題文與可墨竹並敘》)〔註3〕。文同要求王執中留待蘇軾題字，並非針對蘇軾的書法，而是「作詩其側」的題詠文字，因爲文同認爲蘇軾對他的墨竹造詣，以至性情寄託都十分瞭解，祇有蘇軾題的詩才能對他的畫起相得益彰的效果。因爲文同和蘇軾如此密切，而蘇軾的繪畫技藝和理論又與文同掛了鈎，要瞭解文同對蘇軾的影響，研究文同就有其重要意義了。此外，當時圍繞在蘇軾附近的文人，包括黃庭堅、米芾、陳師道和蘇軾的弟弟蘇轍等，都有對文同的墨竹及其個人行止的記錄，足以補充我們對文同和他與蘇軾關係的瞭解。尤其是蘇轍，他不僅也是文同的從表弟，還將女兒許配給文同的兒子，與文同結成姻親。他寫的有關文同的文字，數量上僅次於蘇軾，是研究文同對蘇軾影響的重要材料。

〔註1〕　《畫繼》卷三，人民美術出版社1963年，16頁。
〔註2〕　《蘇軾詩集》卷二十六，中華書局1982年，1392頁。
〔註3〕　《蘇軾詩集》卷二十七，中華書局1982年，1439頁。

第一節　文同的文人身份

　　文同字與可，生於宋眞宗天僖二年（公元 1018 年），卒於神宗元豐二年（公元 1079），年六十二。《宋史‧文同傳》記載文同爲蘇軾從表兄，「以學名世，操韵高潔」〔註4〕，又善文辭書法和繪畫。文同在仁宗年間登第，歷任太常博士、集賢校理，又曾出知陵州、洋州，最後知湖州，未到任而卒。後世稱他爲「文湖州」，並稱追慕他風格而形成的墨竹流派爲「湖州派」。文同最爲後世稱道的繪畫造詣，《宋史》本傳放到最後，反而將成就較次，影響較淺的文辭書法放在前面。在現代人看來，好像有點本末倒置，但卻充份反映在傳統文化的觀點上，道德地位最重要，文章次之，書道又次之，繪畫藝業更只是文人用以消磨餘暇的雕蟲小技而已。無怪乎蘇軾在總結文同的成就時也這樣說：

　　　　與可之文，其德之糟粕。與可之詩，其文之毫末。詩不能盡，
　　溢而爲書。變而爲畫，皆詩之餘。其詩與文，好者益寡。有好其德
　　如好其畫者乎？悲夫！　　　　　　　《文與可畫墨竹屏風贊》〔註5〕

文同年青時就有名聲，文彥博出知成都時曾寄書文同云：「與可襟韵灑落，如晴雲秋月，塵埃不到。」〔註6〕得到一個知州如此崇高的稱譽，十分難能可貴。司馬光讚他「襟韵游處之狀，高遠瀟灑，如晴雲秋月，塵埃所不能到。」（《小簡》）〔註7〕司馬光這段評論與《宋史》所記文彥博之言相近，但並不一致，不能排除任何一方有誤的可能。蘇軾說文同「端靜而文，明哲而忠」《墨君堂記》〔註8〕。范百祿則謂文同「不趨時好，不避權仇」《文公墓誌銘》〔註9〕。蘇轍則云「昔我愛君，忠信篤實。廉而不劌，柔而不屈」《祭文與可學士文》〔註10〕。文同高潔自守，並貫徹一生，是不成疑問的。文同不曾捲入大型政治爭拗，事實上，他並不太喜歡在朝當官，反而更愛外任州郡，免去接近權力中央的諸多束縛，既可以親近民眾，又能多接觸大然，在工作之餘可以享受大自然的生活。治平四年在普州（四川安岳）任上，文同寫了這首詠懷詩：

〔註 4〕　《宋史》卷四四三，文苑傳五，中華書局 1977 年，13101 頁。
〔註 5〕　《蘇軾文集》卷二十一，中華書局 1986 年，614 頁。
〔註 6〕　《宋史》卷四四三，文苑傳五，中華書局 1977 年，13101 頁。
〔註 7〕　《陳眉公先生訂正丹淵集》附錄，四部叢刊集部，上海涵芬樓藏明汲古閣刊本。
〔註 8〕　《蘇軾文集》卷十一，中華書局 1986 年，355 頁。
〔註 9〕　《陳眉公先生訂正丹淵集》，四部叢刊集部，上海涵芬樓藏明汲古閣刊本。
〔註10〕　《蘇轍集》中華書局 1990 年，432 頁。

生平曾不事悠悠，倏忽年華五十秋。

宦意文情俱澹薄，可憐渾似李蒙州。　　　　　　　　《五十》〔註11〕

「宦意文情俱澹薄」是非常恰當的夫子自道。雖然文同寫這首詩時祇得五十歲，距離元豐二年他去世還有十二年，但這種生活態度，已經基本上可以用以概括他的一生了。

　　《宋史》記載文同善詩文，蘇軾謂「亡友文與可有四絕：詩一、楚詞二、草書三、畫四。」《書文與可墨竹并敍》〔註12〕又謂「孰能爲詩與楚詞如與可之婉而清乎？」《祭文與可文》〔註13〕熙寧八年蘇軾在密州修超然臺，蘇轍寫了騷體《超然臺賦》，翌年文同也寫了同名的騷體《超然臺賦》，蘇軾讀此賦後有云：「余友文與可，非今世之人也，古之人也。其文非今之文也，古之文也。其爲《超然》辭，意思蕭散，不復與外物相關，其《遠遊》、《大人》之流乎？」〔註14〕蘇軾之詞容有過譽，但觀乎現存文同近二十篇騷體賦，可以推想他在這方面的才華。文同死後，蘇軾仍有詩爲他的文名爲墨竹所掩蓋而抱不平：「君詩與楚詞，識者當有取。但知愛墨竹，此歎吾已久。」《林子中以詩寄文與可及余，與可既歿，追和其韻》〔註15〕蘇轍亦云與可「雅詩楚詞，雲溶泉清」《祭文與可學士文》〔註16〕，可以想見，文同除了詩歌了得之外，楚詞也是十分到家，不然蘇氏兩兄弟也不會異口同聲的表揚。洪邁也稱讚文同的《秦王卷衣》「語意深入騷人闔域」〔註17〕和《王昭君》「令人讀之縹縹然，感慨無已。」〔註18〕現存文同《丹淵集》收錄詩八百多首，文和賦二百餘篇，足以證明文同的詩文修養。

　　《宋史》文同傳謂文同善篆、隸、草和飛白，蘇軾又曾作爲見證：「始余見其詩與文，又得見其行草篆隸也，以爲止此矣。」《文與可飛白贊》〔註19〕可惜文同這些書法作品今已不傳，但蘇軾的題跋卻保存一些資料，可以證明文同精於此道。文同對草書的領悟來自觀蛇鬥，這段記載的文字就見於蘇軾

〔註11〕　《文同全集編年校注》巴蜀書社，1999 年，49 頁。

〔註12〕　《蘇軾詩集》卷二十六，中華書局 1982 年，1392 頁。

〔註13〕　《蘇軾文集》卷六十三，中華書局 1986 年，1941 頁。

〔註14〕　《蘇軾文集》卷六十九，中華書局 1986 年，2060 頁。

〔註15〕　《蘇軾詩集》卷十九，中華書局 1982 年，983 頁。

〔註16〕　《蘇轍集》中華書局 1990 年，1096 頁。

〔註17〕　《容齋隨筆》卷十一，上海古籍出版社 1996 年，738 頁。

〔註18〕　《容齋隨筆》卷十一，上海古籍出版社 1996 年，738 頁。

〔註19〕　《蘇軾文集》卷二十一，中華書局 1986 年，614 頁。

轉引的有關題跋：「余（指文與可）學草書凡十年，終未得古人用筆相傳之法。後因見道上鬥蛇，遂得其妙，乃知顛、素之各有所悟，然後至於此耳。」《跋文與可論草書後》〔註20〕由此可見，文同草書的路子大約與張旭和懷素接近。蘇軾也曾記載文同在眾人面前寫草書，並形容為「落筆如風」《跋文與可草書》〔註21〕。文同死後，蘇軾偶然間看見他的飛白，不禁歎曰：「既沒一年，而復見其飛白。美哉多乎，其盡萬物之態也……。」《文與可飛白贊》〔註22〕這段題跋對文同的飛白有觀止之歎，雖然不免有溢美之嫌，不過也可證明文同的飛白亦必有相當造詣。

從前面所引蘇軾的《文與可畫墨竹屏風贊》和《林子中以詩寄文與可及余，與可既歿，追和其韻》兩首詩，我們可以看出文同的墨竹畫在當世已為人推崇。郭若虛《圖畫見聞志》說文同「善畫墨竹，富檀欒之秀，疑風可動，不筍而成者也。復愛於素屏高壁狀枯槎老枿，風格簡重，識者珍愛。」〔註23〕意謂文同的墨竹秀美清勁，非常逼真，好像好活生生的竹子，非常得到人們的喜愛。《宣和畫譜》所記尤為詳盡：

> 文臣文同，字與可，梓潼永泰人。善畫墨竹，知名於時。凡於翰墨之間，託物寓興，則見於水墨之戲。頃於洋州於篔簹谷構亭其上，為朝夕游處之地，故於畫竹愈工。至於月落孤亭，檀欒飄發之姿，疑風可動，不筍而成，蓋亦進於妙者也。或喜作古槎老枿，淡墨一掃，雖丹青家極毫楮之妙者，形容所不能及也。蓋與可工於墨竹之畫，非天資穎異而胸中有渭川千畝，氣壓十萬丈夫，何以至於此哉？官至司封員外郎，充秘閣校理。今御府所藏十有一。〔註24〕

除了重複《圖畫見聞志》的描述外，《宣和畫譜》著實補充了幾點重要訊息。它贊同文同的墨竹畫有寄託，是「託物寓興」，不過卻是「水墨之戲」，不是正規的畫家畫。又說文同在洋州《篔簹谷》修建亭子，朝夕與竹相對，觀摩竹的成長和生態，於是墨竹繪畫造詣大進。這個說法是合理和有根據的。雖然文同寫的詩不時和竹扯上關係，但在梁洋任上之作明顯不同，不獨涉及竹或專寫竹的詩作數量特別多，而且有他自己對竹深情的描寫，道出他對竹特

〔註20〕　《蘇軾文集》卷六十九，中華書局 1986 年，2191 頁。
〔註21〕　《蘇軾文集》卷六十九，中華書局 1986 年，2183 頁。
〔註22〕　《蘇軾文集》卷二十一，中華書局 1986 年，614 頁。
〔註23〕　《圖畫見聞志》卷三，人民美術出版社 1963 年，64 頁。
〔註24〕　《宣和畫譜》卷第二十，江蘇美術出版社 2007 年，417 頁。

別鍾愛的原委與及愛竹的程度，例如「我常愛君此默坐，勝見無限尋常人」《此君庵》〔註25〕，「心虛異眾草，勁節逾凡木……若論檀欒之操無敵於君，欲圖瀟灑之姿莫賢於僕」《詠竹》〔註26〕等都是明顯的例子。從多與竹接觸，到發於詠歎，以至於圖形於翰墨，因而畫藝大進，是完全可以理解的。《宣和畫譜》還透露，文同的墨竹畫已爲朝廷收藏，直到宣和二年，內府收藏的文同畫作已有十一幅，足見其受重視的程度。

由此可見，文同在詩文書畫方面都有非凡造詣，是典型的文人和書畫家的混合體。尤其是他的墨竹畫，達到可以開宗創派的地步，但他又不是一個純粹從事繪畫工藝，以繪畫爲生的畫師，而是一個有詩文修養，有功名，受朝廷俸祿的文人士大夫，是具備所謂「士氣」的文人兼畫家，他的學養、行止與及書畫造詣都對蘇軾的「士人畫」概念產生重要影響。

第二節　蘇軾對文同畫論的概括與闡釋

蘇軾很年青就和文同認識，他爲文同寫的祭文有云：「我官於岐，實始識君」《黃州再祭文與可文》〔註27〕，那時他應該是在鳳翔任上，還不到三十歲。此後兩人相交十多年，往來甚密，除了有詩唱和，蘇軾還寫了大量題跋，對文同的繪畫、書法、文辭以至道德操守有很深入的評述，然而，可能因爲蘇軾兄弟曾捲入政治鬥爭的漩渦，爲了免受牽連，文同的後人在整理《丹淵集》時刻意刪掉大部份與蘇氏有關的篇章，因此現在我們只能從二蘇文集讀到關於文同的東西，卻不能反過來從文同的集子找到關於二蘇的資料。蘇軾的集子收錄了有關文同的題記接近二十篇，書信有數篇，詩歌也有十篇，其中《書晁補之藏文與可墨竹》一題三首，《和文與可洋州園池》更是一題三十首，數量不少。蘇轍也留下了關於文同的詩文七篇，其中《和文與可洋州三十詠》也是一題三十首，數量上及不上其兄，可能是他不善繪畫，於畫論沒有深究，也可能是性格不像蘇軾般好發議論。

文同一生和竹關係密切，下面我們會探討竹如何與他的生活和文藝創作發生關係，蘇軾從中的領會、概括以及發展出來的理論。

〔註25〕《文同全集編年校注》卷十七，巴蜀書社 1999 年，529 頁。
〔註26〕《文同全集編年校注》卷十七，巴蜀書社 1999 年，531 頁。
〔註27〕《蘇軾文集》卷六十三，中華書局 1986 年，1942 頁。

（一）文同與竹

　　文同愛竹成癡，他的生活和竹子結下不解之緣。蘇轍說他「朝與竹乎爲游，莫與竹乎爲朋。飲食乎竹間，偃息乎竹陰，觀竹之變也多矣。」《墨竹賦》〔註 28〕蘇軾則說「與可所至，詩在口，竹在手。」《題趙屼屏風與可竹》〔註 29〕蘇軾所云是文同經常畫的竹，而不是說他手上拿著竹，不過這已經可以說明文同的生活沒有離開竹。因爲文同朝夕與竹相處，由初時見之而喜，變成後來「身與竹化」，心中自然歡喜，忘卻原來自己身處於修竹之間。這就是蘇轍所謂「始也余見而悅之，今也悅之而不自知。忽乎忘筆之在手與紙之在前，勃然而興，而修竹森然。」《墨竹賦》〔註 30〕文同住的地方滿種修竹，他在永泰故居將堂命名爲《墨君堂》，出知洋州其間，又將守居命庵改名《此君庵》，並在篔簹谷大量種竹，復修《披錦亭》，經常遊玩其間。他閒時對著竹林默坐沉思，靜聽風過竹林的聲音，心神融匯入竹所代表的高風亮節裏，並寫下與竹有關的詩歌，於是他的《丹淵集》裏出現大量吟詠竹的篇章，興之所至則揮毫染翰，將平時眼目所見而默記於心的各種竹的形態和神粹，寫在畫紙上。文同這種與竹渾爲一體的生活，一直沒有改變。

　　在《丹淵集》內，有關竹的詩俯拾即是。不過，大部份這樣的詩，都是從側面描寫竹，使它在詩裏只作爲對周遭景物的襯托，可以說，文同把竹融入境中，讓它變成大自然的一部份。不過，始終有部份詩是以竹爲主人翁，我們可以從這些詩中加深對文同愛竹的瞭解。

> 嗜竹種復畫，渾如王掾居。高堂倚空岩，素壁交扶疏。
> 山影覆秋靜，月色澄夜虛。蕭爽只自適，誰能愛吾廬。
>
> 《墨君堂》〔註 31〕

這首詩寫於東谷故居，文同以墨君名其堂，一則以示愛竹，亦顯露主人善畫墨竹。此詩明白表示自己一向愛竹，不獨種竹，還圖形寫貌，把家居變成王徽之的家一樣。然後詩歌轉向描寫《墨君堂》的周遭景物和景色，以及他自己如何深愛這個安樂窩。

〔註 28〕　《蘇轍集》中華書局 1990 年，333 頁。
〔註 29〕　《蘇軾文集》卷七十，中華書局 1986 年，2212 頁。
〔註 30〕　《蘇轍集》中華書局 1990 年，333 頁。
〔註 31〕　《文同全集編年校注》卷二，巴蜀書社 1999 年，51 頁。

開軒俯清溪，正在修篁內。霜筠抱冰節，爽氣常四會。

主人厭俗客，日與此君對。月上寒影來，滿襟搖瑣碎。

　　　　　　　　　　　　　　　　　　　　　《金影軒》〔註32〕

這首詩寫於興元府任上，其官舍正對著竹林，他就喜歡躲在家中，避見俗客，寧願每天對著修竹。就是到晚上，他也享受在竹林裏徘徊，讓竹葉細碎的影子投射到胸襟上。

故園修竹繞東溪，占水侵沙一萬枝。

我走宦途休未得，此君應是怪歸遲。

　　　　　　　　　　　　　　　　　《忽憶故園修竹因作此詩》〔註33〕

此詩也是寫於興元府任上，但寫的卻不是眼前之竹，而是想起故鄉永泰東谷的竹。自忖因爲宦遊在外，家鄉的竹子應會責怪他遲遲未歸。

我昔初來見爾時，禿稍攣葉病離褷。

遮根護笋今成立，好在清風十萬枝。　　　　《贈竹》〔註34〕

我實仙陂百世孫，二年生長感君恩。

近聞官滿將歸去，更望臨時莫洗園。　　　　《竹答》〔註35〕

以上兩首詩寫於洋州任上。文同在洋州經營篔簹谷，大量種竹，從內容得知，詩歌大約寫於上任兩年後，用一問一答的方式，與竹子對話。開始時文同費盡心力，呵護照顧零落孱弱的竹子，讓它得以茁壯地生長，兩年後終於修竹滿園。竹子答謝文同的養育之恩，得悉文同快將任滿離去，叮囑他走前再來時勿以眼淚洗園。同樣寫於洋州任上的還有另一首《詠竹》詩。

　　竹，竹。森寒，潔綠。湘江濱，渭水曲。帷幔翠錦，戈矛蒼玉。

心虛異象草，節勁逾凡木。化龍杖入仙陂，呼鳳律鳴神谷。月娥巾帔靜苒苒，風女笙竽清藪藪。林間飲酒碎影搖樽，石上圍棋輕陰覆局。屈大夫逐去徒悅椒蘭，陶先生歸來但尋松菊。若論檀欒之操無敵於君，欲圖瀟灑之姿莫賢於僕。　　　　《詠竹》〔註36〕

〔註32〕《文同全集編年校注》卷十五，巴蜀書社 1999 年，483 頁。

〔註33〕《文同全集編年校注》卷十五，巴蜀書社 1999 年，484 頁。

〔註34〕《文同全集編年校注》卷三，巴蜀書社 1999 年，137 頁。

〔註35〕《文同全集編年校注》卷三，巴蜀書社 1999 年，137 頁。

〔註36〕《文同全集編年校注》卷十七，巴蜀書社 1999 年，531 頁。

與其他寫竹的詩不一樣，這首詩是正面寫竹，從外貌、生長地方、虛心勁節、有關竹的傳說，竹的實用價值，以及竹陰能夠提供的生活環境，全都覆蓋。最後，文同將自己和竹的親密關係，與兩位前輩高人相比。首先是屈原和椒蘭，然後是陶淵明和松菊，屈原忠貞，靖節高逸，文同或者自忖可兼二者之長。他還自誇能畫出竹子的瀟灑之姿，難有對手。

從一系列詠竹詩看來，文同之愛竹，是非常徹底的。他在居住的環境種滿竹，不獨把竹看成是美化環境的植物，還把竹看成是親密的朋友，與它對話，又怕遲了回家，會被竹子責怪。值得注意的是，雖然他很早就愛竹，在集子裏很早就把竹入詩，但明顯地從洋州任上，有關竹的詩歌數量大增，描寫也比較深刻，甚至給竹賦以人性，與它交流。這反映出他對竹的愛與日俱增，也有可能是為官日久而生厭，歸隱之心強烈，又苦於不能即時實現，於是竹就變成他唯一的寄託。

文同除了種竹和詠竹外，還對竹圖形寫生，對此他是頗為自負的。他曾寄詩給閬州開元寺的澤師，題詠他的竹軒，有云「古人亦有愛竹者，豈得似師心意專？我亦平生苦如此，兼解略把筆墨傳。」《寄題閬州開元寺澤師竹軒》〔註37〕不久之後，他寫的《詠竹》詩，就更自誇「欲圖瀟灑之姿莫賢於僕」，得意之情溢於言表。事實上，他寫的墨竹在當時就有很大名聲，各方好友都爭相收藏，蘇洵與文同的交往並不密切，也沒有留下太多與文同交往的詩文，不過卻有一詩催促文同履行諾言，繪畫以贈，詩云：「枯松怪石霜竹枝，中有可愛知者誰？我能知之不能說，欲說常恐天真非。羨君筆端有新意，倏忽萬象成一揮……。」《與可許惠所畫舒景以詩督之》〔註38〕初時，文同如果見「精縑良紙」就會技癢難耐，不能自己，而畫好的墨竹總給「坐客爭奪持去」《跋文與可墨竹》〔註39〕。文同善畫竹，傳世作品皆為墨竹，墨竹是誰首創，目前尚未有定論，黃休復《益州名畫錄》記晚唐畫家孫位「松石墨竹筆精墨妙，雄壯氣象莫可記述」〔註40〕，可知墨竹畫法在晚唐已經形成。不過，以純墨寫竹的畫家，在當時應該還是少數。《宣和畫譜》對此有所論述：

〔註37〕 《文同全集編年校注》卷十六，巴蜀書社1999年，492頁。
〔註38〕 《嘉祐集箋注》上海古籍出版社2001年，509頁。
〔註39〕 《蘇軾文集》卷七十，中華書局1986年，2209頁。
〔註40〕 《宋人畫評》湖南美術出版社1999年，122頁。

繪事之求形似，舍丹青朱黃鉛粉則失之，是豈知畫之貴乎！有筆不在乎丹青朱黃鉛粉之工也。故有以淡墨揮掃，整整斜斜，不專於形似而獨得於象外者，往往不出於畫史而多出於詞人墨卿之所作，蓋胸中所得固已吞雲夢之八九，而文章翰墨形容所不逮，故一寄於毫楮，則拂雲而高寒，傲雪而玉立，與乎招月吟風之狀，雖執熱使人亟挾纊也。至於布景致思，不盈咫尺，而萬里可論，則又豈俗工所能到哉？畫墨竹與夫小景，自五代至本朝才得十二人，而五代獨得李頗，本朝魏端獻王頵、士人文同輩，故知不以著色而專求形似者，世罕其人。　　　　　　　　　　　《墨竹敘論》〔註41〕

除了說明當時從事墨竹繪事的人相對較少之外，它也論述了兩個概念。第一，世上各種事物都有自身的顏色，包括竹子。捨棄繪畫顏料不用，結果是不能準確表達所畫事物逼真的外形，以黑色的墨寫本來是綠色的竹，其實是繪事不求形似而追求「象外」的審美追求。第二，不專於形似這種繪畫創作，往往是出於文人之手，而非專業畫師。在細小畫面表現壯闊的場景和思致，一般畫師是做不到的，只有文人高士才有這種造詣，因為他們胸中所得已「吞雲夢之八九」，他只要把胸中所有寫出來就行了，而一般俗工就缺乏這點，不獨缺乏這種本領，更重要的是缺乏胸中的內涵。這個論述說明了為何文同以非畫師的身份，可以佔據墨竹畫派的崇高地位。事實上，文同對自己所寫的墨竹，可能也有類似的想法，但他這個想法是通過蘇轍的文字寫出來的，可能是蘇轍記錄了文同的論述，而更有可能是出於蘇轍對文同道藝的理解和闡釋。

與可聽然而笑曰：夫予之所好者道也，放乎竹矣。始予隱乎崇山之陽，廬乎修竹之林。視聽漠然，無概乎予心。朝與竹乎為游，莫與竹乎為朋。飲食乎竹間，偃息乎竹陰。觀乎竹之變也多矣……忽乎忘筆之在手與紙之在前，勃然而興，而修竹森然。雖天造之無朕，亦何以異於茲焉？　　　　　　　　　　《墨竹賦》〔註42〕

按照蘇轍的說法，文同所好的是道，竹子只是他所仰望之道的載體而已。他所好的道，是遠離俗世，清靜無為，與大自然融為一體的生活。他發覺最能概括他胸懷的，莫過於竹，於是竹就成為他寄託情感的載體。他居住於竹林

〔註41〕《宣和畫譜》卷第二十，江蘇美術出版社 2007 年，406 頁。
〔註42〕《蘇轍集》中華書局 1990 年，333 頁。

之中，朝夕與竹為友，飲食和休憩都離不開竹子，簡直是「身與竹化」，於是他在畫紙上寫出胸中所見所想，畫面就已「修竹森然」。在篇末，蘇轍還作了更直接的比喻：庖丁將養生之道寄寓於解牛的方法，輪扁將求學問道的道理寄寓於斫輪的過程，與文同將生活的道理現寄託於竹子身上，實際上是異曲同工的。

綜觀前述，文同是一個傳統的文人士大夫，詩文和書畫都有很高的修養，而以墨竹繪畫成就最高。與一般畫師專門以圖形寫眞為能事不同，他的畫傳達了文人士大夫的胸臆。文同生性純淡，嚮往樸實自然的生活，不喜追逐名利，更不善與世俗人相處，而將追求自然的心性寄託在竹子身上，朝夕與竹子相對，藏身於竹的世界裏，儼然「身與竹化」。日子久了，渾然忘我的文同將胸中所想寫到紙上，變成森然修竹，別人寫的是眼前所見，而文同所寫卻是忘我境界下竹子在腦海中的形象，充滿他超越現實的寄託。因此他的墨竹畫成就，並非一般追隨形似的畫師可比。文同的畫藝高超，對繪畫理論應該有過人的理解和見地，可惜現存《丹淵集》並沒有收錄和記載，只能從他朋友和後人的集子找出片段重組，而對文同畫論論述最詳盡的，莫如蘇軾和蘇轍兄弟，尤其是蘇軾。

（二）「胸有成竹」和「身與竹化」

蘇軾對文同畫論的理解和吸收，最具體和明顯的莫如「胸有成竹」論。元豐二年正月，文同在赴任途中卒於陳州，湖州這個空缺，卻由剛好徐州秩滿的蘇軾接任。是年七月，蘇軾在湖州任所曝曬書畫，看見文同所畫的墨竹，睹物思人，感觸落淚，於是寫了洋洋灑灑的《文與可畫篔簹谷偃竹記》一文，這時距離他因《烏臺詩案》被逮捕已然不遠。不計湖州的任命，文同最後一任在洋州，他在洋州積極經營篔簹谷，大量植竹，並寫了《篔簹谷偃竹圖》寄予當時在徐州的蘇軾，兩人就此有書信往還，互相調侃，蘇軾此時憶及，雖然不免傷感，但亦覺得有暖意，因此云「予亦載與可疇昔戲笑之言者，以見與可於予親厚無間如此也。」《文與可畫篔簹谷偃竹記》〔註43〕文章的前半部記錄文同向蘇軾講述畫竹之道，在於「畫竹必先得成竹於胸中，執筆熟視，乃見其所欲畫者，急起從之，振筆直遂，以追其所見，如兔起鶻落，少縱則

〔註43〕《蘇軾文集》卷十一，中華書局 1986 年，365 頁。

逝矣。」《文與可畫篔簹谷偃竹記》〔註44〕意思是說，畫竹的時候，不能想一筆畫一筆，而必須在心中先構思好將整株竹的形態，手上執筆，但眼中所見是心中所畫竹子的形態，然後果斷地落筆，但行筆要快，在心中形象消失之前，盡快把竹寫成，就如飛鷹撲兔一樣迅速。文同這個理論是強調繪畫創作要求落筆前先要有完整的構思，否定了一面畫一面調整修正的方法。在實際的繪畫過程中，適度的微調修正是必需的，但整幅結構則必須先有構思，這點不用置疑，因此「成竹在胸」的理論基本上是正確的。尤其是畫墨竹，竹竿和葉子的筆觸要求簡潔明快，根本不容太多的思索，對「成竹在胸」的要求就更加嚴格，下筆遲疑，筆觸就會呆滯。文同的「成竹在胸」理論，曾經在蘇軾身邊的文人群中傳播過，以至後來晁補之也說：「與可畫竹時，胸中有成竹。」《贈文潛甥楊克一學文與可畫竹求詩》〔註45〕

　　文同死後數年，蘇軾見到晁補之所藏文同所畫墨竹圖，題了三首詩，其一云：

　　　　與可畫竹時，見竹不見人。豈獨不見人，嗒然遺其身。

　　　　其身與竹化，無窮出清新。莊周世無有，誰知此疑神。

《書晁補之所藏與可畫竹三首》之一〔註46〕

「身與竹化」是除了「成竹在胸」之外，經常被提到的繪畫概念，不同的是，「成竹在胸」是文同的理論而通過別人提出，而「身與竹化」這個概念，可能並不是文同的想法，但卻是合理的推斷，是蘇軾對文同寫竹過程的理解。按照蘇軾的說法，文同寫竹之時，會經過一個醞釀過程，進入渾然忘我的境界，這時，他心中所想和眼中所見的只有竹子，沒有旁人。「嗒然遺身」和「物化」的概念都出於《莊子》，其中《齊物論》篇對兩者都有論述，《達生》篇則再論述了「物化」，兩者都指一種忘卻自我，將自身完全融入所要描寫的事物，以至消除物我界限的境界。應用到文藝創作上，作者在這種境界裏，可以更傳神的刻畫想要描繪的事物，使其形神俱備。

　　事實上，「成竹在胸」和「身與竹化」是兩個不同的概念，但又互相關連。「成竹在胸」是醞釀的開始，「身與竹化」是醞釀的高潮，當達到這個高潮時，一切已然就緒，作者就要附諸行動，進行創作，不能遲疑了。從另一個角度

〔註44〕　《蘇軾文集》卷十一，中華書局1986年，365頁。
〔註45〕　《雞肋集》卷八，吉林出版集團有限責任公司2005年，53頁。
〔註46〕　《蘇軾詩集》卷二十九，中華書局1982年，1523頁。

看來,「身與竹化」是目的,而「成竹在胸」則是手段。作者通過「成竹在胸」,然後達至「身與竹化」的境界,以便行動。不過,要達至這個境界,是有先決條件的,文同可能沒有向蘇軾說明,但聰明的蘇軾當然不會不知。「成竹在胸」是一個行動的方向,但怎樣才能達到呢?如果生活環境裏面沒有竹,從來又不曾去野外看過竹,完全沒有竹子形態和生長環境的概念,不知道竹子在不同季節的狀況,以至竹枝和竹葉在風中和受雪之後的景象,是根本無從「成竹在胸」的。文同在這方面完全沒有障礙,他一生以竹為伴,與竹為友,朝夕和竹相處對話,他要「成竹在胸」,自是比誰都容易。然而,文同愛竹還有更重要的因素,是他的思想和情操傾向。他性好自然平澹,群而不倚,高風亮節,與竹性相近,因此將一生的懷抱寄託於竹,即是說,他的愛竹,比其他人純粹愛竹形態外貌或者是實用價值的,已是高了一層。於是蘇軾引用蘇轍的話,以為庖丁將養生之道寄託於解牛之法,輪扁將求學之道寄託於斲輪之法,文同則將處世之道寄託於竹,所以云「今夫子之託於斯竹也,而予以為有道者。」《文與可畫篔簹谷偃竹記》〔註47〕蘇軾再沒有孜孜不倦地解說文同如何與竹相處,以達到能夠「成竹在胸」,而是直接跳到更高的「寓道於竹」的境界,點出這個最基本的源頭。要談論文同的「寓道於竹」,還得從他的行止和性趣說起。

(三)文同的仕宦生涯

文同一生的仕途中,過著和其他士大夫一樣的生活,年輕時努力科舉,中式後接受朝廷差遣,時而外任,時而召回,每次任命秩滿後又等待下一道任命。除了幾次在京師的任命外,他的外任地方包括邠州(陝西彬縣)、邛州(四川邛崍)、漢州(四川廣漢)、普州(四川安岳)、陵州(四川仁壽)、興元府(陝西漢中)、洋州(陝西陵洋)和未到任的湖州(浙江湖州),基本上圍繞著四川和陝西。文同生當熙寧變法之際,也不免受到衝擊,不過,基於性格內斂含蓄,不像蘇軾般鋒芒外露,因而沒有招致太大的麻煩。反而由於文同懂得迴避變法和反變法之間的派系鬥爭,只管恰如其分地做好自己該做的事,令他得以免除黨爭的牽連,仕途基本上算是比較平靜的。一般士大夫的文集都包含不少詩文,內容反映其仕宦生涯,但文同的《丹淵集》卻出奇的少。文同是在赴任湖州途中,於陳州的旅館病逝,由於事出突然,家人都

〔註47〕《蘇軾文集》卷十一,中華書局1986年,365頁。

措手不及，他生前固然不曾預先編次自己的文集，所以就只能留待後人整理。
按照知邛州家之誠刊刻慶元本《丹淵集》時所述，文同散失之文甚多，這固
然可信。另一方面，由於黨爭劇烈，文同又和蘇軾兄弟相善，其後人在整理
《家集》時可能已將部份敏感的詩文刪掉，明朝錢允治就曾這樣說：「中間邁
黨禍熾烈，所有與蘇家文字一切抹殺不存，至有改子瞻爲子平者。」《吳郡重
刊文湖州丹淵集序》〔註48〕以至現存《丹淵集》未能完全和充份反映他的作
品內容、風格和成就。現存的《丹淵集》文辭部份大多是墓誌銘、謝表、書
啓和題記，上書朝廷建議興利除弊的祇有數篇，至於比較深刻的政見和文藝
理論則付諸厥如。詩歌方面，情況更一面倒，絕大部份是吟詠大自然景物的
閒適詩，其次是送別詩、記遊詩和酬答詩，深刻的時事論述和文藝理論也不
見。其實，以文同在繪畫造詣方面之高，應該有相應的繪畫理論傳世，現在
一點也沒有出現，後人要從蘇軾詩文裏面鉤出來，實在令人奇怪。《丹淵集》
有點像一個處士的文集，我們不能從中找到太多集中主人的仕宦訊息，不過
它畢竟也透露這個主人的心思。

　　文同外任州郡的日子比在朝的多，其實如果他希望多在朝，也是有機會
的，不過他不獨沒有這樣爭取，反而屢次向朝廷請郡，有云：「連章乞外補，
得郡悉鄉曲」《將赴洋州書東谷舊隱》〔註49〕。嘉祐五年文同在京任秘閣校理，
以雙親年老爲理由，申請通判邛州。到達邛州後不久，又因父喪而返回永泰
東谷家鄉守制。三年後，治平元年，文同除服歸館，又以母親年邁爲理由申
請通判漢州，翌年到任。治平四年文同丁母憂，再度歸鄉守制。熙寧三年文
同除服還朝，知太常禮院兼編修，沒多久，又再次請郡，以太常博士知陵州，
距離三月還朝不過幾個月。在完成陵州任期之時，知成都府吳中復向朝廷舉
薦文同還朝任館職，不過這次推薦沒被朝廷採納，結果文同調知興元府。興
元府的任期還不及一半，因爲不希望任滿後被調回京，文同提早籌謀，先向
朝廷奏請於秩滿時調知洋州，並說明如一時未有缺，他寧願暫時賦閒，有云：
「連并差遣臣知洋州一次，情願閒居待闕。」《奏爲乞差知洋州一次狀》〔註
50〕元豐元年文同完成在洋州的任期，回到京師，結果仍然不耐煩京師的生活，
乞郡東南，出知湖州，祇是病死途中而未能赴任。每一次內調京師，沒呆上

〔註48〕　《陳眉公先生訂正丹淵集》，四部叢刊集部，上海涵芬樓藏明汲古閣刊本。
〔註49〕　《文同全集編年校注》卷三，巴蜀書社1999年，116頁。
〔註50〕　《文同全集編年校注》卷二十九，巴蜀書社1999年，940頁。

多久，文同都申請外調州郡，這絕對不是偶然的，而是反映他的內心世界，極度渴望遠離權力中心，走向可以舒暢胸懷的大自然。

外放州郡的生活，應該是比較自由的。處理好公務後，可以做自己想做的事，文同把這些快意事寫入詩歌裏面。

> 官舍蕭然似隱居，一軒秋色伴恬如。
> 深藏宿雨樹木暗，高灑夕陽籬落疏。
> 景物靜思臨水石，光陰閒覺入圖書。
> 此心只有雲相信，長畔吟魂繞太虛。　　　　《西軒秋日》〔註51〕

文同這首詩寫於南麟靜難軍節度判官任上，約四十歲，屬於出仕初期。詩中沒有展現他的凌雲壯志，卻能看出他頗能適應這種生活，不論是雨天還是晴天，對著外邊樹木和籬笆的清幽景致沉思，甚或讀書和吟詩，對他來說，這畢竟是賞心樂事。如果是在朝爲官，可能有太多的繁文縟節和人事關係，想過一點清靜日子，恐怕沒那麼容易了。南麟任上應該是特別清閒的，所以文同有很多機會出遊，有詩曰：「府事幸稀簡，常爲東谷遊」《東谷偶成》〔註52〕。轉到陵陽知陵州，趁著公餘之便，文同依舊經常出遊：「近日簿書全簡少，吏人惟趁兩衙休。歸來便只尋冠履，繞遍林亭山上頭。」《近日》〔註53〕文同對仕宦的厭倦，在出知洋州時猶爲明顯，從下面這首詩可以看出端倪：

> 吏散收簿書，公館如山居。歸來換野服，攜策將爲如？
> 園亭極瀟灑，陰森修竹下。拂石坐終日，徙倚不知夜。
> 山月照我明，林風吹我清。口誦太古文，往來池上行。
> 露下覺微涼，南窗歸就枕。心閒神自安，達旦得酣寢。
> 亂曰：懶守爾何爲，日日常若斯。爲言我自爾，此樂非汝知。

《此樂》〔註54〕

文同仍然利用公餘之暇遊山玩水，憂悠林下，從這首詩可以得知，伺公務一了，他就迫不及待回家換上野服啓程。他走到竹林下，坐在石上沉思，連月出東山都不知覺，直到產生涼意才回家就寢。因爲心安無慮，能夠一覺酣眠到天亮。最後詩人夫子自道，希望每天都過著這樣自由閒適，無憂無慮的日

〔註51〕《文同全集編年校注》卷八，巴蜀書社 1999 年，279 頁。
〔註52〕《文同全集編年校注》卷八，巴蜀書社 1999 年，281 頁。
〔註53〕《文同全集編年校注》卷十二，巴蜀書社 1999 年，397 頁。
〔註54〕《文同全集編年校注》卷十七，巴蜀書社 1999 年，541 頁。

子，並謂他這樣自得其樂趣，外人是不能領會的。我們可以看出，文同只把當官看成一種謀生工具，他並不如某些文人士大夫一樣，對國家和朝廷有重大抱負。匆匆了卻公事，然後領略大自然的樂趣才是他的目的和願望，外任州郡就能提供這樣的方便。然而，外放是在不能退隱時的權宜之策，歸隱園林才是他的最終願望。細味這首詩的文字和意趣，可以發覺，他原來和陶淵明有著極其相似的地方。陶淵明因家庭經濟問題暫時離開田園生活，投入劉裕幕下當參軍，在赴任途中寫了這首詩：

> 弱齡寄事外，委懷在琴書。被褐欣自得，屢空常晏如。
> 時來苟冥會，宛轡憩通衢。投策命晨裝，暫與園田疏。
> 眇眇孤舟逝，綿綿歸思紆。我行豈不遙，登降千里餘。
> 目倦川塗異，心念山澤居。望雲慚高鳥，臨水愧游魚。
> 眞想初在襟，誰謂形跡拘。聊且憑化遷，終返班生廬。

《始作鎮軍參軍經曲阿》〔註55〕

淵明根本不想當官，迫於無奈才勉強爲之。在上任途中內心交戰，惱恨不已，與自由自在、無拘無束的飛鳥和游魚相比，自己實在相形見絀，羞愧難當。只好對自己許下承諾，暫且隨著造化走這一遭，待時機成熟，必定要返回家鄉。文同在這方面與陶淵明很相似，如果沒有家累，他早已退隱了。文同於熙寧七年上書《奏爲乞差知洋州一次狀》，次年出知洋州。他寫了這首詩：

> 衰晚得洋州，勞生只自憐。交移供盡日，心力付流年。
> 呫呫空書字，便便聲晝眠。其如昏嫁在，了即賦歸田。

《衰晚》〔註56〕

詩中寫得明白，要不是尚有子女未婚嫁，他早該辭官歸隱了。大約寫於同時的還有另一首詩《夏日閒書墨君堂壁二首》其一，有「山中豈不戀？事有勢外牽。尚子願未畢，安能賦歸田。」〔註57〕尚子即向長，《高士傳》「向」字作「尚」，《後漢書‧逸民列傳》第七十三記「向長字子平，河內朝歌人也。隱居不仕，性尚中和，好通老易。貧無資食，好事者更饋焉，受之取足而反其餘……建武中，男女娶嫁既畢，敕斷家事勿相關，當如我死也。於是遂肆

〔註55〕《文選》卷二十六，中華書局1977年，376頁。
〔註56〕《文同全集編年校注》卷三，巴蜀書社1999年，108頁。
〔註57〕《文同全集編年校注》卷三，巴蜀書社1999年，114頁。

意，與同好北海禽慶，俱遊五嶽名山，竟不知所終。」《向長傳》〔註58〕這裡文同以向長自比，如果不是家中尚有兒女待婚嫁，需要收入來源，他早就退隱了。待他日子女都了卻婚事，他就會學向長一樣，退隱後遠遊山林。

　　文同熱愛大自然和渴望早退，是與生俱來的性格使然，這點也和陶淵明相像，而他因爲家累不得不暫且出仕，這樣的處境和受壓抑的心態，更是和陶淵明如出一轍。因此，他的寄託詩不但多次出現陶淵明的名字，更不時用上淵明常用的意象符號，令人讀他的詩時，很容易就將的身世，思想和胸懷，和陶淵明聯繫起來。出仕初期，文同在南鄭當靜難軍節度判官時有詩句云：「自憐冠珮嬰身者，直入樊籠老歲華」。《明教院》〔註59〕詩中用樊籠譬喻爲官，與陶淵明《歸園田居》的「久在樊籠裏，復得返自然」是一樣的。在南鄭的另一首詩則道「我亦中間宦遊者，尚慚無語賦歸田」《興平原上》〔註60〕，這裡則用上張衡的《歸田賦》作比喻。文同出知陵州，寫了《遣興詩》三首，其二有云「故山有松菊，待賦歸去來」。〔註61〕松和菊是淵明筆下經常出現的植物，尤其是菊，讀者第一個想起的肯定就是陶淵明。至於下句標明《歸去來辭》，退隱的思想就更凸出了。轉到漢中知興元府，文同又有詩寫道「舊山何時歸？三徑有松菊。」〔註62〕這裡又用上陶淵明的《歸去來辭》中「三徑就荒，松菊猶存」的詩意。其餘如前面所引的「其如昏嫁在，了即賦歸田」《衰晚》〔註63〕和「尚子願未了，安能賦歸田」《夏日閒書墨君堂壁二首》其一〔註64〕則用上張衡的《歸田賦》以自況。文同的自言早想歸隱，從他剛出仕就開始醞釀，在不同任內一直未有間斷，可見是他眞實的心願，並非「爲賦新詞強說愁」，他用了兩個前人作比喻，張衡固然是他要學習的對象，但陶淵明才是他衷心佩服的。

　　文同仰慕淵明，並不是單單因爲大家都有歸隱的心，而是兩人的基本性格本來就比較接近大自然，而且都同樣嚮往平靜閒適的生活。因此，文同的詩歌寫到淵明，並沒有局限在歸隱的命題上，而是廣泛地牽涉各個生活層面。

〔註58〕《後漢書》卷八十三，中華書局1996年，2758頁。
〔註59〕《文同全集編年校注》卷八，巴蜀書社1999年，278頁。
〔註60〕《文同全集編年校注》卷八，巴蜀書社1999年，290頁。
〔註61〕《文同全集編年校注》卷十二，巴蜀書社1999年，376頁。
〔註62〕《文同全集編年校注》卷十四，巴蜀書社1999年，427頁。
〔註63〕《文同全集編年校注》卷三，巴蜀書社1999年，108頁。
〔註64〕《文同全集編年校注》卷三，巴蜀書社1999年，114頁。

例如他們都酷愛大自然，厭倦宦途，欣賞田園樸素的生活，他們都不喜歡無謂的應酬，寧願獨自遊山玩水，他們的歸隱，並非只爲離開官場，更重要的是遠離俗世。熙寧初，文同歸鄉丁母憂，寫了這首詩：

> 憂居向山林，蟲鳥日爲伍。形骸乍摧剝，骨肉慣辛苦。
>
> 蔬盤羞客至，病榻厭人語。地僻誰往還？閉門閒深雨。

《憂居》〔註65〕

既然是回鄉丁憂，應酬固然是少的，但總不至於門庭如此冷落，然而詩人寫來並不感到淒涼，反而一派自得其樂的樣子，頗有淵明「野外罕人事，窮巷寡輪鞅」《歸園田居》其二〔註66〕的氣氛。同是寫於東谷故居的還有另一首：

> 不復入城市，亂山圍一村。雲霞供几席，水石佐琴樽。
>
> 病久筋力緩，眠多頭目昏。無人來谷口，苔蘚上松門。

《墅居》〔註67〕

仍然是一幅幽居圖，文同獨居在遠離繁囂的野外，與之爲件的就只有亂山、雲霞和水石，連朋友也沒一個來找他，再次和淵明的「窮巷隔深轍，頗迴故人車」《讀山海經》其一〔註68〕暗合。陶淵明有《詠貧士》七首，前兩首概括安貧樂道的抱負，爲了把持自己的原則，已作好貧寒的準備，因此有「量力守故轍，豈不寒與飢」《詠貧士》其一〔註69〕之句。文同也有類似的詩歌描寫自己的清貧生活。一首是寫於東谷舊居，有謂「門前絕車馬，薄暮垂片席」《貧居》〔註70〕。家住窮鄉僻壤，又沒有富裕的親戚朋友，當然沒有車馬到來。可能是太窮，連門都沒有，只能掛幅門簾。又有謂：「妻孥觑相笑，憔悴守文章」《貧居》〔註71〕。和陶淵明一樣，文同也是爲了堅持自己的處世態度，甘心守貧，連家人都取笑他。在另一首詩中，文同再次爲自己的操守開脫：「胡爲迫凍餓？此道吾所素……徒自諷詩書，區區立名譽」《貧士行》〔註72〕。說道他安貧樂道，是原本如此。可以看見，他對淵明的安貧樂道之操守，是誠心追慕的，不獨心裏佩服，還寫下類似的詩歌以明志。

〔註65〕　《文同全集編年校注》卷二，巴蜀書社 1999 年，50 頁。

〔註66〕　《陶淵明集箋注》卷第二，袁行霈撰，中華書局 2003 年，83 頁。

〔註67〕　《文同全集編年校注》卷六，巴蜀書社 1999 年，227 頁。

〔註68〕　《陶淵明集箋注》卷第四，袁行霈撰，中華書局 2003 年，393 頁。

〔註69〕　《陶淵明集箋注》卷第四，袁行霈撰，中華書局 2003 年，364 頁。

〔註70〕　《文同全集編年校注》卷四，巴蜀書社 1999 年，159 頁。

〔註71〕　《文同全集編年校注》卷四，巴蜀書社 1999 年，159 頁。

〔註72〕　《文同全集編年校注》卷八，巴蜀書社 1999 年，274 頁。

　　文同對淵明是由衷的仰慕和佩服的，了卻公事，除了遊山玩水，他還會讀書，與古人對話，而他經常讀的就是淵明的文集。

　　　　吏人已散門闌靜，公事才休耳目清。

　　　　窗下好風無俗客，案頭遺集有先生。

　　　　文章簡要惟華袞，滋味醇釀是太羹。

　　　　也待將身學歸去，聖時爭奈正昇平。　　　　《讀淵明集》〔註73〕

他把淵明的詩文比作華麗的上公大人衣服和味道醇厚的肉羹，在吏散人靜之時，沒有俗客打擾，讀著如此高雅的文集，簡直是賞心樂事。又如：

　　　　省事公多暇，虛心景更長。捨書無可樂，就枕不能忘。

　　　　短葛沾肌薄，寒泉沃肺涼。何當逢靖節，相與話義皇。

　　　　　　　　　　　　　　　　　　　　　　　　《夏日官舍》〔註74〕

又一次公餘時，文同以讀淵明集為樂。他所以特別喜歡淵明，是因為淵明的言行和喜好和他一樣，得到他的認同。加上仕和隱都有著類似的要求和需要，因此淵明便變成文同仰望的目標，使他有可以完全代入的感覺。

　　回顧文同的仕宦生涯，其實和淵明有很類似的情況。他們的性格都不適合當官，只是家貧才勉強為之，淵明一開始就表示不喜歡，雖然勉強一試，但決定很快就要回鄉。文同沒有留下和淵明同聲同氣的出仕篇章，但亦完全沒有表現雀躍的心情。而從他出仕前有東谷舊居極度享受鄉居生活的詩歌，可以知道至少他並不太樂意當官。淵明出仕不多久就告退，文同雖然堅持，卻三番四次申請外調州郡，盡量遠離權力中心。公事之餘，文同爭取享受大自然生活，實際上已差不多過著和淵明一樣的田園生活。只是，淵明過的是完全的田園生活，而文同過的是有條件的田園生活而已。內心深處，大概文同和淵明是一樣的，他自己其實已多次說明，「放意利名外，游心天地間」《縣樓獨酌》〔註75〕，「官味十年如水薄，歸心一日共雲高」《送蒲霖中舍致仕歸閬中》〔註76〕。我們或者可以把文同看成是淵明的一個影子。

〔註73〕《文同全集編年校注》卷十，巴蜀書社1999年，340頁。

〔註74〕《文同全集編年校注》卷十五，巴蜀書社1999年，482頁。

〔註75〕《文同全集編年校注》卷九，巴蜀書社1999年，299頁。

〔註76〕《文同全集編年校注》卷十八，巴蜀書社1999年，299頁。

（四）文同的處世態度

　　文同出仕前生活清苦，他曾多次有上表謝官時都有提到，「出自遠蜀，生於窮閭，逢時之文，從事於學。性自鄙樸，才非淹長。」《謝館職啓》〔註77〕又如「出西南僻陋之邦，本田隴孤寒之士，偶緣文藝，誤中科名，二紀歷於仕途，一生困於末路。」《謝轉官表》〔註78〕可見文同不獨在出仕前家境清貧，就是當了官二十年，仍然一貧如洗，除了爲官清廉，家庭亦日益龐大，人口眾多令他的擔子難以負荷。文同在向朝廷申請改知洋州時有云：「實以家貧累重，食口稍眾，分減寄寓，頗難區處。」《奏爲乞差知洋州一次狀》〔註79〕又有詩云「簞瓢若自具，尚可繼前躅。奈何食口眾，不比回也獨。」《將赴洋州書東谷舊隱》〔註80〕他自云文人當官本來準備守貧，縱然和顏回一樣簞食瓢飲也無所爲，祇是家累繁重，他也不能置他們於不顧。甚至在他赴任湖州途中遽然離世，竟然令家人無法爲他辦理後事，要等待蘇軾等好友出手幫忙。蘇軾有詩文提及此事：「遺文付來哲，後事待諸友。」《林子中以詩寄文與可及余，與可既歿，追和其韻》〔註81〕「與可之亡，不惟痛其令德不壽，又哀其極貧，後事索然。而子由婿其少子，頗有及我之累……唯目下不可不助他爾。」《與李公擇書》〔註82〕

　　雖然家貧，但文同卻非常喜歡東谷故居的生活。在離開家鄉出仕之前，他寫下了這首詩：

　　　　野水瀉古穴，石岸盤回淵。飛塵不可入，竹樹圍清漣。

　　　　靜往得勝玩，深居逃俗緣。寒光照煩襟，景寂心自圓。

　　　　枯篁蹲碧禽，垂頸窺沉鮮。對之不敢動，相望兩俱禪。

　　　　　　　《東谷沿小澗樹木叢蔚中有圓潭愛之久坐書所見》〔註83〕

從這首早期的詩，我們可以看出很多文同的基本性格，這些特徵在他以後的詩文中經常重覆出現。整首詩寫的是野外大自然的景致，「野水」、「古穴」、「石岸」、「回淵」等盡是遠離塵俗的景物，而吸引他注意的是「清漣」、「枯篁」

〔註77〕　《文同全集編年校注》卷二十三，巴蜀書社1999年，729頁。

〔註78〕　《文同全集編年校注》卷二十九，巴蜀書社1999年，943頁。

〔註79〕　《文同全集編年校注》卷二十九，巴蜀書社1999年，940頁。

〔註80〕　《文同全集編年校注》卷三，巴蜀書社1999年，116頁。

〔註81〕　《蘇軾詩集》卷十九，中華書局1982年，983頁。

〔註82〕　《蘇軾文集》卷五十一，中華書局1986年，1501頁。

〔註83〕　《文同全集編年校注》卷四，巴蜀書社1999年，146頁。

和「碧禽」等自然景物。從詩題可知，文同喜歡觀看這些大自然的景物，不是驚鴻一瞥的看，而是靜坐著細心地觀察，好像老僧入定一樣。他的專注，已並非一般對景物的欣賞，而是畫家對事物的觀察，事實上，通過他筆下文字表達出來的，已是一個有內容的畫面。淙淙的流水從溪澗流入山溝，被石岸圍住而形成池塘，因為有竹樹在外圍生長，池塘顯得清幽出塵。一隻禽鳥停息在修竹上，垂頸對著池塘中的魚兒虎視眈眈。然後連主人翁都可以入畫，在遠處獨坐，對著如此美景出神。不獨有畫面，文同還帶出畫面以外的訊息。獨個兒來這裡固然可以欣賞勝景，更重要的是這裡的生活可以遠離俗世，蕩滌襟懷。像這樣描寫大自然景色和生活的詩篇，在文同集裏面俯拾即是，不獨在永泰東谷家鄉寫的詩如是，就是出仕後外任州郡和在京師任命時都是一樣。其數量之多，甚至會令人以為文同是個處士，從來不曾當官。獨個兒對景物凝視，也是文同的愛好。不要說像這首詩所描寫的美景，就是相對靜態的景物，他也看得發呆。他從凝視中領會事物的秩序，更可參悟個中道理。如：「斑斑墮籜開新筼，粉光璀璨香氛氳。我常愛君此默坐，勝見無限尋常人。」《此君庵》〔註 84〕又如「墨君堂中看新霽，十里平林鋪淨綠。青煙一去抹遠岸，白鳥雙來立喬木。戴勝入園蠶已老，栗留過隴麥將熟。坐待月破車嶺雲，自取簾鉤更高軸。」《墨君堂晚晴憑欄》〔註 85〕甚至如「拂石坐終日，徙倚不知夜。」〔註 86〕文同愛竹，愛將竹寫入詩文，從這首詩可以看到。專門寫竹的固然不少，在一般的詩篇裏面出現竹的更是多不勝數，證明他的生活環境裏面有很多竹，如「行松耳目清，入竹襟袖寒」〔註 87〕和「煙雲有佳尚，竹石得幽稟」《霜柏亭試墨》〔註 88〕。可能是他在居住的地方種滿竹子，也可能是他經常去種有竹子的地方遊玩，因而出現在詩篇裏面的也多了。可以說，他性格偏向遠離塵世，愛大自然，特別愛竹，喜歡獨自靜觀景物，又同時具備畫家對周遭景物的敏感觸覺。這些特點都可以在這首詩裏面找到，可見這是他的基本性格，而這些特點在他以後的作品中不斷出現。

　　《晉書·王徽之傳》有以下一段記載：

〔註 84〕　《文同全集編年校注》卷十七，巴蜀書社 1999 年，529 頁。
〔註 85〕　《文同全集編年校注》卷十七，巴蜀書社 1999 年，541 頁。
〔註 86〕　《文同全集編年校注》卷六，巴蜀書社 1999 年，214 頁。
〔註 87〕　《文同全集編年校注》卷十一，巴蜀書社 1999 年，366 頁。
〔註 88〕　《文同全集編年校注》卷十二，巴蜀書社 1999 年，379 頁。

　　　　徽之字子猷，性卓犖不羈……時吳中一士大夫家有好竹，欲觀
　　之，便出坐輿造竹下，諷嘯良久。主人灑掃請坐，徽之不顧。將出，
　　主人乃閉門，徽之便以此賞之，盡歡而去。嘗寄居空宅，便令種竹。
　　或問其故，徽之但嘯詠，指竹曰：「何可一日無此君邪！」〔註89〕

王徽之是王羲之的兒子，《晉書》記載的這兩件關於徽之的軼事，亦見於《世說新語》，前一個故事收在卷二十四《簡傲》篇，後一個故事收在卷二十三《任誕》篇，從篇目可以看出來，這兩個故事只想說明王徽之的曠放不羈之姿，然而，卻從一個側面反映出當時高逸風流的文士對竹的欣賞和喜愛。尤其是第二個故事中王徽之所答的一句，更成了高人雅士對竹的禮讚，從另一個角度看來，向別人表示自己愛竹又可予人以清雅脫俗的形象。竹，變成了清高的象徵。以至後來蘇軾也說：「可使食無肉，不可使居無竹。無肉令人瘦，無竹令人俗。」《於潛僧綠筠軒》〔註90〕把竹與個人修養緊緊連在一起。

　　竹子，對人們的作用本來只有實用性。慢慢地，人們開始留意到竹子實用價值以外的一些特性，發現它除了給我們生活上提供大量方便之外，原來自身也有多種美德，令人崇敬。竹子是一種植物，原本無所謂甚麼美德，只是人們將它人性化，把它的特性和人世間的道德標準連繫在一起而已。慢慢地人們從對竹子的崇敬，又逐漸演變成以竹子爲象徵，把它比作一種爲人處世的高尚道德情操代表。白居易寫了一篇《養竹記》，對竹在人們心目中的道德象徵作了一些概括：

　　　　竹似賢，何哉？竹本固，固以樹德；君子見其本，則思善建不
　　拔者。竹性直，直以立身；君子見其性，則思中立不倚者。竹心空，
　　空以體道；君子見其心，則思應用虛受者。竹節貞，貞以立志，君
　　子見其節，則思砥礪名行，夷險一致者。　　　　《養竹記》〔註91〕

白居易把竹子道德象徵分成四個部份：首先，竹本堅固，堅定不移，使人見了，會想提高自己的道德修養，樹立楷模。竹竿筆直，令人看見會聯想到做人應該嚴守中立，不偏不倚。竹子心空，使人萌生虛懷若谷，以澄清的心胸接受教誨和新生事物的情操。竹子有節，與仁人君子應該持有的氣節、志節同音，人們很容易就會把兩者聯想在一起。除了有傾向儒家的道德象徵，竹

〔註89〕　《晉書》卷八十《文苑傳》，中華書局 1977 年，2103 頁。
〔註90〕　《蘇軾詩集》卷九，中華書局 1982 年，448 頁。
〔註91〕　《白居易集》卷四十三，中華書局 1996 年，936 頁。

子事實上也有審美和較為傾向於道家清虛意義的象徵。梅蘭菊竹被稱為「四君子」，是廣泛被文人雅士接受為良伴的四種植物，同樣代表清幽和雅致。如果細心研究一下，它們其實有著不同的特性。梅花幽香，蘭葉婀娜，菊花嬌艷而其花瓣至萎不墮，與它們相比，竹顯得非常特別，不像其他三種植物那樣，因時開花，而是無懼風霜。它基本上是純綠色，無味，沒有美麗的花朵，不以色相和香氣吸引人，人們對它的欣賞和喜愛，純粹建基於它的實用性和高風亮節等文化修養的象徵上。它的純色和無味，與道家對自然淡淨的追求很配合，挺拔的竹竿配以纖柔的竹葉，又是畫面構圖的好材料。文同作為一個傳統文人士大夫，竹子的儒家道德象徵，固然是根深蒂固的，但他一生追求淡薄和自然，又精於繪畫，竹子傳統儒家以外的審美意義，可能對他更為重要。

（五）寓道於竹

　　蘇軾關於文同詩文題跋中，除了《文與可畫篔簹谷偃竹記》提出「成竹於胸」和《書晁補之所藏與可畫竹三首》提出「身與竹化」外，其餘大部份是關於文同的「道」。他指出文同的造詣建基於他的道德，有云：「與可之文，其德之糟粕。與可之詩，其文之毫末。」《文與可畫墨竹屏風贊》〔註92〕文同在永泰舊居修築《墨君堂》，囑蘇軾作記，蘇軾於是寫了《墨君堂記》，文中說明竹子的各種德行如何令文同心悅誠服，文中有云：

> 　　與可之為人也，端靜而文，明哲而忠，士之修潔博習，朝夕磨治洗濯，以求交於與可者，非一人也。而獨厚君如此。君又疎簡抗勁，無聲無色臭味，可以娛悅人之耳目鼻口，則與可之厚君也，其必有以賢君矣。世之能寒燠人者，其氣焰亦未至若雪霜風雨之切於肌膚也，而士鮮不以為欣戚喪其所守。自植物而言之，四時之變亦大矣，而君獨不顧。雖微與可，天下其孰不賢之。然與可獨能得君之深，而知君之所以賢。雍容談笑，揮灑奮迅而盡君之德。稚壯枯老之容，披折偃仰之勢。風雪凌厲以觀其操，崖石犖确以致其節。得志，遂茂而不驕，不得志，瘁瘠而不辱。群居不倚，獨立不懼，與可之於君，可謂得其情而盡其性矣。　　　《墨君堂記》〔註93〕

〔註92〕《蘇軾文集》卷二十一，中華書局1986年，614頁。
〔註93〕《蘇軾文集》卷十一，中華書局1986年，355頁。

蘇軾簡單稱讚了文同，說求交於他的已經大不乏人，但他卻獨鍾情於竹。然後蘇軾用大量篇幅歌頌竹子的美德，稱讚它抱節守志，茂不驕，窮不辱，中立不倚，又讚文同能完全瞭解竹子的德行，並能盡其形於畫上。其實，蘇軾是從另一個角度稱讚文同而已，因爲文同一向以竹自況，並在畫竹時「身與竹化」，完全將自己看成竹的化身。在《戒壇院文與可畫墨竹贊》中，蘇軾再一次將竹子的美德與文同的喜好連在一起，有云：「風梢雨籜，上傲冰雹。霜根雪節，下貫金鐵。誰爲此君，與可姓文。惟其有之，是以好之。」〔註94〕在《跋與可紓竹》又云：「余得其摹本以遺玉冊官祁永，使刻之石，以爲好事者動心駭目詭特之觀，且以想見亡友之風節，其屈而不撓者，蓋如此云。」〔註95〕在《送文與可出守陵州》又云：「而況我友似君者，素節凜凜欺霜秋。」〔註96〕就是說，竹的美德就是文同的德行。按照蘇軾的說法，文同的文辭書畫造詣，都源自這些美德。

　　除了將竹子的美德和文同的道德操守掛了鉤，蘇軾也著實分析了文同的審美和思想傾向，這些傾向並非單單反映在他的繪畫造詣，還反映在其他的詩文上。文同的性格本來傾向平淡自然，雖然也具備傳統文人恪守儒道的特質，但這都被他沖淡和避世的性格所掩蓋。熙寧四年文同出知陵州，蘇軾有詩送行，詩云：

> 壁上墨君不解語，見之尚可消百憂。
>
> 而況我友似君者，素節凜凜欺霜秋。
>
> 清詩健筆何足數，逍遙齊物追莊周。
>
> 奪官遣去不自覺，曉梳脫髮誰能收。
>
> 江邊亂山赤如赭，陵陽正在千山頭。
>
> 君知遠別懷抱惡，時遣墨君解我憂。　《送文與可出守陵州》〔註97〕

出知陵州之前，文同在京師，知太常禮院兼編修，因和陳薦等議宗室襲封事，被削去尙書祠部員外郎的官職。這只是一個小打擊，但文同好像已對朝政生厭，不久就再次請郡，出知陵州。蘇軾這首送別詩，再次以竹的高風亮節比喻文同，並點出文同傾向道家的思想懷抱。這時文同已是五十四歲，奪官之後，他就屢求外任，原本已不積極的入世之心更見消沉，而老莊無爲之意則

〔註94〕《蘇軾文集》卷二十一，中華書局1986年，614頁。

〔註95〕《蘇軾文集》卷七十，中華書局1986年，2213頁。

〔註96〕《蘇軾詩集》卷六，中華書局1982年，250頁。

〔註97〕《蘇軾詩集》卷六，中華書局1982年，250頁。

漸濃。經歷陵州、興元府而至洋州，這個傾向愈見明顯，他努力經營《篔簹谷》，築《此君庵》，種竹，看竹，畫竹，儼然過著避世的生活。蘇軾和他的洋州詩再度點出他的道家思想傾向：「晚節先生道轉孤，歲寒惟有竹相娛。」《和文與可洋州園池三十首·竹塢》〔註 98〕文同先寫了洋州園池三十首，吟詠洋州境內的風景名勝，蘇軾和蘇轍兩兄弟都有唱和，蘇轍的和詩緊隨文同，以寫景為主，蘇軾則不同，寫景之外，尚有說理。《竹塢》一首點出文同的道家思想傾向，《望雲樓》一首更進一步稱讚文同的出世脫俗，莊老仙風更為突出。詩云：

> 陰晴朝暮幾回新，已向虛空付此身。
> 出本無心歸亦好，白雲還似望雲人。

《和文與可洋州園池三十首·望雲樓》〔註 99〕

陰晴朝暮對此時的文同已沒有甚麼不同，因為他已不在乎世間的得失和名利，他的身心已變得和浮雲一樣，來去無意，正如他的仕途，本來是無心插柳的，那麼歸隱又何妨！文同生性慕道，年青時的道家思想傾向表現在與世俗不太融合，到晚年尤為明顯，直能「齊寵辱，忘得喪」《祭文與可文》〔註 100〕。蘇轍和蘇軾兩人不約而同都在祭文寫上一筆，蘇轍云：「晚歲好道，耽悅至理。」蘇軾則謂：「余嘗聞與可之言，是身如浮雲，無去無來，無亡無存。」《祭文與可學士文》〔註 101〕崇尚自然的老莊審美哲學於是在文同的作品植了根，蘇軾對此十分瞭解。熙寧七年蘇軾自杭州移知密州，修葺超然臺，並作超然臺記，蘇轍和文同分別寫了《超然臺賦》寄奉，蘇軾讀了文同的作品，歎曰：「意思蕭散，不復與外物相關。」《書文與可超然臺賦後》〔註 102〕這是針對文同的文辭而言。熙寧三年蘇軾寫了《淨因院畫記》，謂文同的墨竹畫「合於天造，厭於人意。」〔註 103〕則是針對文同的畫風而言。至於「身與竹化」的狀態，雖然衝著寫竹而說，但亦適合說明文同的文藝創作的境界。

〔註98〕 《蘇軾詩集》卷十四，中華書局 1982 年，667 頁。
〔註99〕 《蘇軾詩集》卷十四，中華書局 1982 年，670 頁。
〔註100〕 《蘇軾文集》卷六十三，中華書局 1986 年，1941 頁。
〔註101〕 《蘇轍集》中華書局 1990 年，432 頁。
〔註102〕 《蘇軾文集》卷六十六，中華書局 1986 年，2060 頁。
〔註103〕 《蘇軾文集》卷十一，中華書局 1986 年，367 頁。

　　文同曾對蘇軾戲說：「近語士大夫，吾墨竹一派，近在彭城，可往求之。」
《文與可畫簀簹谷偃竹記》〔註 104〕其時蘇軾在彭城，故文同有此一說，意在
表示蘇軾的墨竹造詣，已與自己相若，可以看成出是同一派別。蘇軾也曾自
許曰：「吾爲墨竹，盡得與可之法」〔註 105〕，又謂：「東坡本是湖州派，竹石
風流各一時。」《題憩寂圖詩》〔註 106〕足以說明蘇軾對文同的墨竹畫的瞭解。
兩人又相交十數載，過從甚密，性情投契，而且蘇軾自身在各個文藝領域都
有超卓造詣，故此有足夠的資格闡述文同的詩文成就，以及人品修養。不獨
有此資格，可以想像，因爲和文同的關係如此密切，蘇軾的闡述和分析，應
該比一般人精到和深刻。如前面所述，蘇軾對文同的分析和闡述有三個部份，
首先是對「成竹在胸」的吸收。這是技術層面的要求，它要求作者在創作時
先要有構思，對全局先要有一個概念，不能見想一筆畫一筆，想一步走一步。
在這個前題下，蘇軾提出了「身與竹化」的概念，認爲創作的時候思想上要
把自己「物化」，忘掉身邊的外物，想像自己變成想要描寫的對象，那麼寫出
來的東西才會形神兼備。雖然文同和蘇軾在這個關節上談的都是畫竹，但這
個創作概念實際上適用於其他文藝領域。「身與竹化」已不是純粹的技術性要
求，那是說，我們不可以在認識這個要求以後，通過不斷的練習就可以達至。
蘇軾沒有直接解答這個問題，只是三番四次說，文同的成就和他的德行操守
有關，而他的德行操守又和竹子一致，於是，一個稟性和竹一樣的文同，終
日與竹子爲伴，要達到「身與竹化」，自然是得心應手了。這裡蘇軾其實強調
了「道」的重要性，竹子的無色無味，「如是而生，如是而死」《淨因院畫記》
〔註 107〕，正是上天賦予竹子的本性，文同性好平淡無爲，「齊寵辱、忘得喪」
《祭文與可文》〔註 108〕也是上天賦予文同的本性，竹與文同本性相近，所以
是同「道」，這就是文同說的「予之所好者道也，放乎竹矣。」《墨竹賦》〔註
109〕的原因。文同和竹子有先天「道」的相同，又有後天生活環境的接近，於
是文同很容易忘卻自我，與竹同化，實質上是與道同化。因此，文同的畫竹

〔註 104〕　《蘇軾文集》卷十一，中華書局 1986 年，367 頁。
〔註 105〕　《畫繼》卷三，人民美術出版社 1963 年，16 頁。
〔註 106〕　《蘇軾文集》卷六十八，中華書局 1986 年，2138 頁。
〔註 107〕　《蘇軾文集》卷十一，中華書局 1986 年，367 頁。
〔註 108〕　《蘇軾文集》卷六十三，中華書局 1986 年，1941 頁。
〔註 109〕　《欒城集》卷十七，《蘇轍集》，中華書局 1990 年，333 頁。

能夠達到一般人所不能到的水平。文同的墨竹畫所蘊含的道與技的關係，對蘇軾的繪畫理論以至一般文藝理論的影響是巨大的，尤其是對後世有啓發意義的「士人畫」論。

第四章　蘇軾的「士人畫」觀

第一節　蘇軾心目中的「畫工」畫與「士人」畫

　　我們在前文已經說過，蘇軾對畫工的理解跟張彥遠相若，是一般從事繪畫工作的畫人。蘇軾提出「士人畫」的概念，卻沒有對「士人畫」下過定義，然而他明顯地將「畫工」畫放在「士人畫」的對立面，因此，通過研究蘇軾對「畫工畫」的批評，以及參考他對前世與當代畫家的評論，我們應該可以對他的「士人畫」概念有更深入的瞭解。下面讓我們看看一些蘇軾眼中的「畫工」與非「畫工」的對比。

　　蘇軾對一些畫家有極高的評價，認爲他們在不同程度上具備「士人畫」的造詣，他們包括燕肅、郭熙、王詵、李公麟、王維與及文同。燕肅生活於北宋初年，工詩善畫。《宣和畫譜》記他「胸次瀟灑，每寄心於繪事，尤喜畫山水寒林，與王維相上下。」〔註1〕可知他的風格與王維很接近。蘇軾在《跋蒲傳正燕公山水》一文對燕肅有很高評價，謂「燕公之筆，渾然天成，粲然日新，已離畫工之度數而得詩人之清麗也。」〔註2〕這裡，蘇軾將「詩人清麗」與「畫工度數」說成是兩個高下立判的層次，要有「詩人清麗」，先得脫離「畫工度數」。

　　郭熙爲御畫院藝學，《宣和畫譜》稱他「善山水寒林，得名於時……至攄發胸臆，則於高堂素壁，放手作長松巨木，回溪斷崖，岩岫巉絕，峰巒秀起，

〔註 1〕　《宣和畫譜》卷第十一，江蘇美術出版社 2007 年，261 頁。
〔註 2〕　《蘇軾文集》卷七十，中華書局 1996 年，2212 頁。

雲煙變滅，暗靄之間千態萬狀。」〔註3〕郭熙不獨畫藝了得，亦懂得摘取前人「佳篇秀句」入畫，顯示相當的文學修養，又精於畫論，其著述爲兒子郭思編纂成《林泉高致》一書。郭熙的畫院藝學身份，按後世文人畫標準必視爲畫工無疑，但蘇軾卻對他另眼相看，觀賞過他的《秋山平遠》圖後，題道「此間有句無人識，送與襄陽孟浩然。」《郭熙秋山平遠二首其一》〔註4〕在另一場合又謂「木落騷人已怨秋，不堪平遠發詩愁。」郭熙秋山平遠二首其二》〔註5〕可見郭熙具備詩人素質，其山水畫充滿詩意，已然不能以「畫工」視之。

王詵是英宗女婿，工詩書畫。《宣和畫譜》說他「落筆有奇語」，又謂「寫煙江遠壑，柳溪捕魚，晴嵐絕澗，寒林幽谷，桃溪葦村，皆詞人墨卿難狀之景。而詵落筆思致，遂到古人超軼處。」〔註6〕王詵的畫名遠大於他的文名，這點不用懷疑。不過蘇軾並不以畫工看待他，欣賞過王定國藏王詵所畫的《煙江疊嶂圖》後，寫了題詩，王詵讀後和了蘇軾的詩，蘇軾再題詩《王晉卿作煙江疊嶂圖，僕賦詩十四韻，晉卿和之，語特奇麗，因復次韻，不獨紀其詩畫之美，亦爲道其出處契闊之故，而終之以不忘在莒之戒，亦朋友忠愛之義也》，詩中便有「風流文采磨不盡，水墨自與詩爭妍……鄭虔三絕君有二。」〔註7〕在《與寶月大師》一文中，蘇軾這樣寫：「駙馬都尉王晉卿畫山水寒林，冠絕一時，非畫工所能彷彿。」〔註8〕在蘇軾心目中，王詵的畫藝已超越畫工的水平，直可與其詩藝爭雄。燕肅、郭熙和王詵都有相當的「士人」氣質，但在蘇軾的心目中，始終不如下面要論述的李公麟。

蘇軾對李公麟推崇備至，認爲他的人物畫「能於道子之外，探顧陸古意。」〔註9〕又謂：「前世畫師今姓李，不妨還作輞川詩」〔註10〕，直把公麟與王維的詩畫相通放在同一高度。李公麟熙寧三年登進士第，以文學名於時，曾任職中書門下省、御史臺及朝奉郎等，是個博學多才、不折不扣的士大夫，詩

〔註3〕 《宣和畫譜》卷第十一，江蘇美術出版社 2007 年，255 頁。
〔註4〕 《蘇軾詩集》卷二十九，中華書局 1996 年，1540 頁。
〔註5〕 《蘇軾詩集》卷二十九，中華書局 1996 年，1540 頁。
〔註6〕 《宣和畫譜》卷第十二，江蘇美術出版社 2007 年，272 頁。
〔註7〕 《蘇軾詩集》卷三十，中華書局 1996 年，1609 頁。
〔註8〕 《蘇軾文集》卷六十一，中華書局 1996 年，1887 頁。
〔註9〕 蘇軾《答李端叔十首之一》，《蘇軾文集》卷五十二，中華書局 1996 年，1540 頁。
〔註10〕 蘇軾《次韻子由題憩寂圖後》，《蘇軾詩集》卷四十七，中華書局 1996 年，2541 頁。

文、書法、繪畫無一不精，但令他留名後世的，主要是他的畫藝。《宣和畫譜》稱他「創意處如吳生，瀟灑處如王維。」〔註11〕並謂他的人物畫《華嚴會》可以媲美吳道子的《地獄變相》，山水畫《龍眠山莊》可以與王維的《輞川圖》爭一日之長短。但鄧椿《畫繼》卻這樣說：「學佛悟道，深得微旨。立朝籍籍有聲，史稱以畫見知於世，非確論也。」〔註12〕鄧椿認為李公麟學問過人，對鍾鼎古器尤有研究，只以其餘力留意畫筆，但由於「他大才逸群，舉皆過人」，以致畫藝亦脫穎而出。換言之，鄧椿認為李公麟的大才並不在於畫。《宣和畫譜》卷七詳細記述李公麟採用寫詩方法繪畫，證明他有「文人」思致，可以補充蘇軾和鄧椿的說法，頗值得研究，內容如下：

> 蓋深得杜作詩體制而移於畫。如甫作《縛雞行》不在雞蟲之得失，乃在於「注目寒江倚山閣」之時。公麟畫陶潛《歸去來兮圖》，不在於田園松菊，乃在於臨清流處。甫作《茅屋為秋風所破歌》，雖食破屋漏非所恤，而欲大庇天下寒士俱歡顏。公麟《陽關圖》，以離別慘恨為人之常情，而設釣者於水濱，忘形塊坐，哀樂不關其意。其他種種類比，唯覽者得之。〔註13〕

《宣和畫譜》引用杜甫的《縛雞行》和《茅屋為秋風所破歌》，說明李公麟深得杜甫詩法個中三昧，並應用到自己的繪畫上。先看看《縛雞行》。

> 小奴縛雞向市賣，雞被縛急相喧爭。
> 家中厭雞食蟲蟻，不知雞賣還遭烹。
> 蟲雞於人何厚薄，吾叱奴人解其縛。
> 雞蟲得失無了時，注目寒江倚山閣。　　　　　　《縛雞行》〔註14〕

此詩寫小奴縛雞赴市的情景，篇末筆鋒一轉，將原本集中在雞和蟲的場景，透過觀者的目光，伸延至市廛外的寒江上。杜甫沒有加以說明，但觀者跌入深邃的沉思中，已顯而易見。詩歌用墨最多的地方在雞和蟲，但全詩重心和扣人心弦的反而是篇末輕輕的一句，杜甫奇妙和不落俗套的表現手法，顯示讀書人特有的寫作技巧。淺露直率的作品一般不能予讀者深刻的印象，感染力亦大打折扣，杜甫《縛雞行》用迂迴手段帶出主題的方法並不罕見，李商隱《暮秋獨遊

〔註11〕　《宣和畫譜》卷第七，江蘇美術出版社 2007 年，174 頁。
〔註12〕　《畫繼》卷三，人民美術出版社 2005 年，18 頁。
〔註13〕　《宣和畫譜》卷第七，江蘇美術出版社 2007 年，174 頁。
〔註14〕　《杜詩詳注》卷十八，中華書局 1995 年，1566 頁。

曲江》用的就是這個方法。詩云：「荷葉生時春恨生，荷葉枯時秋恨成。深知身在情長在，悵望江頭江水聲。」〔註15〕前半寫荷，後半才顯露感情，末句更將視線和思緒帶離荷花，牽引至江上，和《縛雞行》如出一轍。李白《夢遊天姥吟留別》用很長的篇幅寫神遊天姥山，接近篇末才漸漸露出端倪，透露詩人不欲迷失在權力中心的思想。甚至《桃花扇》通篇看似侯方域李香君的戀愛故事，原來只是孔尚任借當時流行文學體式寫出對南明覆亡的感慨，所謂「借離合之情，寫興亡之感」〔註16〕。這是有效地避免直率淺露，又能突出主旨的手法。李公麟深明此道，在繪製《歸去來兮圖》時也用上了。顧名思義，《歸去來兮圖》寫的是陶潛《歸去來辭》的情意，文章的整體主旨固然在歸隱之樂，但細讀全文又會發現，其樂又有不同層次，歸家路上「舟搖搖以輕颺，風飄飄而吹衣」是一種；「乃瞻衡宇，載欣載奔」時又是一種；甫入家門，發現「三徑就荒，松菊猶存」又是一種。而李公麟的畫面雖然也有田園松菊，但著意描寫的卻是陶潛興奮過後，一切歸於平淡恬靜，「登東皋以舒嘯，臨清流而賦詩」的那種平和喜樂。黃庭堅頗能體會李公麟在《歸去來兮圖》想表達陶潛歸隱後的真正樂趣，在於平澹真摯的生活，於是題了兩首詩：

> 日日言歸真得歸，迎門兒女笑牽衣。
>
> 宅邊猶有舊時柳，漫向世人言昨非。
>
> 人間處處猶崔子，豈忍更令三徑荒。
>
> 誰與老翁同避世，桃花源裏捕魚郎。〔註17〕

杜甫《茅屋為秋風所破歌》用上不少筆墨描寫屋破之苦，但全詩主旨卻在篇末一段：

> 安得廣廈千萬間，大庇天下寒士俱歡顏，風雨不動安如山。嗚
>
> 呼！何時眼前突兀見此屋，吾廬獨破受凍死亦足。〔註18〕

杜甫認為身受其苦也不足惜，只希望天下寒士都有棲身之所，篇章前面描述自己屋破之苦，其實並非他真正的苦，最苦的是更多寒士面對同樣的困境，這才是杜甫此詩的主旨。詩歌由個人面對的艱苦，引申出對天下寒士都有安居之所的期許。

〔註15〕《玉谿生詩集箋注》上海古籍出版社 1998 年，728 頁。

〔註16〕《桃花扇》卷一（《先聲》），人民文學出版社 1994 年，1 頁。

〔註17〕《山谷外集詩注》卷十五，《出谷詩集注》上海古籍出版社 2008 年，994 頁。

〔註18〕《杜詩詳注》卷十，中華書局 1995 年，832 頁。

　　《宣和畫譜》認爲李公麟繪畫《陽關圖》時，也採用了類似的襯托技巧。
《陽關圖》寫的是王維《送元二使安西》詩意，詩云：

　　　　渭城朝雨裛輕塵，客舍青青柳色新。

　　　　勸君更盡一杯酒，西出陽關無故人。〔註19〕

詩中原本沒有水濱釣者，在送別畫面重心加上如此人物，是李公麟別出心裁
的神來之筆。離離合合在人生歷程是平常事，主人翁親身經歷和感受，或會
被離情別緒所困擾，未能醒悟，李公麟通過傍邊的釣者「忘形塊坐」，一貫「慣
看秋月春風」的模樣，就把這層意思在畫面表現出來。王維的詩意是送別的
斷腸之痛，沿著這個方向作畫是正常的，但李公麟卻偏偏不走正路，其實正
是避免陷入蘇軾所謂「賦詩必此詩」的窠臼。又例如，牛郎織女一年一度相
逢的故事本來是悲情的，秦觀亦不落俗套，「金風玉露一相逢，便勝卻人間無
數」，給老生常譚增添一個新注腳。黃庭堅對李公麟的繪畫常能引用詩法有較
深刻的體會，他在《題摹燕郭尙父圖》有如下記載：

　　　　凡書畫當觀韻，往時李伯時爲余作李廣奪胡兒馬，挾兒南馳，
　　取胡兒弓引滿以擬追騎，觀箭鋒所直發之，人馬皆應弦也。伯時笑
　　曰：使俗子爲之，當作中箭追騎矣。余因此深悟畫格，此與文章同
　　一關紐，但難得人入神會耳。〔註20〕

李公麟認爲，一般畫人可能會直接畫出箭中追騎，但如此一來，故事說盡了，
就沒有味道。他只畫箭簇蓄勢待發，觀者可以朝著發箭方向，想像追騎的下
場，饒有餘韻。李公麟的畫避開直率淺露，沒有把事情交待到盡頭，而是留
有餘地，給觀者想像的空間，是有文學修養的讀書人寫詩作文之法。黃庭堅
因此領悟詩畫「同一關紐」。《宣和畫譜》舉杜甫兩詩對應李公麟兩幅畫作，
藉以說明公麟懂得將士人寫詩作文的技巧，如襯托、對比、引申等應用到繪
畫上面，並非一般畫工可以比擬。由此可見，蘇軾對李公麟有文人思致的畫
藝另眼相看，不無道理。蘇軾對李公麟的高度評價，還見於他的題記《書李
伯時山莊圖後》，這點留待後面討論。

　　王維和文同是蘇軾最爲推崇的兩位同時具備詩人身份的畫家。蘇軾對文
同有「清詩健筆」和「詩在口、竹在手」的讚許，而在眾多詩人兼畫家中，
又選擇了王維作爲「詩中有畫、畫中有詩」的代表，兩人在蘇軾心目中的地

〔註19〕　《王右丞集箋注》卷十四，上海古籍出版社1998年，263頁。

〔註20〕　《山谷內集》卷二十七，文淵閣四庫全書本，1113冊，284頁。

位，毋待贅言。王維、文同，連同前面所列舉的畫家燕肅、郭熙、王詵、李公麟，被蘇軾置於畫工對立面，他們的繪畫遠非一般畫工可比。他們的共同之處是，都有士人的修養，對寫詩作文有深厚造詣，能將文學創作的技巧應用到繪畫藝術。因此，他們的畫作都能表現出士人的視野和深度，脫離畫工純粹表現物事外形，以及對著物事與周邊環境作平鋪直敘式的描繪。可以說，蘇軾心目中的「士人畫」，是與「畫工畫」相對的畫，從事「士人畫」創作的畫家，具備文學素質和修養。

蘇軾為「士人畫」的立論，是通過對比的方法。他沒有太多「士人畫」的直接說明，而是刻意將「士人畫」放在「畫工畫」的對面，我們可以通過分析蘇軾對「畫工畫」的批評，從側面考察他的「士人畫」概念。另一方面，蘇軾對他特別推許的幾位畫家，包括王維、文同、燕肅、王詵、郭熙和李公麟都類似的評價，認為他們皆「脫離畫工之度數」，而所以能夠這樣，是因為他們都能得「詩人之清雄」。因此，我們終能清晰看見，蘇軾心目中的「士人畫」，是有作詩屬文能力和文人思致的士人所畫，具備類似詩文寫作技巧的繪畫。

第二節　蘇軾的「士人畫」概念

蘇軾在跋宋子房的畫時二度提出「士人畫」的概念，雖然聊聊數語，卻為後世帶來深遠影響。蘇軾的評論從宋子房的畫開始，我們也應該由此入手，看看宋子房究竟是個怎樣的人，他的畫畫得怎樣。現存的宋子房史料不多，較詳細的記載出現在鄧椿的《畫繼》：

> 宋子房，字漢傑，鄭州滎陽人。少府監選之子，復古之猶子也。
> 官至正郎。坡公跋其畫……初崇觀盛時，大興畫學，予大父中書公，
> 見其《江皋秋色圖》，甚珍愛之，首薦為博士。然其人乃賢冑子，不
> 獨以畫取也。所著畫法六論，極其精到。〔註21〕

《畫繼》對宋子房的記載有部份引述了蘇軾的評語，為了更好瞭解蘇軾的想法，我們還是直接察看蘇軾的原文。

> 僕囊與宋復古游，見其畫瀟湘晚景，為作三詩，其略云：逶迤
> 趨後崦，水會赴前溪。復古云：子亦善畫也耶？今其猶子漢傑，亦

〔註21〕《畫繼・軒冕才賢》，《畫繼》卷三，人民美術出版社 2005 年，25 頁。

復有此學，假之數年，當不減復古。　　　　《跋宋漢傑畫》〔註22〕

　　唐人王摩詰、李思訓之流，畫山川峰麓，自成變態，雖蕭然有
出塵之姿，然頗以雲物間之，作浮雲杳靄，與孤鴻落照，滅沒於江
天之外，舉世宗之，而唐人之典型盡矣。近歲惟范寬稍存古法，然
微有俗氣。漢傑此山，不古不今，稍出新意，若為之不已，當作著
色山也。　　　　　　　　　　　《又跋漢傑畫山二首之一》〔註23〕

綜合蘇軾和鄧椿《畫繼》的評語，我們可以有以下的整體印象。宋子房是少
府監宋選之子，畫家宋復古的姪兒，是賢士後人。子房擅畫，所畫《江皋秋
色圖》令鄧椿的祖父大為讚賞，當徽宗大興畫學之際，便引薦他為畫學博士。
至於畫藝方面，主要的讚美來自蘇軾，稱他「不古不今，稍出新意」，又謂「假
之數年，當不減復古」，蘇軾讚美他可以直追復古的時候，正想起復古的《瀟
湘晚景圖》，此圖在當時頗能引起注意，僧惠洪曾為此八幅晚景繪畫題了詩，
也許子房的繪畫風格和造詣已與其叔父相差不遠，因此蘇軾才有此評語。蘇
軾對宋子房的畫藝，由欣賞進而推崇，甚至將他的畫藝與士人的風神連繫在
一起，稱之為「士人畫」，但蘇軾語焉不詳，引起後人諸多猜測和揣摩。他說：

　　觀士人畫，如閱天下馬，取其意氣所到。乃若畫工，往往只取
鞭策皮毛槽櫪芻秣，無一點俊發，看數尺許便倦。漢傑真士人畫也。

　　　　　　　　　　　　　　　《又跋漢傑畫山二首之二》〔註24〕

蘇軾題跋的前半部說如何「觀士人畫」，後半部則批評畫工的一般手法，但其
目的只有一個，就是要說明「士人畫」和「畫工畫」的重要分別。他認為，
缺乏士人素質和修養的一般畫人，他們在畫馬時都會留意一些馬匹身外顯而
易見的事物，如鞭策、皮毛等，以為把這些物事推砌齊全，畫面就有說服力，
而忽略了馬匹的神氣。然而，這等東西只是畫面的陪襯品，馬匹才是主體，
有士人素質和修養的畫家就會注意馬匹的「意氣」，他們所畫的馬也會以表現
馬的「意氣」為主，我們作為觀者，應該循著這個方向欣賞，不應斤斤計主
體以外的陪襯物事。把蘇軾的論述引申出去，就是他認為一般畫工不懂得主
體畫面事物的「意氣」，只追求一些支節和陪襯事物的堆砌，換句話說，就是
缺乏審察和描繪事物之「神」的能力。這個「神」，在馬來說是「俊發氣」，

〔註22〕　《蘇軾文集》卷七十，中華書局 1996 年，2215 頁。
〔註23〕　《蘇軾文集》卷七十，中華書局 1996 年，2216 頁。
〔註24〕　《蘇軾文集》卷七十，中華書局 1996 年，2216 頁。

在人來說，可能是他的風度神采，如果是山水畫，就是它的意境，換作故事畫，就會是故事的寄託。畫工沒有表達這些「神」的心思和能力，所以只會見甚麼寫甚麼。

蘇軾通過與「畫工畫」的對比，彰顯他心目中的「士人畫」概念與特徵，卻不曾正面給「士人畫」下過定義和作出論述，《又跋漢傑畫山二首之二》寥寥數語，除卻交待「意氣」這個元素之外，就沒有其他了，但我們絕不能因此認定，「意氣」就是蘇軾「士人畫」的唯一元素，也不能隨意將蘇軾其他論述一併歸入他的「士人畫」論，不加辨析。既然蘇軾對「士人畫」的說法多集中在與「畫工畫」的比較，最好的理解方法還是通過對「畫工畫」的分析。在前面的論述裏我們已知道，蘇軾將燕肅、郭熙、王詵、李公麟、宋子房、王維和文同的造詣置於畫工的對立面，因此，綜合研究蘇軾對他們的藝術特色與成就的理解，我們可以整理出蘇軾「士人畫」概念的重要審美元素。

（一）「士人畫」的審美元素

蘇軾畢竟不是專門研究理論建設的人，他沒有發展出一套複雜的理論體系，只是握要地提出了他認為最重要的「士人畫」審美原則，這些的審美元素，是指蘇軾「士人畫」論裏面對繪畫的具體要求，它是畫家們要達到的技術層次和追求的審美原則，是識別「士人畫」家與非「士人畫」家的重要表徵。我們把這些蘇軾心目中的「士人畫」審美元素歸納為「神似」、「常理」、「畫外意」和「天工」四大綱領。

（1）形似與神似

蘇軾在《又跋漢傑畫山二首之二》提出「士人畫」概念時，讚揚宋子房所畫的馬有俊發氣，又否定一般俗工只會堆砌毛皮槽櫪等周邊事物的膚淺手法，旨在說明畫面主體神氣的重要性。那麼，神似作為蘇軾「士人畫」的元素之一，是明顯不過了。兒子蘇過畫了《枯木竹石圖》，蘇軾有詩題道：「老可（文同）能為竹寫眞，小坡（蘇過）今與竹傳神。」（《題過所畫枯木竹石三首之一》）〔註25〕。此外，他也曾評論自己的畫：「更相闊數年，索我閬風之上矣，兼畫得寒林墨竹，已入神品。」（《與王定國書》）〔註26〕事實上蘇軾

〔註25〕 《蘇軾詩集》卷四十三，中華書局 1996 年，2348 頁。
〔註26〕 《蘇軾文集》卷五十二，中華書局 1996 年，1517 頁。

在《書鄢陵王主簿所畫折枝二首》也提出神似比形似重要，「論畫以形似，見與兒童鄰……邊鸞雀寫生，趙昌花傳神」〔註27〕。這些例子都顯示出他對神似的重視。蘇軾的神似論在後世衍生出兩個問題，一個是「神似是否排斥形似」？一個是「神似和理的關係」。問題並非蘇軾提出，因此他沒有直接解答，但從他的其他評論和闡述，我們還是可以找到答案。

雖然蘇軾有「論畫以形似，見與兒童鄰」之說，但這只表示不能單靠似或不似判斷畫作的高低，絕不能因此認為蘇軾反對形似，進而得出蘇軾以形似反而降低畫作水平的結論。不過還是有人對此有不同理解，清人鄒一桂就認為蘇軾之論並不可取，他說：

> 東坡詩：論畫以形似，見與兒童鄰，作詩必此詩，定非知詩人。
> 此論詩則可，論畫則不可。未有形不似而反得其神者。此老不甚工
> 畫，故以此自文……東坡乃以形似為非，直謂之門外人可也。
>
> 《小山畫譜》〔註28〕

蘇軾從沒說過形不似而可得其神，鄒一桂所言，其實沒有抓住蘇軾理論的要點。和鄒一桂持論有異，而基本上同樣錯誤理解蘇軾所論的是元朝湯垕，他雖然沒有攻擊蘇軾的不是，但理解則和鄒一桂一樣，認為蘇軾反對形似。他說：

> 今之人看畫多取形似，不知古人最以形似為末節。如李伯時畫
> 人物畫，吳道子後一人而已，猶未免於形似之失，蓋其妙處在於筆
> 法氣韻神采，形似末也。東坡先生有詩云：論畫以形似，見與兒童
> 鄰。……僕平生不惟得看畫法於此詩，至於作詩之法，亦由此悟。
>
> 《畫鑑・雜餘論》〔註29〕

李公麟（字伯時）是蘇軾十分推崇的畫家，蘇軾認為他畫的人物畫「能於道子之外，探顧陸古意」〔註30〕。蘇軾評伯時人物畫為「道子後一人而已」，與他形似和神似的概念並沒有矛盾，湯垕同意蘇軾對李伯時的推崇，卻錯誤引用蘇軾「形似」的看法批評伯時，純粹出於對蘇軾說法的誤解，因此顯得有些矛盾。吳道子的人物畫技法超群，蘇軾對他有高度評價：

〔註27〕　《蘇軾詩集》卷二十九，中華書局 1996 年，1525 頁。
〔註28〕　《小山畫譜》卷下，文淵閣四庫全書本，838 冊，726 頁。
〔註29〕　《畫鑑》雜論，文淵閣四庫全書本，814 冊，437 頁。
〔註30〕　《答李端叔十首》，《蘇軾文集》卷五十二，中華書局 1996 年，1540 頁。

　　道子畫人物，如以燈取影，逆來順往，旁見側出，橫斜平直，

各相乘除，得自然之數，不差毫末。　　　《書吳道子畫後》〔註31〕

此外，吳道子在開元寺的佛滅度壁畫，氣魄雄偉，人物表情突出，活靈活現，
得到蘇軾在《王維吳道子畫》一詩的高度評價。可見，吳道子的人物畫絕對
可以用「形似」來形容，但蘇軾卻沒有任何貶意，反而一再尊稱道子為「古
今一人」的「畫聖」。湯垕以「形似」為伯時之失，卻不以此為道子之失，並
不合理。

　　蘇軾不但沒有否定「形似」，反而十分重視，除了上述稱道吳道子「如以
燈取影」的造詣，在紹聖元年蘇轍重修汝州龍興寺的吳道子壁畫，蘇軾在題
詩時重申「形似」的重要性。他說：

　　細觀手面分轉側，妙算毫釐得天契。

　　始知真放本精微，不比狂花生客慧。

　　　　　　　　　　　《子由新修汝州龍興寺吳壁畫》〔註32〕

「始知真放本精微」是很重要的闡述，說明蘇軾深信豪放的風格其實建基於
精緻細密的描寫，雄渾的氣勢也得「形似」主體的支持。如果主體畫得過於
失實，難言神氣。蘇軾寫此詩時五十九歲，已經歷人生的大半，在學養和思
想上已完全成熟，這個思想可以被看為他對形似和神似關係的結論。蘇軾在
《淨因院畫記》有云：「凡可以欺世而取名者，必託於無常形者也。」〔註33〕
對於這些低劣畫人，刻意避開有常形的事物，企圖隱藏不能「形似」的缺憾，
以欺世盜名，蘇軾是不屑的。這點可以作為蘇軾不獨不反對「形似」，反而主
張由此才能達至「神似」的佐證。對蘇軾這個理念有正確理解也不乏人，金
人王若虛《滹南詩話》有如下論述：

　　東坡云：「論畫以形似，見與兒童鄰，賦詩必此詩，定非知詩人。」

　　夫所貴於畫者，為其似矣耳。畫如不似，則如勿畫。命題而賦詩，

　　不必此詩果為何語。然則坡之論非歟？曰：論妙於形似之外，而非

　　遺其形，不窘於題，而不要失題，如是而已。〔註34〕

繪畫時不遺其形而妙在形似之外，等同作詩屬文抓住題目，卻不受題目束縛，

〔註31〕　《蘇軾文集》卷七十，中華書局 1996 年，2210 頁。

〔註32〕　《蘇軾詩集》卷三十七，中華書局 1996 年，2027 頁。

〔註33〕　《蘇軾文集》卷十一，中華書局 1996 年，367 頁。

〔註34〕　《滹南詩話》卷二，《歷代詩話續篇》本，中華書局 1997 年，517 頁。

王若虛的確很瞭解蘇軾，爲蘇軾的立論作出非常精到的注腳。在《傳神記》
裏，蘇軾有以下描述：

> 傳神之難在目。顧虎頭云：「傳神寫影，都在阿堵中。」其次在
> 顴頰。吾嘗於燈下顧自見頰影，使人就壁摹之，不作眉目，見者皆
> 失笑，知其爲吾也。目與顴頰似，餘無不似者。眉與鼻口，可以增
> 減取似也。傳神與相一道，欲得其人之天，法當於眾中陰察之。今
> 乃使人具衣冠坐，注視一物，彼方斂容自持，豈復見其天乎？〔註35〕

顧愷之認爲人物的寫眞肖像，重點在於眼神，能好好掌握眼神，人物的神采
就能呈現。蘇軾在這基礎上向前推演，認爲眼神之外，第二重要的是顴頰的
輪廓，顴頰和眼目「似」，其他部位如眉與鼻口，就可作增補以令其「似」。
這裡他申明「形似」的重要性。除了眼目和顴頰等具體部位外的描寫重點外，
蘇軾再進一步，說明捕捉自然眞實神情的重要。他認爲人的神氣會在不知不
覺間顯露，因此，要捕捉肖像主人翁的神情，應該在其不知覺的情況下，從
旁觀察而攫取，如果事先張揚，人們就會正襟危坐，把面容收斂，刻意擺好
架式才讓畫家落筆。這樣一來，他原來的眞實性情和氣度就會隱藏起來，畫
家亦無從描劃他的眞實神氣，這是蘇軾一再強調的「合於天造」。在文章的後
半部，蘇軾又援引和發揚了顧愷之「頰上加三毛」的經驗：

> 顧長康畫裴叔則，頰上益三毛。人問其故，顧曰：「裴楷俊朗有
> 識具，正此是其識具。」看畫者尋之，定覺益三毛如有神明，殊勝
> 未安時。　　　　　　　　　　　《世說新語・巧藝第二十一》〔註36〕

顧愷之在畫像的臉上補上三毛，頓時顯露了裴楷的識具。蘇軾也有類似的親
身體驗：

> 吾嘗見僧惟眞畫曾魯公，初不甚似，一日往見公，歸而喜曰：「吾
> 得之矣！」，乃於眉間加三紋，隱約可見，作俛首仰視眉揚而頰靨者，
> 遂大似。　　　　　　　　　　　　　　　　　　《傳神記》〔註37〕

可知，蘇軾認爲形似對神似有重要的幫助，不過，爲了令畫中主人翁的神氣
活現，須選取能夠突出其神粹的形似「條件」，才能湊效，在裴楷來說是「頰
上三毛」，在曾魯公則是「眉間三紋」。雖然顧愷之所論在於人物畫，蘇軾的

〔註35〕《蘇軾文集》卷十二，中華書局 1996 年，400 頁。

〔註36〕《世說新語》下卷上《巧藝》第二十一，上海古籍出版社 1982 年，376 頁。

〔註37〕《蘇軾文集》卷十二，中華書局 1996 年，400 頁。

引申亦是人物肖像，但傳神需要掌握所畫主體的特徵這個「傳神論」要點，實可引用到其他繪畫題材上。

（2）常形與常理

「常形」和「常理」是由「形神論」衍生出來的概念，其實都是爲了表現神似。前面說過蘇軾的「士人畫」重要技法爲表現神氣，要達到這個目的，就得好好捕捉所繪畫事物的形態，能夠抓住事物的形態特點，就比較容易突出活靈活現的神氣，若遺卻外形，事物的元氣亦很難表現出來。不過，事物的外形並非都容易掌握，原因是有些事物根本沒有固定的外形，譬如水，它的外形隨著盛載的容器而變化，在大自然裏更會隨著它流淌的地方而出現緩急、汹湧、翻騰等不同形態。又如鬼神，它們並無具體形象可供印證，畫家只能參照坊間傳說，配合時代潮流，再加點想像，構成心目中的形態。這些沒有常形的物事，給畫家表達繪畫主體神氣時帶來困難，因爲缺乏參照的模範。蘇軾卻爲這個難點定立了參考的標準，就是「常理」。他說：

> 余嘗論畫，以爲人禽宮室器用皆有常形。至於山石竹木，水波煙雲，雖無常形，而有常理。常形之失，人皆知之，常理之不當，雖曉畫者有不知。　　　　　　　　　　　《淨因院畫記》〔註38〕

蘇軾認爲「世之工人，或能曲盡其形，而至於其理，非高人逸才不能辨。」〔註39〕雖然沒有直說，蘇軾其實已認定分辨「常理」的能力是文人士大夫獨有，一般畫工與此無緣。

李日華《六研齋三筆》記載蘇軾一段題記，再次強調「形不可失，理更當知」的「形理兩全」意義。

> 昔歲餘嘗偕方竹逸淨觀長老，至其東齋小閣中，壁有與可所畫竹石，其根莖脈縷，牙角節葉，無不臻理，非世之工人所能者。與可論畫竹木，於形既不可失，而理更當知，生死新老，煙雲風雨，必曲盡眞態，合於天造，厭於人意，而形理兩全，然後可言曉畫。故非達才明理，不能辯論也。今竹逸求余畫竹，因妄襲與可法則爲之，並書舊事以贈。元豐五年八月四日，眉山蘇軾。
>
> 　　　　《蘇文忠竹石一卷，有題跋，絕俗神品也。錄之》〔註40〕

〔註38〕　《蘇軾文集》卷十一，中華書局 1996 年，367 頁。
〔註39〕　《蘇軾文集》卷十一，中華書局 1996 年，367 頁。
〔註40〕　李日華《六研齋三筆》卷一，文淵閣四庫全書本，867 冊，663 頁。

在《淨因院畫記》裏，蘇軾認爲縱使沒有常形作爲參照，所畫的事物也應合乎常理。在李日華的記載文字，蘇軾則強調形理應該兩全，方能稱得上「曉畫」。綜觀兩段文字，可知蘇軾的心目中，「形」和「理」都非常重要，不能偏廢，直接否定了後人從「論畫以形似，見與兒童鄰」一詩推斷出來，認爲蘇軾反對「形似」的結論。不過，蘇軾對「常理」的理解，還有更深層的意義。他在觀賞黃筌和戴嵩的畫作時，對「常理」有比較詳細的闡述和說明。

> 黃筌畫飛鳥，頸足皆展。或曰：「飛鳥縮頸則展足，縮足則展頸，無兩展者。」驗之信然。乃知觀物不審者，雖畫師不能，況其大者乎？君子是以務學而好問也。　　　　　　　《書黃筌畫雀》〔註41〕

> 蜀中有杜處士，好書畫，所寶以百數。有戴嵩《牛》一軸，尤所愛，錦囊玉軸，常以自隨。一日曝書畫，有一牧童見之，拊掌大笑，曰：「此畫鬥牛也。牛鬥，力在角，尾搐入兩股間，今乃掉尾而鬥，謬矣。」處士笑而然之。古語有云：「耕當問奴，織當問婢。」不可改也。　　　　　　　《書戴嵩畫牛》〔註42〕

從蘇軾這兩篇題記，我們可以看出「理」和「形」是一對攣生兄弟，在很多情況下，其實有重要關聯。鳥兒沒有常形，靜止時抓著樹枝，飛行時張開翅膀，或展頸，或展足，在不同的情況下有不同的形態，但這個形態有一定的常理，不能含糊，黃筌就是沒有掌握好，所以畫面有了缺憾。頸和足不會同時伸展是「理」，在眼睛看來也有「形」的分別，「理」是恆常，而形態則有變化，可以說，「常理」之下包含了變化之「形」。牛也有不同時候的動作和形態，可以躺在草地上休息，或者低頭吃草而尾巴掃打蒼蠅，如戴嵩所畫的「鬥牛」當然又是一種。牛鬥時尾巴搐在兩股之間是「常理」，在「掉尾而鬥」和「搐於兩股」這兩個「形」之間，戴嵩因爲識見不足而錯選了，乖於「常理」的畫面，說服力不免大打折扣。所以我們可以得知蘇軾的「常理」蘊含「變化的形」，事物會因應不同的場合、環境和情況而有不同的形態，水波煙雲、禽畜人獸莫不如是，這就是「常理」。重點是，畫面的表達要合於「常理」，因此，要求畫家在不同的場合要選取合適的造形，用適當的造形表達常理。

〔註41〕《蘇軾文集》卷七十，中華書局 1996 年，2213 頁。
〔註42〕《蘇軾文集》卷七十，中華書局 1996 年，2214 頁。

　　黃筌畫的飛鳥頸足俱展，戴嵩畫的鬥牛掉尾而鬥，都不合常理，這是由於實際生活體驗的不足，單憑想像作畫。蘇軾在《淨因院畫記》只列出「山石竹木，水波煙雲」無常形，但實際上沒有常形的事物遠遠不止此。蘇軾認為「常形之失，止於所失，而不能病其全！若常理之不當，則舉廢矣。」〔註43〕那是說，有常形的如宮室器用等事物，就是畫得不像，也不至於影響整幅作品；沒有常形而有常理的事物，如果處理不好，則會破壞整幅畫的效果。以黃筌飛鳥和戴嵩鬥牛來說，飛鳥和鬥牛的形態不合理，就會破壞畫面的說服力，繪畫技巧再好也是徒然。

　　水是一樣無「常形」而有「常理」的繪畫元素，蘇軾對此有比較深刻的論述：

> 古今畫水多作平遠細皺，其善者不過能為波頭起伏。使人至以手捫之，謂有窪隆，以為至妙矣。然其品格，特與印板水紙爭工拙於毫釐之間耳。　　　　　　　　　　《畫水記》〔註44〕

水有不同的形態，但一般畫家只能掌握其中一種，就是「平遠細皺」，特別工於畫水的，也不過能畫出「波頭起伏」的形態而已，這是因為畫家都沒有掌握水的「常理」，只有極少數畫家有這這能力，蘇軾在《畫水記》錄了幾個擅於畫水的幾個畫家。晚唐孫位能夠畫出「奔湍巨浪」在「山石曲折」之處流淌，因為他瞭解流水「隨物賦形」的特性。後蜀孫知微在參透水性「常理」後，終能畫出「輸瀉跳蹙之勢，洶洶欲崩屋」的巨構。與蘇軾奔年代相近的蒲永升更能畫出「陰風襲人」、令人「毛髮為立」的「活水」。他們都有足夠的悟性、分析力和生活體驗，能瞭解水的常理，以及水在不同情況下顯露的「不常之形」，並懂得將它適當地表現在繪畫裏，遠到「神似」的效果。

　　「形似」是「神似」的先決條件，在特定環境下，譬如上面所說飛鳥和鬥牛，為了合乎「常理」而須要選擇適當的形，因此，「常理」也變成「神似」的條件。惟有合適的「形」才能表達常理，以致充份表現主體的神氣，引導觀者從適當的角度欣賞畫作。這是蘇軾所說「合於天造」、「形理兩全」的真諦。如果蘇軾認為「形似」和「神似」沒有關係，就根本不會特意討論「常理」。

<hr>

〔註43〕《蘇軾文集》卷十一，中華書局 1996 年，367 頁。
〔註44〕《蘇軾文集》卷十二，中華書局 1996 年，408 頁。

（3）畫外意

蘇軾在《答李端叔十首之一》謂李公麟的人物畫能「探顧陸古意」，在《又跋漢傑畫山二首之二》又強調「士人畫」的「意氣所到」，可見他非常注重繪畫所傳達的意，所謂畫意，簡而言之，就是畫面所傳遞的信息和內容。一般畫工只求表達畫藝，沒有處理畫面傳遞信息的能力，而畫意之於繪畫，就如同詩意文意在詩文裏面一樣重要。以畫馬爲例，蘇軾認爲「士人畫」有意氣，「畫工畫」只著重皮毛槽櫪等陪襯事物，忽略馬匹的俊發氣，蘇軾寫過好幾首題詠畫馬的詩歌，以《韓幹馬十四匹》最爲傳神，整首詩都圍繞著馬匹的神情和動態而落筆，只在描繪馬匹的神，絕無提及馬匹以外的周邊物事，說道「韓幹畫馬是眞馬，蘇子作詩如見畫」〔註45〕，韓幹所畫力圖突顯馬匹的精神，而他自己的題詩亦力圖還原畫中的神粹。蘇軾對畫意的重視，還見於釋惠洪的記載：「善畫者畫意不畫形，善詩者道意不道名」〔註46〕。蘇軾這個觀點道出「畫形」和「畫意」的關係，與作詩屬文不直道有相類的要求。然而，不直道還有其不能直道的客觀因素，我們可以參考來自莊子和歐陽修等人的理論。《莊子》的《天道篇》有云：

> 世之所貴道者書也，書不過語，語有貴也。語之所貴者意也，意有所隨。意之所隨者，不可言傳也，而世因貴言傳書。世雖貴之，我猶不足貴也，爲其貴非其貴也。故視而可見者，形與色也；聽而可聞者，名與聲也。悲夫，世人以形色名聲爲足以得彼之情。夫形色名聲果不足以得彼之情，則知者不言，言者不知，而世豈識之哉！

《莊子‧天道》〔註47〕

莊子認爲語言文字不過爲傳「意」而存在，可惜「意」往往不能言傳，因此能傳的「意」很多時候並非精粹。形與色、名與聲是世人藉以傳情達意的手段，可惜人們以爲形、色、名、聲就是情意本身，而忽略了隱藏在其背後的眞正情意。蘇軾直接採用了莊子的結論，認爲眞正懂得詩與畫的行家，會注意作品所要傳達的情意，不會停留在形、色、名、聲上面。蘇軾並不孤單，他的觀點與前輩和後人有契合相通之處。歐陽修爲楊褒購藏的《盤車圖》題詩，有「古畫畫意不畫形，梅詩詠物無隱情。忘形得意知者寡，不若見詩如

〔註45〕《蘇軾詩集》卷十五，中華書局1996年，767頁。
〔註46〕《日本寬文版天廚禁臠》，稀見本宋人詩話四種，江蘇古籍出版社2002年，138頁。
〔註47〕《莊子今注今譯》上冊，臺灣商務印書館1977年，392頁。

見畫」〔註48〕之句，可視爲蘇軾立論之前車。歐陽修對繪畫的研究應該不如蘇軾的深入，他這幾句詩的畫論或許也是源自莊子的哲學概念，卻不像釋惠洪所記蘇軾之言，彷彿就是莊子理論的撮要一樣精練。歐陽修另有一段論畫文字，說得比較詳細。

> 蕭條淡泊，此難畫之意，畫者得之，覽者未必識也。故飛走遲速，意淺之物易見，而閒和嚴靜趣遠之心難形。若乃高下向背、遠近重複，此畫工之藝爾，非精鑒者之事也。　　　《鑒畫》〔註49〕

歐陽修這段說話和莊子《天道篇》的論述就比較接近了，不但說出有難寫之「意」，更將它們與易達之「意」作了比較，又將純粹表面工夫的易達之「意」歸屬爲「畫工」之藝，而需要有修養和造詣才能達至的難畫之「意」，則非畫工所能企望了。歐陽修雖然沒有點明這是屬於何人之藝，但方向直指善於作詩屬文的人，已很清晰。我們可以研究一下歐陽修這段話，和蘇軾的《又跋漢傑畫山二首之二》是何其相似。歐文的前半部將難畫之「意」與易見之「意」作出比較。「飛走遲速」，這是顯而易見的；而「閒和嚴靜、蕭條淡泊」則不易表達和感受。蘇文前半部亦點出難狀的「意氣」，在馬匹來說，這是「俊發氣」。至於下半部，歐文和蘇文都強調流於表面的易見之「意」，只是一般畫工的技法而已。歐文以「飛走遲速」、「高下向背」、「遠近重複」等無形之態爲例，蘇文則以「鞭策皮毛槽櫪芻秣」等有形之物說明。難畫之意的表達對畫家有特別要求，他們需要在蕪雜場景選取適當的主體作表現，又要懂得選取合適的物事作陪襯，以突出想要表現的主題。決定表現的時刻也有其重要性，前面提及李公麟在《題摹燕郭尚父圖》中，斟酌放箭一刻的意義和對觀者的感染力，就是很好的說明。畫工缺乏這方面的素質和能力，而有文學修養的「士人」，才會懂得把寫詩作文的技巧應用到繪畫上。

早在北宋初年，李畋已有以「意」論畫，他在《益州名畫錄序》中有言：

> 大凡觀畫而神會者鮮矣，不過視其形似，其或洞達氣韻，超出端倪。用筆精緻，不謂之功。傅采炳縟，不謂之麗。觀乎象而忘象，意先自然，始可品繪工於轂中，揖畫聖於方外。

《益州名畫錄序》〔註50〕

〔註48〕　《居士集》卷六，《歐陽修詩文校箋》，上海古籍出版社2009年，170頁。
〔註49〕　《試筆一卷》《歐陽文忠公文集》卷一百三十，四部叢刊本。
〔註50〕　《益州名畫錄》，人民美術出版社2005年，1頁。

一般人觀畫時都只會著意畫得似不似，就是停留在蘇軾所說的「論畫以形似」的層面，這點李畋也是不認同的。他認為觀者不能只看到刻畫精細、傅彩絢麗，就認為這是好畫，而必定要有「觀乎象而忘象，意先自然」的襟懷，才能鑑別畫品的高下。這是從觀畫的角度出發，但鑑賞繪畫既然如此，作畫自然也有同樣的要求。劉道醇在《聖朝名畫評》的序言裏也有類似的說法：「且觀之法，先觀其氣象，後定其去就，次根其意，終求其理，此乃定畫之鈐鍵也。」〔註 51〕他以為，應該先從氣象著眼，決定畫作的方向；繼而辨別和細味畫作要表達的具體涵義，就是領略其「意」；最後思考其「理」。這個從辨析「氣」、體會「意」到咀嚼「理」的過程，跟欣賞文學作品又何其相似。可以想見，繪畫和文學的關聯意義，宋人是有深刻體會的，不過一直沒有人明確和具體的把這個關係說出來，直到蘇軾的出現。

蘇軾認為有文人思致的畫家懂得摘取適當的材料，充分突出繪畫主題的「情」與「意」，莊子卻認為事物的形、色、名、聲與「情」和「意」存在著隔閡，真實而無形的「情」和「意」往往不能用有形的文字表達，按此道理，具象的繪畫同樣亦不能表達這種「情」和意。既然「情」和「意」不能言傳，畫像亦無法完全表達畫家的思想和感情，那麼，如何在有限的畫面騰出想像空間，讓觀者追索畫家的思緒就變得有實質意義。蘇軾並不滿足於畫意在畫面上的表達，對於傳遞畫家思想和意趣，他還有更高的要求。年青時，他在陝西鳳翔當官，看到王維和吳道子的繪畫，曾經說過這樣的話：「摩詰得之於象外，有如仙翮謝籠樊，吾觀二子皆神俊，又於維也斂袵無間言。」〔註 52〕他對吳道子的精湛畫藝本已佩服得五體投地，但王維能在有限的篇幅帶出畫面以外的意趣和思致，更是他心中嚮往的境界。在蘇軾的成長過程中，他不只一次的重申這個想法，例如：

> 南都人陳懷立傳吾神，眾以為得其全者。懷立舉止如諸生，蕭然有意於筆墨之外者也。　　　　　　　　《書陳懷立傳神》〔註 53〕

> 不見何戡唱《渭城》，舊人空數米嘉榮。
> 龍眠獨識般勤處，畫出陽關意外聲。
>
> 《書林次中所得李伯時《歸去來》、《陽關》二圖後》其一〔註 54〕

〔註 51〕　《聖朝名畫評・畫序》，《宋人畫評》本，湖南美術出版社 2004 年，2 頁。
〔註 52〕　《蘇軾詩集》卷三，中華書局 1996 年，108 頁。
〔註 53〕　《蘇軾文集》卷七十，中華書局 1996 年，2214 頁。
〔註 54〕　《蘇軾詩集》卷三十，中華書局 1996 年，1598 頁。

陳懷立的畫筆能傳達甚麼樣的畫外意，蘇軾沒有交代，但李伯時《陽關圖》的「意外聲」就被《宣和畫譜》作了詳細的解讀，他利用釣翁「忘形塊坐」淡化了離合之情，其實，蘇軾題詩所觸及的另外一幅《歸去來圖》也存在「畫外意」，同樣被《宣和畫譜》道破，這點我們在前面已討論過。可以看見，這些畫外意，其實就是畫家的寄託，他們把自己內心深處的思想感情，通過一些手法和技巧，在畫面上表達出來，讓觀者可以細心揣摩和咀嚼。值得注意的是，蘇軾對其他藝術媒介也有類似的觀點，例如書法。他在《書黃子思詩集後》說道：「予嘗論書，以謂鍾、王之跡，蕭散簡遠，妙在筆畫之外。」〔註55〕

蘇軾強調繪畫和其他藝術媒體一樣，需要注重「意」的內容表達，他同意「莊子」認為「意」不好表達的觀點，因此，他更重視傳達超越畫面所能負載的內涵，這就是所謂「畫外意」，也就是寄託。

（4）天工與自然

蘇軾提出「詩畫本一律，天工與清新」〔註56〕，以「天工」和「清新」為評審詩歌和繪畫的重要原則。嚴格來說，兩者其實有因果關係，「清新」是詩畫作品要達至的效果，「天工」則是法門，如果能夠抓住「天工」這個法門，就能達到「清新」的效果。所以，「天工」比「清新」更值得研究和討論。蘇軾很年青就對「天工」這概念有所體會。嘉祐六年，淨因院的大覺璉師將唐朝畫家閻立本的名畫送贈蘇洵，蘇洵作詩以報，蘇軾和詩有「高人豈學畫，用筆乃其天。譬如善遊人，一一能操船」〔註57〕（《次韻水官詩》）之句。蘇軾的譬喻截取自莊子《達生》篇，游泳和操船是兩樣技能，本來互不相關，共通之處在於對水性的熟習，莊子認為善於游泳的人因為熟識水性，所以很容易掌握操船的技術。閻立本是個文人，受過高深的文字教育，有高於一般俗人的修養，對事物有觀察力，具備充份表達的要素和技巧，而這種條件也是繪畫人所需要的，因此他同時具備作畫的條件。這個說法，雖然已透露他對繪畫藝術有「天工」的要求，這個「天工」，其實就是「自然」，閻立本懂得拿捏事物的重心，作畫都自然而會，正如善泳者熟習水性，亦易於操船。蘇軾這個早期說法，畢竟帶有「天才論」的傾向。隨著年齡漸長和學養成熟，

〔註55〕 《蘇軾文集》卷六十七，中華書局 1996 年，2124 頁。
〔註56〕 《蘇軾詩集》卷二十九，中華書局 1996 年，1525 頁。
〔註57〕 《蘇軾詩集》卷二，中華書局 1996 年，86 頁。

蘇軾對繪畫藝術「天工」的要求逐漸成熟。這些成熟的立論，表現在他對下列幾位畫家的評述，包括陳直躬、蒲永升、燕肅和吳道子等。他在《高郵陳直躬處士畫雁》一詩有云：

> 野雁見人時，未起意先改。君從何處看，得此無人態。
>
> 無乃槁木形，人禽兩自在。〔註58〕

陳直躬所畫，是野雁的真實神態，畫家就像暗藏一角偷窺，雁兒渾然不覺他的存在，自然意態表露無遺。雁兒的「無人態」就是畫作「天工」的最好詮釋。蒲永升是當時的畫水高手，蘇軾對他的畫藝有如下評論：

> 嘗與余臨壽寧院水，作二十四幅，每夏日掛之高堂素壁，即陰
>
> 風襲人，毛髮為立。　　　　　　　　　　《畫水記》〔註59〕

畫水而能令觀者有親歷其境的感受，其自然天成不言而喻。對燕肅的畫藝，他有如下說法：

> 燕公之筆，渾然天成，粲然日新，已離畫工之度數。而得詩人
>
> 之清麗也。　　　　　　　　《跋蒲傳正燕公山水》〔註60〕

對吳道子的人物畫則云：

> 道子畫人物，如以燈取影，逆來順往，旁見側出，橫斜平直，
>
> 各相乘除，得自然之數，不差毫末，出新意於法度之中，寄妙理於
>
> 豪放之外，所謂遊刃如地，運斤成風，蓋古今一人而已。
>
> 　　　　　　　　　　　　　《書吳道子畫後》〔註61〕

燕肅的「渾然天成」，讓他脫離「畫工」行列，達至詩人的清麗。吳道子的「得自然之數」，令他成為「古今一人」。

　　從以上所見，「天工」與「自然」是蘇軾繪畫藝術的思想綱領，強調繪畫創作要渾然天成，能抓住事物的自然之態，反對人工堆砌，雕飾造作。祇有這樣，作品才能達到清新自然，畫家才能脫離畫工的行列，與詩人的清麗並駕。

（二）「士人畫」的審美元素與文學

　　蘇軾論畫經常和論詩或廣義的文學混為一談，或者互相補足，可見在他

〔註58〕　《蘇軾詩集》卷二十四，中華書局 1996 年，1286 頁。
〔註59〕　《蘇軾文集》卷十二，中華書局 1996 年，408 頁。
〔註60〕　《蘇軾文集》卷七十，中華書局 1996 年，2212 頁。
〔註61〕　《蘇軾文集》卷七十，中華書局 1996 年，2210 頁。

心目中，繪畫和文學是理論和審美相通的兩種藝術。前面我們談過蘇軾「士人畫」概念裏面的重要組成部份，這裡讓我們探討一下，他這些畫學觀念與對應的文學領域，有些怎樣的關係。

（1）形、神、理、意與文學的關聯

形似，神似，常形、常理是蘇軾在題畫時提出的，主要是說明四個概念在繪畫藝術上的重要性，以及形神的主次地位，常形和常理的關係，卻沒有對四個概念作過很透徹的分析，但是，他的概念還是有脈絡可尋，而且還可以在其他場合的題跋和論述中，找到佐證和進一步的詮釋。表面上，這些概念都在縷述繪畫技巧和審美標準，似乎和別的藝術行當沒有關係，事實不然，它們都與蘇軾的詩文理論有密切關係。可惜，蘇軾沒有留下太多這方面牽涉到詩文創作的論述，只有一些片斷。

> 詩人有寫物之功。「桑之未落，其葉沃若。」他木殆不可當此。
> 林逋《梅花》詩云：「疏影橫斜水清淺，暗香浮動月黃昏。」決非桃李詩。皮日休《白蓮》詩云：「無情有恨何人見，月曉風清欲墮時。」決非紅蓮詩。此乃寫物之功。若石曼卿《紅梅》詩云：「認桃無綠葉，辨杏有青枝。」此至陋語，蓋村學中體也。　《評詩人寫物》〔註62〕

蘇軾這裡舉了幾個例子說明形和神的關係。首先是《詩經》《衛風‧氓》，用「沃若」形容桑葉是合適不過，蘇軾認為它抓住了桑葉的生長形態特點，使人馬上聯想到桑葉的茂盛，有不作他想的感覺。王夫之《薑齋詩話》對此亦有同感，他說：「體物之工，非「沃若」不足以言桑，非桑不足以當「沃若」。」〔註63〕題記第二部份引林逋的《山園小梅》，原詩云：

> 眾芳搖落獨暄妍，占盡風情向小園。
> 疏影橫斜水清淺，暗香浮動月黃昏。
> 霜禽欲下先偷眼，粉蝶如知合斷魂。
> 幸有微吟可相狎，不須檀板共金樽。〔註64〕

林逋此詩寫梅，但全詩不著一「梅」字，純然用周邊事物烘托梅的清幽絕俗，甚得「善詩者道意不道名」的真諦。頸聯兩句尤為到家，它抓住梅花的「橫斜疏影」和「浮動暗香」等特質，將梅花的幽雅風韻表露無遺，我們不用親

〔註62〕　《蘇軾文集》卷六十八，中華書局1996年，2143頁。
〔註63〕　《薑齋詩話》卷上，《清詩話》本，上海古籍出版社1978年，5頁。
〔註64〕　《林和靖集》卷二，學海出版社1974年，124頁。

眼見到梅花，但憑詩人對「疏影」和「暗香」的描寫，已知道梅花的存在。林逋此詩能掌握梅花的「形」和「理」，橫橫斜斜的樹枝，配以陣陣幽香，在其他花卉已經落盡的時候獨占小園，梅花的身份已然清晰。能抓住「形」和「理」，就能突出梅花的神氣來。

《白蓮》一詩作者是否皮日休頗成疑問，今本《全唐詩》收在陸龜蒙名下，惟第三句與蘇軾及他人所引略有出入，前人評論此詩時亦多謂陸龜蒙所作，蘇軾引述或有誤。但此詩作者屬誰與本文論述無關，不贅。楊慎《升菴詩話》卷三引全詩如下：

> 素葩多蒙別艷欺，此花端合在瑤池。
>
> 無情有恨何人見，月曉風清欲墮時。　　　　　《白蓮詩》〔註65〕

白色蓮花較少，比起為數眾多的紅花，在池塘裏不免有以寡敵眾的感覺，詩人以此比喻自己潔身自愛，但在混濁的社會裏，畢竟是少數。在快要月落花謝的時候，看似無情但實應心有怨恨的白蓮，正好就是詩人情懷的寫照。蘇軾認為詩人抓住了孤獨和怨懟，把白蓮寫得傳神了，讀者決不會錯認為紅蓮。

石曼卿的《紅梅》詩如下：

> 梅好唯傷白，今紅是絕奇。認桃無綠葉，辨杏有青枝。
>
> 烘笑從人贈，酡顏任笛吹。未應嬌意急，發赤怒春遲。
>
> 　　　　　　　　　　　　　　　　　　　　　《紅梅》〔註66〕

石曼卿此詩緊緊咬住梅的紅色，雖然貼題，但專在梅花的外形著筆，描寫膚淺。如果用「形似」的標準看來，是確實符合紅桃的外表顏色，但卻流於表面，頗似蘇軾所云，畫馬而只重皮毛槽櫪等外物形相。「認桃無綠葉，辨杏有青枝」兩句，蘇軾覺得尤為鄙陋，梅花落盡而長葉，桃花則可以和葉子並存，梅枝較老而杏枝較嫩，這是三種植物的生理表徵，但不能由此看出它們的稟性和格調。石曼卿以花的皮相入詩，儼然猜謎一樣，語意低俗。蘇軾曾經另作一詩，最後兩句刻意表達其不滿：

> 怕愁貪睡獨開遲，自恐冰容不入時。
>
> 故作小紅桃杏色，尚餘孤瘦雪霜姿。

〔註65〕《升菴詩話》卷三，《歷代詩話續篇》本，中華書局1997年，685頁。

〔註66〕《全宋詩》卷一七六，北京大學出版社1991年，2005頁。

　　寒心未肯隨春態，酒暈無端上玉肌。

　　詩老不知梅格在，更看綠葉與青枝。　　　　　　《紅梅》〔註67〕

蘇軾抓住紅梅的神態，把它想像成為一個害羞的小姑娘，因為貪睡而誤了開花的時節，讀起來著實比石曼卿的詩有趣味，雖然對紅梅形態和顏色的描寫顯得太刻意，境界不高，然而比起石曼卿原詩還是有所提升的。蘇軾又曾比較鄭谷和柳宗元的詩，覺得鄭與柳相去甚遠：

　　鄭谷詩云：「江上晚來堪畫處，漁人披得一蓑歸。」此村學體也。

　　柳子厚云：「千山鳥飛絕，萬徑人蹤滅。孤舟蓑笠翁，獨釣寒江雪。」

　　人性有隔也哉，殆天所賦，不可及也已。　　　《書鄭谷詩》〔註68〕

鄭谷的詩全然平鋪直敘，無境語，也無情語，平直枯燥。柳宗元的《江雪》，就是單單截取後面兩句，也比鄭谷高明許多，清幽的環境和深邃的氣氛都很突出，柳宗元掌握現場氣氛的能力，無疑遠在曾谷之上。被蘇軾批評描寫能力不濟的，還有另一位唐朝詩人徐凝，他遊廬山，留下對廬山瀑布的吟詠。其詩如下：

　　虛空落泉千仞直，雷奔入江不暫息。

　　今古長如白練飛，一條界破青山色。　　　　　　《廬山瀑布》〔註69〕

蘇軾在《自記廬山詩》的題記中表示，在廬山遊玩時，因為「山谷奇秀，平日所未見，殆應接不暇，遂發意不作詩。」〔註70〕但沿途山中僧俗多所求索，於是勉強寫了幾首。遇到開生寺主持求詩，他想起徐凝所寫的《廬山瀑布》，於是順手以詩發洩不滿，詩云：

　　帝遣銀河一派垂，古來惟有謫仙詞。

　　飛流濺沫知多少，不與徐凝洗惡詩。

　　《世傳徐凝「瀑布」詩云：一條界破青山色。至為塵陋。又偽作樂
　　天詩稱美此句，有「賽不得」之語。樂天雖涉淺易，然豈至是哉！
　　乃戲作一絕》〔註71〕

蘇軾對此詩有多不滿，從長長的詩題可以得知。「一條界破青山色」，不是沒有寫出瀑布的「形似」，但這個「形似」是表面的。飛瀑將背後的山色分割，

〔註67〕《蘇軾詩集》卷二十一，中華書局 1996 年，1107 頁。

〔註68〕《蘇軾文集》卷六十七，中華書局 1996 年，2219 頁。

〔註69〕《全唐詩》卷四百七十四《徐凝》，中華書局 1979 年，5377 頁。

〔註70〕《蘇軾文集》卷六十八，中華書局 1996 年，2164 頁。

〔註71〕《蘇軾詩集》卷二十三，中華書局 1996 年，1210 頁。

這是視覺上的效果，是眞實的。問題是，這句詩除了把視覺現象表現出來之外，就沒有其他意境可言，讀者不會因此產生任何聯想，心靈上亦不會有任何感覺，這是最失敗的地方。我們可以比較一下李白所寫的同題詩：

　　日照香爐生紫煙，遙看瀑布掛前川。

　　飛流直下三千尺，疑是銀河落九天。　　　《望廬山瀑布》〔註72〕

徐凝寫的是瀑布的「形」，但止於「形」，李白所寫則跳出這局限，「飛流直下三千尺」不惟在形似，飛瀑的急促，懸瀑的高聳，都躍然紙上。非但交代了瀑布的「形」，還突出其「神」，眞正是「狀難寫之境，如在目前」。末句更帶領讀者將想像引向更深遠的神話世界。蘇軾在《百步洪》裏對湍急奔逸的洪水，也有出色的描寫：「有如兔走鷹隼落，駿馬下注千丈坡。斷絃離柱箭脫手，飛電過隙珠翻荷。四山眩轉風掠耳，但見流沫生千渦。」〔註73〕蘇軾放棄正面直接描寫洪水怎樣湍急，而是借助七樣常見的疾迅現象，讓讀者自己想像，然後才交代急流衝過的現場所見：風掠耳、山眩轉和水生千渦。這裡蘇軾沒有交代急流之「形」，而是將更重要的攝人氣勢描繪出來，是典型的「離形寫神」手法。

　　《王直方詩話》記載了兩段詩人取材失誤和描寫重心不當的故事，造成「常理之失」，蘇軾對此有所批評，錄之於後，作爲蘇軾重視「常理」的證明：

　　　　東坡云：「世間事勿笑爲易，惟讀王祈大夫詩，不笑爲難。」祈
　　　嘗謂東坡云：「有竹詩兩句，最爲得意。」因誦曰：「葉垂千口劍，
　　　幹聳萬條鎗。」坡云：「好則極好，則是十條竹竿，一箇葉兒也。」

　　　　　　　　　　　　　　　　　　　　　　　　　《竹詩》〔註74〕

　　　　王禹錫（行第十六），與東坡有姻連，嘗作《賀知縣喜雨詩》云：
　　　「打葉雨拳隨手去，吹涼風口逐人來」，自以爲得意。東坡見之曰：
　　　「十六郎作詩怎得如此不入規矩。」禹錫云：「蓋是醉中所作。」異
　　　日又持一大軸呈坡。坡讀之云：「爾復醉邪？」《雨拳風口》〔註75〕

王祈的《竹詩》所述竹葉和竹幹數目相謬，被東坡譏笑，如果純粹用「理」去解讀，「千口劍」和「萬條鎗」無論如何對應不上，但「千」和「萬」也可

〔註72〕　《李太白全集》卷二十一，中華書局1995年，989頁。
〔註73〕　《蘇軾詩集》卷十七，中華書局1996年，891頁。
〔註74〕　《王直方詩話》，《宋詩話輯佚》本，中華書局1987年5月，10頁。
〔註75〕　《王直方詩話》，《宋詩話輯佚》本，中華書局1987年5月，10頁。

以表示眾多，並不一定是指實數，那麼，這兩句本來也可以接受。蘇軾對此「常理」之失的評論，正如他在《書黃筌畫雀》和《書戴嵩畫牛》兩篇題記中，批評黃筌所畫飛鳥「頸足皆展」，戴嵩所畫的牛「掉尾而鬥」一樣，有點拘泥。不過，王祈的描寫又實在太膚淺，他犯了徐凝「惡詩」和石曼卿《紅梅》的同樣毛病，只從事物的外表著眼，沒有注意它們的神，缺乏深度。王禹錫本來是有點創意的，他試圖描寫雨和風這些沒有常形或根本沒有形的事物，但他沒有抓住雨和風的「理」，因此失敗。雨點比不上拳頭重，以人口吹風，又如何可以比擬大自然的風力？他的比喻並不恰當。有形之物比喻無形之物，首要條件是能抓住兩者之理。秦觀的小詞《浣溪沙》示範了一個逆向的成功例子：「自在飛花輕似夢，無邊絲雨細如愁」，他以無形的「夢」比喻有形的「花」，以無形的「愁」來形容有形的「雨」，重點是掌握了它們的常理，前者輕柔而難以捉摸，後者則是惱人和揮之不去。

回到蘇軾《評詩人寫物》的評論上，桑葉、白蓮、紅梅以至瀑布急流，前三者是「常形」較明顯之物，瀑布急流則沒有「常形」。「其葉沃若」是桑未落時的「常理」，抓住這個「常理」，桑葉的神氣就活了。「無情有恨」是白蓮的鬱結，也是它的「神」，可不能加諸紅蓮身上。樹枝橫斜是梅花的「形」，幽香冷傲是它的「理」，掌握好它的「形」和「理」，就可以避免石曼卿的「村學體」。水沒有「常形」，更應該突出其「理」，徐凝勉強寫飛瀑的「形」，結果是造語塵陋。李白注意其理，懸瀑的位置是高聳的，流水飛瀉是急速的，結果瀑布的神氣就活了。通過「形」和「理」的描寫，目的是為了表現事物的「神」，這個道理，和蘇軾繪畫理論裏「形」、「理」、「神」的關係，是一致的。

蘇軾提出詩以意為主，認為「詩者，不可言語求而得，必將觀其意焉。」〔註76〕又說「言有盡而意無窮者，天下之至言也。」〔註77〕這兩則蘇軾說話的引錄，本來是說明詩語要有立意和語意貴含蓄，並非強調需要有寄託。不過，這也反映出蘇軾對詩語的態度，是反對直率淺露，要求有內容和言盡而意不盡。在另一個場合他又說：「陶淵明意不在詩，詩以寄其意耳。」《題陶淵明詩後》〔註78〕這裡蘇軾就直接說出詩歌的寄託功能。然而，蘇軾對詩文應有遠韻和寄託的主張，最具體的見於他的《書黃子思詩集後》，他說：

〔註76〕 《詩人玉屑》卷六，古典文學出版社1958年，125頁。

〔註77〕 《白石道人詩說》，《歷代詩話》本，中華書局1997年，681頁。

〔註78〕 《難肋集》卷三十三，吉林出版集團有限責任公司2005年，214頁。

李、杜之後，詩人繼作，雖間有遠韻，而才不逮意，獨韋應物、柳宗元發纖濃於簡古，寄至味於澹泊，非餘子所及也。唐末司空圖，崎嶇兵亂之間，而詩文高雅，猶有承平之遺風。其論詩曰：「梅止於酸，鹽止於鹹。」飲食不可無鹽、梅，而其美常在鹹、酸之外……予嘗聞前輩誦其詩，每得佳句妙語，反覆數四，乃識其所謂，信乎表聖之言，美在鹹酸之外，可以一唱三歎也。」

《書黃子思詩集後》〔註79〕

詩歌要有遠韻，不能只有文字表面的意義，這是蘇軾特別推崇韋應物和柳宗元的原因。詩歌有餘不盡，就好像飲食之味不局限於甜酸，而是饒有餘韻，留給讀者可以想像的空間。其實，蘇軾的文藝觀念有其一致性，在評論書法時，他也有類似的表述：「予嘗論書，以謂鍾、王之跡，蕭散簡遠，妙在筆劃之外。」〔註80〕

　　由此觀之，蘇軾的「士人畫」審美標準，與他的文學審美觀念，並無二致。或者可以說他的「士人畫」審美標準，其實源自他的文學觀念，因為他從一開始，就將繪畫藝術與文學等量齊觀，所以很自然就將從文學方面得來的知識，引用到繪畫上去。

（2）天工自然與文學的關連

　　嘉祐四年，守母喪畢，蘇軾偕父及弟沿長江而下，從水路赴京，途中父子三人所作詩文匯為《南行集》，由蘇軾作序，如下：

夫昔之為文者，非能為之為工，乃不能不為之為工也。山川之有雲霧，草木之有花實，充滿勃鬱，而見於外，夫雖欲無有，其可得耶！自少聞家君之論文，以為古之聖人有所不能自己而作者。故軾與弟轍為文至多，而未嘗敢有作文之意。己亥之歲，侍行適楚，舟中無事，博弈飲酒，非所以為閨門之歡，而山川之秀美，風俗之樸陋，賢人君子之遺跡，與凡耳目之所接者，雜然有觸於中，而發於詠歎。蓋家君之作與弟轍之文皆在，凡一百篇，謂之《南行集》。將以識一時之事，為他日之所尋繹，且以得於談笑之間，而非勉強所為之文也。　　　　　　　《南行前集敘》〔註81〕

〔註79〕《蘇軾文集》卷六十七，中華書局 1996 年，2124 頁。
〔註80〕《蘇軾文集》卷六十七，中華書局 1996 年，2124 頁。
〔註81〕《蘇軾文集》卷十，中華書局 1996 年，323 頁。

這是蘇軾一篇很重要的文章，其時他雖然祇有二十四歲，人生路途和文藝創作都在起步階段，但根據文章所揭示，他的文藝觀傾向「天工」和「自然」。這一觀點，在其一生的創作，都能找到證據。序文一開始就強調，文章以不能不作才是好，因爲已經具備內容，不論耳聞還是目見，就是心中所想也好，畢竟作者已有想說的東西，不用爲了作文章而編織內容，即是文章結尾所說的「勉強爲文」。蘇軾認爲耳聞目見，令人雜然有感，於是發爲詠歎，是很自然的事。就如山川有雲霧、草木有花實，是自然而生，希望它不存在也不可能。文章強調創作的動機應該來自自然蘊釀，而寫作的內容也得反映自然規律。

蘇軾另有《自評文》一篇，進一步闡述他對文學創作的「自然」之說：

> 吾文如萬斛泉源，不擇地皆可出，在平地滔滔汩汩，雖一日千里無難。及其與山石曲折，隨物賦形，而不可知也。所可知者，常行於所當行，常止於不可不止，如是而已。其他雖吾亦不可知也。
>
> 　　　　　　　　　　　　　　　　　　　　《自評文》〔註82〕

《南行前集敘》主要寫的是創作動機，亦有涉及寫作內容，這篇《自評文》則集中說明寫作過程。他的寫作並無一定模式和軌跡，完全順其自然。他用無定形的水形容他的作品，可以一瀉千里，碰到障礙，又可以「隨物賦形」，除了「行於所當行」和「止於所當止」，並無其他奧秘可言。其實蘇軾並非不知道，而是不能預知，要看詩文寫作的發展，每篇作品都沒有特定的形式和結構，其發展亦要按作品的需要而定，因此不能預知。蘇軾在「與謝民師推官書」裏面有與此相類的描寫：「所示書教及詩賦雜文，觀之熟矣。大略如行雲流水，初無定質，但常行於所當行，常止於其不可不止，文理自然，姿態橫生。」〔註83〕蘇軾這裡原本是稱讚謝民師的，但沿用的準則與前面《自評文》所說的，幾乎如出一轍，可知「文理自然」是他的一貫主張。

《書黃子思詩集後》是蘇軾一篇很重要的詩論文字，原本爲黃子思的詩集跋尾，結果還是不離他的一貫風格，變成一篇論文。

> 予嘗論書，以謂鍾、王之跡，蕭散簡遠，妙在筆畫之外……至於詩亦然。蘇、李之天成，曹、劉之自得，陶、謝之超然，蓋亦至

〔註82〕《蘇軾文集》卷六十六，中華書局1996年，2069頁。
〔註83〕《蘇軾文集》卷四十九，中華書局1996年，1418頁。

矣……獨韋應物、柳宗元發纖穠於簡古，寄至味於澹泊，非餘子所
及也……　　　　　　　　　　　　　《書黃子思詩集後》〔註84〕

文章從書法切入，卻以論詩爲主，他高度評價鍾繇和王羲之書法的「蕭散
簡遠」，比對詩歌創作中蘇武、李陵的「天成」，曹植和劉楨的「自得」，以
至陶潛和謝靈運「超然」。「蕭散簡遠」、「天成」、「自得」、「超然」都是類
似的概念，意謂在創作構思和寫作過程中，不受外物所拘，順乎心性，不
會爲創作而生硬地增添內容，作品因此呈現「天工」和「自然」的氣象。
蘇軾並沒有盲目拒絕不合乎他所認爲「天工」和「自然」的作品，顏眞卿、
柳公權集古今筆法大全，李白和杜甫以「英瑋絕世之姿」創作「凌跨百代」
的詩歌，他們的成就，蘇軾是肯定的。祇是，魏晉以來的「高風絕塵」失
去繼承，是他認爲可惜的地方。「天工」和「自然」固然是蘇軾推崇的風格，
但單靠這種風格還不能創作雋永的作品，具體的要求是作品要有表面以外
的內涵，就如鍾、王書法的「妙在筆畫之外」，以及韋、柳的「發纖穠於簡
古，寄至味於澹泊」，也就是司空圖所說的鹹酸以外的「至味」。蘇軾一生
創作無數，青年以至壯年的作品豪放渾厚，晚年獨愛陶潛，逐漸歸於平淡，
從平淡中流露眞淳的味道，反而更接近他年青時，通過「南行前集敘」所
宣示的創作標準和原則。

　　蘇軾的文藝觀念裏面，「天工」和「自然」是最重要的元素，在繪畫和文
學作品的要求上，有其一致性。

（三）繪畫審美、文學與道

　　蘇軾的繪畫技法理論，重點在「形」、「理」、「神」的掌握和表現，以至
畫外之意的傳達，能夠處理好這些元素，就能成爲一位出色的畫家。不過這
祇從技法層面說明了繪畫藝術對畫人的要求，不是說所有人都可以通過學習
和訓練，就能掌握這些技巧，成爲一個出色的畫家。蘇軾認爲，要成爲一個
畫家，還得一些個人學養和修爲上的配合。就是已經是一個出色的畫家，如
果要更上層樓，除技法上的磨練，還需要個人修養上的配合，這些個人修養，
可以簡言之曰：道。「道」在中國文化裏面的涵義很廣，這裡只著重它在蘇軾
文藝思想理論方面的詮釋，以說明蘇軾的文藝思想爲目的。

〔註84〕《蘇軾文集》卷六十七，中華書局 1996 年，2124 頁。

> 松陵人朱君象先，能文而不求舉，善畫而不求售。曰：「文以達
> 吾心，畫以適吾意而已。」昔閻立本始以文學進身，卒蒙畫師之恥。
> 或者以是爲君病，余以謂不然。謝安石欲使王子敬書太極殿榜，以
> 韋仲將事諷之。子敬曰：「仲將，魏之大臣，理必不爾。若然者，有
> 以知魏德之不長也。」使立本如子敬之高，其誰敢以畫師使之。阮
> 千里善彈琴，無貴賤長幼皆爲彈，神氣沖和，不知向人所在。内兄
> 潘岳使彈，終日達夜無怍色，識者知其不可榮辱也。使立本如千里
> 之達，其誰能以畫師辱之……　　　　　　　　《書朱象先畫後》〔註85〕

朱象先是宋朝畫家，松陵人，《畫繼》有載，但評論大約取自蘇軾本文。閻立本則是唐朝畫家，本來以文學進身仕途，後來被他的繪畫才能蓋過，落得「畫師」之名，令他引以爲恥。《歷代名畫記》有如下記載：

> 太宗與侍臣泛遊春苑，池中有奇鳥。隨波容與，上愛玩不已，
> 召侍從之臣歌詠之，急召立本寫貌。閣内傳呼畫師閻立本，立本時
> 已爲主爵郎中，奔走流汗，俯伏池側，手揮丹素，目瞻坐賓，不勝
> 愧赧。退戒其子曰：「吾少好讀書屬詞，今獨以丹青見知，躬廝役之
> 務，辱莫大焉。」　　　　　　　　　　　　《歷代名畫記》〔註86〕

閻立本因爲被定性爲畫家，「躬廝役之務」，引爲奇恥大辱，蘇軾將朱象先和閻立本作了比較，覺得閻立本的「恥辱」其實是可以避免的，朱象先就做到了。蘇軾舉了兩個前人做例子，王子敬不爲權勢所屈，阮瞻不宥於榮辱，如果閻立本有王子敬的「高」，又能做到阮瞻的「達」，別人就會尊敬他，不敢以「畫師」相待。朱象先做到了，他「能文而不求舉，善畫而不求售」，以文字表達心志，以繪畫抒發感情，完全是是隨著個人意志的心性發展，無慾無求，當然令人刮目相看，不敢輕視。一般畫家做不到無慾無求，到底是爲了一個「利」字。文同在《彭州張氏畫記》對畫家與利的關係有如下闡釋：

> 近世所習淺陋，寂然不聞其人，此亡它，蓋苟於所利而不自取
> 重其所爲之技爾。獨天彭張氏能嗣守道人之學，用筆設色，氣韻標
> 置，未嘗輒自奔放，惟一謹於良法，不爲世俗之心所怵，誠可尚也。
> 〔註87〕

〔註85〕　《蘇軾文集》卷七十，中華書局 1996 年，2211 頁。
〔註86〕　《歷代名畫記》卷九，人民美術出版社 2005 年，167 頁。
〔註87〕　《文同全集編年校注》卷二十九，巴蜀書社 1999 年，934 頁。

文同痛心於近世畫人汲汲於利，「不自取重」，沒有謹守作爲畫家的身份，而隨波逐流，追逐世俗的喜好以換取名利，因此他們的繪畫亦失卻藝術價值。得到名利，但卻不能在畫壇佔一席位，他們的名字隨著時間飛逝而消失。他稱讚張氏能堅持所學，不爲世俗的喜好所牽引，當時俗工是難與匹敵的。蘇軾誇讚朱象先「善畫而不求售」，與文同欣賞張氏「不爲世俗之心所忧」，道理上是一致的。作爲一個藝術家，他們是應該根據自己的思想和心性去創作，表達自己，而不應隨著市場價值搖擺，沒有個性的作品，或者可以贏得短暫的市場價值，卻不能得到長久的藝術評價。

李公麟繪製了有名的《山莊圖》，蘇軾的跋語又是一篇畫學論文：

> 或曰：「龍眠居士作《山莊圖》，使後來入山者信足而行，自得其路，如見所夢，如悟前世，見山中泉石草木，不問而知其名，遇山中漁樵隱逸，不名而識其人，此豈強記不忘者乎？」曰：「非也。畫日者常疑餅，非忘日也。醉中不以鼻飲，夢中不以趾捉，天機之所合，不強而自記也。居士之在山也，不留於一物，故其神與萬物交，其智與百工通。雖然，有道有藝，有道而不藝，則物雖形於心，不形於手。吾嘗見居士作華嚴相，皆以意造，而與佛合。佛菩薩言之，居士畫之，若出一人，況自畫其所見者乎？」

《書李伯時山莊圖後》〔註88〕

李公麟的《山莊圖》畫得非常逼眞，從文章的第一段描述可知。可能他們身邊的一群文人對李公麟的《山莊圖》議論紛紛，畫中名物和山川結構豐富綿密，細緻詳實，大家對公麟的強記能力既欣賞又懷疑，引起熱烈討論，蘇軾於是寫了這篇題記作爲總結。蘇軾用對話的形式說明了兩個道理，就是李公麟的悟「道」和「有道有藝」。蘇軾以爲李公麟並非將《山莊圖》所寫的環境的強行記住，而是記下其理。《莊子‧養生主》中，庖丁以神遇而不以目視，因爲他對牛隻的結構已完全了然於胸，不需用目視，只要「依乎天理，批大郤導大窾」就可以了。蘇軾筆下的李公麟，「其神與萬物交，其智與百工通」，和庖丁「依乎天理」沒有兩樣，他們都是「所好者道也，進乎技矣。」這裡的道，也就是自然之理。莊子強調自然之理，蘇軾的思想受莊子影響很深，這裡的應用是個好例子。蘇軾說「天機之所合，不強而自記也」，就是李公麟能「依乎天理」，按照理路，其他都自然記住了。庖丁由道入技，李公麟也能，

〔註88〕　《蘇軾文集》卷七十，中華書局 1996 年，2211 頁。

但蘇軾加了一個注腳，雖然對自然之理已了然於胸，但還需技法上的配合，若果沒有技法，則物象「雖形於心，不形於手」，也是不能成為一個好畫家。

蘇軾對繪畫之「道」最透徹的論述，出現在他為文同所作的題記和序跋。他與文同相善，又對文同的操守、德行、仕隱、文藝成就有充分瞭解，因此能將他對文同的認識整理出一套有說服力的理論。蘇軾從文同「胸有成竹」這個純粹屬於技術層面的理論，引發出對畫家有「身與竹化」的能力要求，再強調文同個人修養內外如一，兼備和竹子相通的稟性，又終日與竹子為伴，於是成就了一個典型技道相通的典範。蘇軾對文同的研究和論述，已詳見前文，這裡不再重覆。

蘇軾的「士人畫」論著重以「形」「理」的表現來傳神，傳神是最重要的目的。傳神以後還得還有餘韻，令觀者產生聯想，不能以畫面為局限。理論部份強調繪畫的審美要以「天工」和「自然」為尚，在技法以外還要求對「道」的通達，這點要求畫家要有修養。我們可以發現，蘇軾的畫論與他的文學理論如出一轍，甚至可以互通。其實這也不難理解，在前面論述蘇軾的詩畫關係概念時，已發現他強調的是「詩畫一律」，甚至是在年青時代，當看到王維和吳道子的畫，心裏生起一番想法，那時候他已經把王維繪畫連繫到他的詩歌。可見，詩畫相通，或者是更廣義的繪畫和文學相通，很早就在他心中萌芽了。

第五章 蘇軾「士人畫」概念的產生與影響

　　「士人畫」觀念的出現，不會是無緣無故的，它應該在特定的條件下，配合一些因素而產生。它產生在北宋而不是在別的朝代，出自蘇軾而非別人，是甚麼原因呢？這是本章第一節要討論的。這概念出現以後，對繪畫界產生甚麼實質影響呢？我們將在第二節討論，不過，蘇軾「士人畫」論，在不同年代有不同的影響，大概以元朝為分水嶺，南宋主要在接受蘇軾的理論，並加以引申。踏入元代，學者畫家對蘇軾所論有所調適和推演，結果是衍生出一個與蘇軾原意並不完全脗合的理論。為求清晰，我們會在本章分析蘇軾「士人畫」論在南宋的繼承，至於在元代以後的影響，則留待下一章。

第一節 蘇軾萌生「士人畫」概念的背景

（一）文學在北宋前期的發展

　　宋室重文輕武的建國方略，造成國家發展的不平衡，軍事武功受到很大的掣肘，在西北面強敵窺伺下顯得左支右絀，兼顧不暇。文治方面，卻因為朝廷的獎掖，人才輩出，在文學、哲學、繪畫、書法以至陶瓷等各領域，都有空前成就，甚至可以與在整體條件比它優勝的大唐一較高下。金人南下擄走徽欽二宗，將宋室的國祚一分為二，偏安的南宋皇朝，一仍北宋的重文輕武政策，在北方強敵的陰影籠罩下，依然過著表面歌舞昇平的生活，文藝創作不斷。南宋的生活模式與北宋並無太大轉變，只是管轄地域縮小了。軍事

上的積弱，源自北宋政治改革失敗和連續不斷的黨爭。文治上的成就，亦是建基於北宋初年的政策，大量文士湧現，在各個文藝領域都打下堅實基礎。

經歷晚唐和五代，詩文的風格在宋初又回歸到軟媚和萎靡的路子上。詩歌方面，楊億編纂《西崑酬唱集》，收錄一批御用文人典型點綴昇平的詩歌，堆砌典故，內容空洞，被稱為「西崑體」。此外，還有模仿白居易淺易詩風的「白體」，和效法晚唐詩人苦吟、鍊字，風格清淡幽深的「晚唐體」。本來，以先輩成功例子作參考學習的對象並無不妥，但這些詩人能入不能出，始終不能跳離模仿對象的框架，等而下之的更徒襲其貌，變成死氣沉沉，萎靡不振。散文方面，韓柳提倡的「古文運動」，經歷晚唐和五代的低潮，到宋初已是強弩之末，堆砌詞藻的駢文又再次抬頭。柳開、王禹稱等人曾經提倡改革，但成效不大。直到歐陽修出現，一方面由於他在詩文創作方面卓有成就，又藉著主持科考，操選拔權之利，提拔了王安石、曾鞏、蘇軾等重要文人加入他的行列，詩文改革遂得以完成。歐陽修提倡的詩文革新所以成功，固然與他的大力推行有關，但整個運動得以延續，還需後繼有人。圍繞他身邊的文人群中，蘇軾無疑是一個重要人物，他才華洋溢，兼善詩文詞賦，連書法繪畫都有很高成就，有大量優美作品可以說服人。而且為人樂觀友善，能籠絡和影響身邊的文人，讓更多人投入這場詩文革新運動，「蘇門四學士」及「蘇門六君子」等文人群體由是形成，壯大了改革隊伍，提升成功機會。唐朝開國經歷「貞觀之治」而達至「開元之治」，整體國力提升，給文藝創作建立有利的條件。宋室沒有整體國力提升的幸運，但由於政策傾斜和高素質文人的出現，文藝創作卻經歷了一次類似唐朝國力提升的機遇，這次詩文革新運動，為有宋一代的文藝發展打下堅實基礎，大量有素質的文人和藝術家相繼湧現，創作不斷，直到失掉半壁江山，趨勢仍然持續。

（二）繪畫在北宋前期的發展

繪畫在唐朝也經歷過高潮，尤其是擅長佛道人物的吳道子，可謂獨步，山水方面有王維和李思訓，畫馬有曹霸、韓幹，花鳥有邊鸞等，都是一時俊傑。繪畫的興盛，多少得力於帝皇的喜好，上好下甚，遂開風氣。由於皇家的喜好，於是設置機構總領畫人畫事，這是畫院的前身。畫院究竟始於甚麼時候，是一個疑問，有以為是唐代，也有認為在五代，甚至有人把它的出現推遲到宋。學者韓剛先生對這個課題有獨到的研究和深刻的理解，他發現，

畫院的名稱在唐朝就出現，這個名稱經歷五代而延續到宋朝，但機構的職能
發展到宋代，就產生明顯變化。他說：

> 畫院之名，實濫觴於唐玄宗開元年間設置於國家官署集賢殿書
> 院之集賢畫院之名，但此集賢畫院之職能，據現在所掌握的資料看
> 來，但收藏法書名畫一項，與北宋翰林院下轄之翰林圖畫院之職能
> 相差不能以道里計。　　　　《北宋翰林圖畫院制度淵源考論》〔註1〕

韓剛先生研究顯示，北宋以前的畫院並不歸入國家體制，是屬於皇帝私人的，
只爲皇帝服務，畫院的人員一般是「待詔」身份，可以帶官或不帶官，但都
只是一群鬆散的組合。北宋初年設置翰林圖畫院，隸屬翰林院，正式歸屬國
家體制之內，服務對象是國家，專門爲國家統籌繪畫的教育和製作事宜。總
結韓先生所述，我們可以這樣理解：如果堅持的是畫院名稱的出現，那麼，
唐時「集賢畫院」的確具有畫院之名，如果聚焦在畫院的實質上，則唐至五
代與宋的畫院，並不等同，北宋初年畫院較之前代，包括畫院的規模，畫院
的管理，畫工的俸祿與升遷等制度，都與前代有很大改變。換句話說，「翰林
圖畫院」的設立和完善，是北宋畫壇的重要里程碑，它爲有宋一代的繪畫藝
術建造了理想的發展平臺，韓剛根據《宋會要輯稿》記載「翰林圖畫院」的
創設年份，將這個里程碑定在宋太宗雍熙元年，距離太祖建立北宋皇朝才二
十四年。自從正式而有規模的畫院設立後，這一門藝術的生態環境改變了很
多，有志於繪畫事業的文人從此有一個正規而可靠的安身之所，給他們專心
參與繪畫創作和教育。在北宋畫壇舉足輕重的名畫家郭熙，和被蘇軾稱道能
寫出「士人畫」的宋漢傑，都來自這個系統。大批文人加入畫院的行列，將
文人的思致引入，繪畫的元素亦發生變化。

　　唐朝的畫藝，以佛道人物爲勝，這與佛道的興旺有莫大關係。《歷代名畫
記》第三卷有《記兩京外州寺觀畫壁》一章，專門記述當時兩京可見之寺觀
壁畫，單單兩京就如此鼎盛，可想見當時畫家在寺觀繪製大型壁畫的風氣之
盛。踏入宋朝，畫家的作品有明顯的轉變，佛道人物不再是主要題材，取而
代之的是有文人思致的山水畫和花木竹石，郭若虛在《圖畫見聞志》云：

> 近代方古多不及，而過亦有之，若論佛道人物，士女牛馬，則
> 近不及古；若論山水林石、花竹禽魚，則古不及近。何以明之。且
> 顧陸張吳，中及二閻，皆純重雅正，性出天然。吳生之作，爲萬世

法，號曰畫聖，不亦宜哉。張周韓戴，氣韻骨法，皆出意表，後之
學者，終莫能到。故曰，近不及古。至如李與關范之跡，徐暨二黃
之蹤，前不謝師資，後無復繼蹤。藉使二李三王之輩復起，邊鸞、
陳庶之倫再生，亦將何以措手於其間哉。故曰，古不及近。

《論古今優劣》〔註2〕

《圖畫見聞志》的成書年代大約在熙寧年間，從郭若虛所引述的畫家看來，
李成、關仝、范寬、徐熙、黃筌及其子黃居寀等人，主要是生活在五代至北
宋初年，因此，郭若虛所指的「今」，就是北宋的初年，所謂「古」，就是北
宋以前的時代。郭若虛認為，以佛道人物為主題的畫，北宋比不上前代，但
山水竹石為主題的畫，則又超過前人。這其實說明一個現象，就是繪畫的意
趣已經從佛道人物轉到山水木石，參與創作的人多了，取材角度，表現手法，
技法意境等多方面的探索多了，才會成就整體作品水平的提高。佛道人物畫
固然和宗教有關，其中好大部份更以壁畫的形式繪畫在寺觀內，除了粉飾，
還起了向善眾宣傳的作用，可以說，它的實用性比較大。山水竹石等題材，
對觀者不會有宣傳作用，只能作為怡情冶性的媒介。再者，和佛道人物和故
事有特定內容不一樣，山水木石等題材沒有特定的表達形式，畫家有較大的
自主性，可以選擇畫面的內容、表達形成和方法，畫家可以用以表達自己的
個人意趣。因此，從佛道人物故事轉向山水木石，意味繪畫的功能由實用走
向畫家個性的張揚，同時也反影北宋初年文人意識向繪畫藝術的滲透。

（三）蘇軾的儒釋道思想

蘇軾的思想備受儒釋道三家的影響，對三家思想兼收並蓄，但沒有任何
一家思想給他造成負累，他能夠吸收每一家的長處，讓它們在適當的時候發
揮正面作用，或者給他奮發上進的動力，或者抒援生活的壓力。蘇軾的三家
思想，可以見證於他豐富的文字創作，和他親近又對他瞭解甚深的弟弟子由，
最有資格對他的一生思想作總結。他這樣說蘇軾：

初好賈誼、陸贄書，論古今治亂，不為空言。既而讀《莊子》，
喟然歎曰：「吾昔有見於中，口未能言，今見《莊子》，得吾心矣。」……
既而謫居於黃，杜門深居，馳騁翰墨，其文一變，如川之方至，而

〔註2〕《圖畫見聞志》卷一，人民美術出版社，2005年，24頁。

轍瞠然不能及矣。後讀釋氏書，深悟實相，參之孔、老，博辯無礙，
浩然不見其涯也。　　　　　　　　《亡兄子瞻端明墓誌銘》〔註3〕

根據蘇轍的說法，蘇軾首先接受的是儒家思想，後來摻以道家，至於深入佛
家思想，是因「烏臺詩案」而貶謫黃州之後的事，這裡不擬深究蘇軾吸收三
家思想的先後，只藉此總結他的思想組成成分。儒家學說是古代士子的必修
科，很難找到一個從正途出身的士大夫不受其根深蒂固的影響，差別只是每
個人對儒家思想的吸收和堅持，可能有自己的取捨和偏廢而已。從應舉到初
出道，蘇軾的詩文表現一派樂觀上進、積極奮發的氣象，儒家忠君報國的思
想相當明顯，這是很自然的事，未經世途的年青人，為國家幹一番事業是當
然目標。隨著連番挫敗，又結識了佛界朋友，他心中的佛道思想也慢慢抬頭，
在往後的日子裏，在他的作品中佔據了重要地位。不過，他看重的是每種學
說的實用性，而並不單單是它們意識形態。他在《靈壁張氏園亭記》這樣說：

古之君子，不必仕，不必不仕。必仕則忘其身，必不仕則忘其
君。譬之飲食，適於饑飽而已。然士罕能蹈其義、赴其節。處者安
於故而難出，出者狃於利而忘返。於是有違親絕俗之譏，懷祿苟安
之弊。〔註4〕

「學而優則仕」是正統的儒家思想，但蘇軾沒有受這種想法羈絆，而是把
出仕看成是饑飽之選擇，純粹出於實用性的考慮。在《答畢仲舉書》中，
又說：

佛書舊亦嘗看，但闇塞不能通其妙，獨時取其粗淺假說以自濯，
若農夫之去草，旋去旋生，雖若無益，然終愈於不去也。若世之君
子，所謂超然玄悟者，僕不識也。往時陳述古好論禪，自以為至矣，
而鄙僕所言為淺陋。僕嘗語述古，公之所談，譬之飲食龍肉也，而
僕之所學，豬肉也，豬之與龍，則有間矣。然公終日說龍肉，不如
僕之食豬肉實美而真飽也。不知君所得於佛書者果何耶？為出生
死、超三乘，遂作佛乎？抑尚與僕輩俯仰也？學佛老者，本期於靜
而達，靜似懶，達似放，學者或未至其所期，而先得其所似，不為
無害。〔註5〕

〔註3〕　《欒城後集》卷二十二，《蘇轍集》，中華書局1990年，1117頁。
〔註4〕　《蘇軾文集》卷十一，中華書局1996年，368頁。
〔註5〕　《蘇軾文集》卷五十六，中華書局1996年，1671頁。

對佛老思想的探究，蘇軾也是採取同樣的實用態度，認為與其談龍肉，不如食豬肉，把學說中可理解和應用的部份提取，總勝於空談而一無所得。可以看出，蘇軾從來不偏執於一種思想的意識形態，而是著重其中的實用性。

再者，蘇軾沒有讓任何一種思想攏斷他的思維，把其他思想排擠出去。事實上，三家思想各走一端並不符合蘇軾的稟性，他從來不是一個極端的人，他相信各種理論都有優點和局限性，不能同時適用於所有環境，揉合起來可以互補不足。更何況，各家理論在發展過程中，可能通過採長補短的手段，摻入了其他學說理論。在《上清儲祥宮碑》，蘇軾有這樣的論述：

> 道家者流，本出於黃帝、老子。其道以清靜無為為宗，以虛明應物為用，以慈儉不爭為行，合於《周易》「何思何慮」、《論語》「仁者靜壽」之法，如是而已。〔註6〕

蘇軾覺得，道家的某些思想和儒家實際可以互通，在這個關節上，實在沒必要堅持某一家而排斥另一家，我們在採用其學說時，其實應該理解裏面的神髓，而不應過於計較這說法出於那一家的典籍。在《祭龍井辯才文》中，對各家學說的互通互補性，有更直接的闡述：

> 孔老異門，儒釋分宮。又於其間，禪律相攻。
>
> 我見大海，有北南東。江河雖殊，其至則同。〔註7〕

由此可見，蘇軾的學術思想受到三家影響，卻沒有一家佔有絕對性的優勢，這是由於蘇軾注重理論的精神和實用性，遠遠超過其表面意義，或者是它來源於那個門派。蘇軾這個態度，是他學問藝業有超人成就的主要原因，他不滿足於對事物的表面理解，總是深入事物的內涵，把精神找出來。看透事物的精神，就能打通各種理論、技法的共通性，對於學術研究固然有幫助，更有助於他的文學與藝術水平的提高。

（四）蘇軾的文藝思想

隨著歐陽修踏入晚年，梅堯臣和蘇舜欽相繼去世，北宋的詩文革新運動變得沉寂。事實上，雖然詩文革新運動已基本上把風氣扭轉，歐文已有可觀的成就，但直到這階段為止，詩歌的創作卻未如理想，如果後繼無人，整個運動可能告終。蘇軾的出現恰好解決這困局。蘇軾的文藝理論涉及多個範疇，

〔註6〕 《蘇軾文集》卷十七，中華書局 1996 年，502 頁。
〔註7〕 《蘇軾文集》卷六十三，中華書局 1996 年，1961 頁。

詩、文、詞、書法、繪畫都有觸及，甚為廣闊。他的詩文理論主要繼承歐陽修等人的主張，反對浮靡險怪的風氣，以體用為本，達意為尚，自然為貴。對詩歌而言，他還特別強調傳神、清新、天工等要求，總而言之，詩文不能再重蹈宋初萎靡險怪的路子。他的書法理論相對保守，不像其他領域的有創造性。他特別推崇蔡襄，但蔡襄的書法並不突出，溫純有餘而創意不足。蘇軾的書論強調「自出新意，不踐古人」（《評草書》）〔註8〕，以此而論，蘇黃米蔡四大家中反而以蔡襄最達不到。蘇軾的文藝理論中以詞論和畫論最為突出，影響也最大。蘇軾沒有留下很多詞論的文字，他主要是身體力行，大量創作，用作品示範他心目中小詞該走的道路。當時小詞的風格是軟媚的，他致力衝破這個局面，在《與鮮于子駿》書，他說：「近卻頗作小詞，雖無柳七郎風味，亦自是一家。呵呵，數日前，獵於郊外，所獲頗多。作得一詞，令東州壯士抵掌頓足而歌之，吹笛擊鼓以為節，頗壯觀也。」〔註9〕從所記文字看來，提及的小詞應該是《江城子‧密州出獵》，這首詞豪放高曠，為蘇軾以至後世的詞風翻開嶄新一頁。開創新詞風是蘇軾詞學理論裏最重要的一環，此外，他堅持填詞著重文意而不遷就音律，這點有商榷的餘地，但畢竟也可看出他看待詞作的態度。繪畫方面，蘇軾沒有留下太多作品，從他自己的記載看來，他擅長的只是枯木竹石，並非一個全面的畫家，但他對繪畫理論有很多看法，評論繁多而有見地，對後世的畫學有重大影響。用細分的方法去看，他的畫論有精細的門類，例如寫形和傳神、常形和常理、天工和清新等，但歸納起來，最重要的一環，是他強調繪畫和詩文的互通性，指出要用看待詩文的方法看待繪畫。總的來說，蘇軾對各門文藝都作出理論貢獻。

　　蘇軾從不獨立看待這些文藝作品，他總是找出它們的共同點。不同的文體和藝術，在發展的過程中已經形成一些固有的審美標準和理論，一般人接受了這些分類，也就接受它們的分別以至審美標準。蘇軾卻不同，他總是深入這些文體和藝術門類的深處，找出它們的共同點，打破各門文藝的界限，因此他會找出一些人家看不見的審美原則和方法。在某程度上，這會模糊這些門類之間的界限，但正面的看，這樣可以給各門類文藝創作增添新動力和營養。因此，他的一些理論會同時出現在一種以上的文藝創作，表面看來是重覆，其實是互通。在《書黃子思詩集後》，他曾經這樣說：

〔註8〕　《蘇軾文集》卷六十九，中華書局1996年，2183頁。
〔註9〕　《蘇軾文集》卷五十三，中華書局1996年，1559頁。

> 予嘗論書，以謂鍾、王之跡，蕭散簡遠，妙在筆劃之外。至唐
> 顏、柳始集古今筆法而盡發之，極書之變，天下翕然以爲宗師，而
> 鍾、王之法益微。至於詩亦然……唐末司空圖，崎嶇兵亂之間，而
> 詩文高雅，猶有承平之遺風。其論詩曰：「梅止於酸，鹽止於咸。」
> 飲食不可無鹽梅，而其美常在鹹酸之外……閩人黃子思，慶曆皇祐
> 間號能文者。予嘗聞前輩誦其詩，每得佳句妙語，反覆數四，乃識
> 其所謂，信乎表聖之言，美在鹹酸之外，可以一唱三歎也。〔註10〕

他認爲欣賞書法不能單看書家的筆劃，筆意才是重點，因爲它能表達書家的襟懷和氣度。蘇軾將書法的筆外意，更擴展到詩家的文字以外的遠韻，並引司空圖的詩論，說明二者相通的關係。在《王維吳道子畫》一詩中，蘇軾則謂：

> 吳生雖妙絕，猶以畫工論。摩詰得之於象外，有如仙翮謝籠樊。
>
> 〔註11〕

王維繪畫的優點並不能單單從畫面上看出來，因此我們欣賞他的畫時實應留意畫面以外所傳達的思致。這個說法和前面的書論，有異曲同工之妙。欣賞書法，要點在筆劃以外的意氣，欣賞繪畫，重點在畫面以外的思致，欣賞詩歌，還須體會文字以外的遠韻。三種不同的文藝，蘇軾認爲都有共同的審美特徵，主要在作品背後深藏的意趣。

　　蘇軾在《祭張子野文》中說：「微詞婉轉，蓋詩之裔。」〔註12〕在《與蔡景繁》書中云：「頒示新詞，此古人長短句詩也。」〔註13〕在《與陳季常書》一文中云：「又惠新詞，句句警拔，詩人之雄，非小詞也。」〔註14〕他發現詩和小詞可以有共同的境界和造語，當時一般人看待小詞的態度並不可取，於是他努力創新，嘗試將其他人祇會用以寫詩的題材和語言寫入小詞，爲詞開闢了新天地。在《江城子·密州出獵》、《念奴嬌·大江東去》、《八聲甘州·有情風萬里捲潮來》、《定風波·莫聽穿林打葉聲》等一系列風格豪邁曠放的詞章面世後，褒貶同來。陳師道在《後山詩話》云：

〔註10〕　《蘇軾文集》卷六十七，中華書局 1996 年，2124 頁。
〔註11〕　《蘇軾詩集》卷三，中華書局 1982 年，108 頁。
〔註12〕　《蘇軾文集》卷六十三，中華書局 1996 年，1943 頁。
〔註13〕　《蘇軾文集》卷五十五，中華書局 1996 年，1662 頁。
〔註14〕　《蘇軾文集》卷五十三，中華書局 1996 年，1569 頁。

退之以文爲詩，子瞻以詩爲詞，如教坊雷大使之舞，雖極天下

之工，要非本色。〔註15〕

陳師道對蘇軾「以詩爲詞」是頗爲不以爲然的。與陳師道同輩的晁補之和張

耒亦有類似的評論，但措辭則較爲含蓄：

東坡嘗以所作小詞示無咎、文潛曰：「何如少游？」二人皆對云：

「少游詩似小詞，先生小詞似詩。」〔註16〕

秦觀部份詩歌過份軟媚，偏近小詞，缺少詩歌應有的莊重，在當時和後世都

受到批評。元好問在《論詩三十首》的第二十四首寫道：「有情芍藥含春淚，

無力薔薇臥曉枝。拈出退之山石句，始知渠是女郎詩。」〔註17〕將秦觀的《春

日》詩說成是「女郎詩」。元好問對秦觀這個評價是否公允恰當，甚至有否以

偏概全，還可以討論。但晁補之、張耒說秦詩軟媚近詞，肯定是一個負面的

批評，拿這個評語比對蘇軾的「小詞似詩」，可知晁、張二人認爲蘇軾的小詞

失去詞應有的風格，同樣是負面的批評，只是面對作爲長輩的師友，說法婉

轉一點而已。清代劉熙載對蘇軾的詞風有如下的概括性結論：

東坡詞頗似老杜詩，以其無意不可入，無事不可言也。〔註18〕

詩和詞是兩種不同的文體，表面上有明顯的界限，蘇軾找出兩者的共通性，

除了聲律的規限，小詞實際和詩一樣，「無意不可入，無事不可言」，於是寫

出一系列的優秀作品。

　　在各種文藝理論中，蘇軾發現最多共通點的是詩與畫，在《評詩人寫物》

一文中，他闡明寫詩要求傳神，在《傳神記》一文，又說明傳神對繪畫的重

要性。在《書鄢陵王主簿所畫折枝》一詩中，更直接將詩畫相提並論，以「天

工」和「清新」爲共同審美標準。蘇軾心目中詩畫的共通性，在前文已詳細

論述，這裡不再重覆。

　　蘇軾用宏觀角度看待各體文藝的觀念，與他對儒釋道三家思想的揉合和

吸收，是一致的。他從來沒有用狹隘的目光看待文藝，因此能跨越一般人無

法踰越的障礙，各體文藝在他看來是在同一園地，任他縱橫穿梭，各體文藝

的觀念和理論，又可以互相引用和填補，揉合滲透的結果，令他的作品韻味

〔註15〕 《後山詩話》，《歷代詩話》本，中華書局1997年，309頁。

〔註16〕 《王直方詩話》，《宋詩話輯佚》本，中華書局1987年，93頁。

〔註17〕 《元好問全集》卷第十一，山西古籍出版社2004年，268頁。

〔註18〕 《藝概・詞曲概》，《劉熙載集》，華東師範大學出版社，1993年，134頁。

悠長、層次豐富，所謂「鹹酸雜眾好，中有至味永」（《送參寥師》）〔註19〕。北宋初年的詩文革新運動，為當時的文藝觀念帶來新氣象，大量文人參與繪畫創作，又將文人思致摻入畫藝，文學與繪畫本來已十分密切，蘇軾以曠世之才和宏觀的視野，將文學和繪畫從理論層次連繫在一起，是自然而可理解的發展，也衹有具備胸襟和識見的蘇軾，才有能力完成這個任務。

第二節　蘇軾「士人畫」論在南宋的繼承

　　蘇軾的畫論分科精細，但各項精細名目其實都歸屬「士人畫」論之內，而「士人畫」論的要義在於將繪畫藝術與文學掛鉤，因此，文學的技巧和理論都可引用到繪畫上面。蘇軾的畫論自提出後，就受到文人和畫家的重視，紛紛加入討論，當時，迴響最大的首推黃庭堅，他在蘇軾的畫論上有進一步的闡釋和推演。然而，蘇軾畫論對畫壇全面而深遠的影響，要到南宋才產生。重大影響可見於北宋末年《宣和畫譜》對他「詩畫一律」的引用，這些引述沒有注明出處來自蘇軾，但痕跡昭然，毋庸置疑。成書於南宋的《畫繼》對北宋初期文人論畫的引述和套用更明顯，尤其是蘇軾的論述。此書的綱領是將品畫的趣味和能力進一步與「文人」掛鉤，彰顯了蘇軾「士人畫」概念的重要影響。除了畫論專著，孫紹遠輯錄了題畫詩集，並取名《聲畫集》，具體地表現了南宋時期，「詩畫一律」的理念已受到廣泛認同。自此而後，題畫詩集和詩畫譜陸續出現，都進一步顯示這理念為人所接受。

（一）對《宣和畫譜》的影響

　　《宣和畫譜》的成書出自誰人手筆，頗具爭議，學者張其風在《宋徽宗與文人畫》一書中，將歷來諸家所說把梳整理，綜合出十一個說法，可見這個問題不易解決。不管編者是誰，此書的編纂得到朝廷的支持應該不成疑問，說是按照朝廷的指示編寫，也是可信的，這是大部份學者的共識，但也有學者不認同這個說法。韋賓在《宋元畫學研究》一書提出，《宣和畫譜》的正文內容與各篇敘論有矛盾，後者可能是在元代重訂時添加，而書中內容多剽竊前人論點，舛誤明顯，不像嚴肅的學術著作。韋先生所言，可備一說，暫無實據。《宣和畫譜》的敘文雖短，仍有跡可尋，可以看出編書源起。包括張其

〔註19〕　《蘇軾詩集》卷十七，中華書局 1996 年，905 頁。

風在內的一些學者認爲，宋徽宗在編書過程中起了很重要作用，甚至這可能出於他的旨意。《宣和畫譜敍》云：

> 今天子廊廟無事，承累聖之基緒，重熙浹洽，玉關沉柝，邊燧不煙，故得玩心圖書，庶幾見善以戒惡，見惡以思賢……乃集中秘所藏者，晉魏以來名畫，凡二百三十一人，計六千三百九十六軸，析爲十門，隨其世次而品第之。宣和庚子歲夏至日，宣和殿御製。

〔註20〕

有機會翻閱皇家魏晉以來的藏品，如果沒有朝廷甚至皇室的許可，是不可能的。這段文字明明寫的是天子「廊廟無事」，所以「玩心圖書」，最後又說「宣和殿御製」，這次編書由徽宗自導自演是完全有可能的。至於「玉關沉柝，邊燧不煙」云云，只是給皇帝找個漂亮藉口。宣和二年，距離二宗被擄，北宋滅亡，只有短短七年，不但並非「廊廟無事」，簡直是危在旦夕，只是徽宗性近文藝，寧願沉溺其間，也不欲面對已逼在眉睫的危機而已。不論徽宗是否有直接參與或督導「宣和畫譜」的編纂，他對此書的支持是毫無疑問的。理解這一點，才能認清這本書的重要性。

《宣和畫譜》將秘府的藏畫分爲十門二十卷，每門冠以敍論，再分卷論述藏品中的畫人畫作。所列畫家傳記，宋以前的多抄襲前人的畫錄，如《歷代名畫記》、《唐朝名畫錄》、《圖畫見聞志》等書，絕少作者自己的見解。至於宋朝畫家的論述，基本上是編者自撰，雖云自撰，但全書的中心思想卻與稍前的士人與畫家所論甚爲接近，尤其是將畫工放在有文人思致畫家的對立面，明顯來自蘇軾。我們在前面討論蘇軾的「士人畫」的概念時已指出，他刻意將「畫工畫」放在「士人畫」的對立面，以「畫工畫」徒具形貌襯托出「士人畫」有文人思致。《宣和畫譜》採納蘇軾「士人畫」有思致這個觀點，也大量沿用蘇軾的比對方法，只是沒有說明這個概念和表達手法其實源自蘇軾。《宣和畫譜》中畫工與士人的對比，可從下面例子看得出來：

> 大抵公麟以立意爲先，布置緣飾爲次，其成染精緻，俗工或可學焉，至率略簡易處，則終不近也。蓋深得杜甫作詩體制而移於畫。

〔註21〕

〔註20〕　《宣和畫譜》江蘇美術出版社 2007 年，1 頁。
〔註21〕　《宣和畫譜》卷第七《李公麟條》，江蘇美術出版社 2007 年，173 頁。

　　蓋全（關仝）之所畫，其脫落毫楮，筆愈簡而氣愈壯，景愈少
而意愈長也。而深造古淡，如詩中淵明，琴中賀若，非碌碌之畫工
所能知。〔註22〕

　　仲佺明敏無他嗜好，獨愛漢晉人之文章……作詩平易，不沉酣
於綺紈犬馬，而一意於文詞翰墨間。至於寫難狀之景，則寄興於丹
青，故其畫中有詩，至其作草木禽鳥，皆詩人之思致也，非畫史極
巧之力所能到。〔註23〕

　　宗室士雷以丹青馳譽於時……有詩人思致，至其絕佳勝處，往
往形容之所不及……蓋胸次洗盡綺紈之習，故幽尋雅趣，落筆便與
畫工背馳。〔註24〕

　　且畫工特取其形似耳，若（趙）昌之作，則不特取其形似，直
與花傳神者也。〔註25〕

　　故有以淡墨揮掃，整整斜斜，不專於形似而獨得於象外者，往
往不出於畫史而多出於詞人墨卿之所作……至於布景致思，不盈咫
尺，而萬里可論，則又豈俗工所能到哉？〔註26〕

　　唯士人則不然，未必能工所謂形似，但命意布置灑落，疏枝秀
葉，初不在多，下筆縱橫，更無凝滯，竹之佳思筆簡而意足矣。俗
畫務為奇巧，而意終不到。〔註27〕

《宣和畫譜》對「畫工」、「畫史」、「俗工」等人的低俗工夫沒有好感，但作
者沒有說明是甚麼問題，而是刻意標舉和誇讚與他們迥然不同的一批士人畫
家，他們最大的不同，在於後者有文人素質，他們不汲汲追求形似，而是注
重立意，又懂得將作詩屬文的思致應用到繪畫上，使作品「得於象外」。這些
理論，基本上完全來自蘇軾。蘇軾說燕肅「已離畫工之度數而得詩人之清麗」，
郭熙的畫「此間有句」，王詵的畫是「水墨自與詩爭妍」，李公麟則是「前世
畫師今姓李，不妨還作輞川詩」，王維和文同的士人素質更完全反映在他們的

〔註22〕《宣和畫譜》卷第十《關仝條》，江蘇美術出版社2007年，234頁。
〔註23〕《宣和畫譜》卷第十六《趙仲佺條》，江蘇美術出版社2007年，353頁。
〔註24〕《宣和畫譜》卷第十六《趙士雷條》，江蘇美術出版社2007年，356頁。
〔註25〕《宣和畫譜》卷第十八《趙昌條》，江蘇美術出版社2007年，377頁。
〔註26〕《宣和畫譜》卷第二十《墨竹敘論》，江蘇美術出版社2007年，406頁。
〔註27〕《宣和畫譜》卷第二十《趙令庇條》，江蘇美術出版社2007年，412頁。

畫作上，這些都在說明士人畫家與一般畫工的區別。《宣和畫譜》在蘇軾理論基礎上有所進一步的演繹，蘇軾把李公麟比作王維，《宣和畫譜》更以李公麟的《歸去來兮圖》和《陽關圖》和杜甫的《縛雞行》和《茅屋爲秋風所破歌》相比，以說明李公麟的畫深得老杜詩法。又以關仝的古淡，比作「詩中淵明，琴中賀若」。對趙昌的評論，基本上是直取蘇軾「趙昌花傳神」之意。

　　《宣和畫譜》對蘇軾畫論的另一演繹，是對文人「思致」的引用。上面所列舉的，只著重《宣和畫譜》中「畫工畫」和「士人畫」的比對，當中出現「思致」描述的已然不少，實際上，單獨標舉「思致」的論述，在書中是隨處可見。例如：

　　　　觀其（王維）思致高遠，初未見於丹青，時時詩篇中已自有畫意。〔註28〕

　　　　（王）詵落筆思致，遂到古人超軼處。〔註29〕

　　　　（易元吉）嘗於長沙所居之舍後，開圃鑿池，間以亂石叢篁，梅菊葭葦，多馴養水禽山獸，以伺其動靜游息之態，以資於畫筆之思致。〔註30〕

　　　　（石恪）氣韻思致過南本（石恪師）遠甚。〔註31〕

　　　　（趙仲佺）其畫中有詩，至其作草木禽鳥，皆詩人之思致也。
〔註32〕

　　　　（趙士睇）寓目於空曠有無之間，甚多思致。〔註33〕

　　　　（趙孝穎）寄興粉墨，頗有思致。〔註34〕

「思致」是蘇軾首先提出的，他在《書許道寧畫》一文道：「秦人有屈鼎筆者，許道寧之師。善分佈澗谷，間見屈曲之狀，然有筆而無思致，林木皆掩靄而己。」〔註35〕從上面的例子可以看出，編者採用了蘇軾「思致」的說法，並廣泛應用，儼然變成「士人畫」的另一元素。有趣的是，《宣和畫譜》編者沿

〔註28〕　《宣和畫譜》卷第十《王維條》，江蘇美術出版社 2007 年，223 頁。
〔註29〕　《宣和畫譜》卷第十二《王詵條》，江蘇美術出版社 2007 年，272 頁。
〔註30〕　《宣和畫譜》卷第十八《易元吉條》，江蘇美術出版社 2007 年，379 頁。
〔註31〕　《宣和畫譜》卷第七《石恪條》，江蘇美術出版社 2007 年，165 頁。
〔註32〕　《宣和畫譜》卷第十六《趙仲佺條》，江蘇美術出版社 2007 年，353 頁。
〔註33〕　《宣和畫譜》卷第十六《趙士睇條》，江蘇美術出版社 2007 年，355 頁。
〔註34〕　《宣和畫譜》卷第十六《趙孝穎條》，江蘇美術出版社 2007 年，351 頁。
〔註35〕　《蘇軾文集》卷七十，中華書局 1996 年，2218 頁。

用思致去評論屈鼎時卻說道：「學燕貴作山林四時風物之變態，與夫煙霞慘舒，泉石凌礫之狀，頗有思致。」〔註36〕竟然得出與蘇軾完全相反的結論。

《宣和畫譜》採納的另一個蘇軾畫論綱領是「詩畫一律」。我們在前面說過，蘇軾對王維「詩中有畫、畫中有詩」的評價，本意是要點明詩畫的關連，稍後「詩畫本一律」的說法就進一步確立詩與畫兩種文藝作品的共通性。《宣和畫譜》亦有援引「畫中有詩」概念，而對「詩畫一律」的理論更為著重和強調。卷第九《龍魚敘論》以《易經》和《詩經》對龍與魚的描寫，比對它們在繪畫中的表現，《易經》對龍的描寫有在田、在淵、在天之別，「以言其變化超忽」；《詩經》對魚的描寫，又有所謂「頒其首，莘其尾，依其蒲，以言其游深泳廣，相忘江湖」，《宣和畫譜》對繪畫龍和魚的畫家未能援引《易經》和《詩經》的思致，尤其是畫魚的畫家「多作庖中几上之物，乏所以為乘風破浪之勢」，而為世俗非議，頗為不滿。卷十五《花鳥敘論》又云：「詩人六義多識於鳥獸草木之名，而律曆四時，亦記其榮枯語默之候。所以繪事之妙，與詩人相表裏。」〔註37〕詩人因鳥獸草木與四時之變而興感，將之寫入文字，而畫家則「有以興起人之意者，率能奪造化而移精神，遐想若登臨覽物之有得。」由此看來，詩畫兩者確實有相通之處。卷二十《墨竹敘論》云：

> 繪事之求形似，舍丹青朱黃鉛粉失之，是豈知畫之貴乎？有筆不在夫丹青朱黃鉛粉之工也。故有以淡墨揮掃，整整斜斜，不專於形似而獨得於象外者，往往不出於畫史而出於詞人墨卿之所作，蓋胸中所得固已吞雲夢之八九，而文章翰墨形容所不逮，故一寄於毫楮，則拂雲而高寒，傲雪而獨立，與夫招月吟風之狀，雖執熱使人亟挾纊也。至於布景致思，不盈咫尺，而萬里可論，則又豈俗工所能到哉？畫墨竹與夫小景，自五代至本朝才得十二人，而五代獨得李頗，本朝魏端獻王頵、士人文同輩，故知不以著色而專求形似者，世罕其人。〔註38〕

這篇《墨竹敘論》是要說明，「不專於形似」，「以淡墨揮掃」的繪畫都不出於畫工，而是出於「詞人墨卿」之手，只有這些「胸中所得固已吞雲夢之八九」

〔註36〕《宣和畫譜》卷第十一《屈鼎條》，江蘇美術出版社2007年，259頁。
〔註37〕《宣和畫譜》卷第十五《花鳥敘論》，江蘇美術出版社2007年，321頁。
〔註38〕《宣和畫譜》卷第二十《墨竹敘論》，江蘇美術出版社2007年，406頁。

的士人，才有能力寫出這些作品。值得注意的是，這篇敘論不獨再次闡明「詩畫一律」的概念，更相當於一篇蘇軾畫論的總結，裏面提到的畫工和詞人墨卿的之別，以至「不求形似」，「文人思致」，都是蘇軾「士人畫」論的重要組成部份。

《宣和畫譜》不像其他畫史書籍在卷首有綱領性的概論，表達編者的核心思想，它的敘文《宣和畫譜敘》只是簡單交代了編書的源起而已，因此，各門敘論，就變成分散於門類之首的提綱，編者就是利用這些篇幅表達他們的繪畫思想。從這些重要的敘論，我們可以看出蘇軾畫論對這本書的影響，當然，還可以見於藏在個別畫家的論述裏。蘇軾畢竟是元祐黨人之首，雖然他的理論受到重視和被採納，應該得到徽宗的認同，但在蔡京主政的時期，禁絕元祐黨人的作品流播，蘇軾的名字被徹底隱去，是可以理解的。

（二）對《畫繼》的影響

《畫繼》是南宋人鄧椿所編，按序文所說，成書於乾道三年，距離《宣和畫譜》的出現約五十年。如果蘇軾的畫論是在壯年提出並受到同時代人的和應，迄《畫繼》成書，已經過將近百年。蘇軾的理論被後人引用，闡釋和發揚，已廣泛為人接受，逐漸成為定論，這點可以從《畫繼》的內容看出端倪。《畫繼》對前人的詩文和論述頗多援引，尤其是北宋時期圍繞在蘇軾身邊的文人群。根據學者韋賓的統計，書中除了引述張舜民、米芾、陳師道、晁補之等人的詩文外，還有黃庭堅，凡十五例，至於蘇軾，更達二十二例，可見蘇軾以及其身邊文人群對鄧椿編纂《畫繼》一書的影響。蘇軾的畫論仍見錄於《畫繼》，卷九《論遠》有論傳神，謂：「而所以能曲盡者，止一法耳。一者何也？曰：傳神而已。世徒知人之有神，而不知物之有神。」〔註39〕鄧椿曾細心考察由唐至宋朝當世名人文集中的題畫論畫詩文，他發現「山谷最為精嚴，元章心眼高妙」，少陵和東坡「雖注意不專，而天機本高，一語之確，有不期而自合者。」東坡的重點在「理」，有云：「至東坡又曲盡其理，如『始知真放本細（應作精）微，不比狂花生客慧〔註40〕，當其下筆風雨快，筆所

〔註39〕　《畫繼》卷九《論遠》，人民美術出版社 2005 年，113 頁。
〔註40〕　此二句是蘇軾對吳道子畫藝的稱許，原詩是《子由新修汝州龍興寺吳壁畫》，《蘇軾詩集》卷三十七，中華書局 1996 年，2027 頁。

未到氣已吞﹝註41﹞。非前身顧陸，安能道此等語耶。」」﹝註42﹞然而，《畫繼》對蘇軾畫論繼承最多的，還是「詩畫一律」的概念。這可從內文大量援引蘇軾詩文（主要是詩）看出端倪。學者韋賓認為，「「詩畫一律」的概念在南宋時已深入人心，甚至影響到是書的寫作方式……所以，只要有引文，不可避免地必須引詩。」﹝註43﹞這是可信的，我們更可以發現，蘇軾的論述在面世後多麼受到人重視，他以詩歌對包括自己在內的二十二個畫人作出評論，鄧椿全接受了，並加引述，成為《畫繼》一書的重要成份。

蘇軾包括「詩畫一律」在內的「士人畫」論還對《畫繼》有更深遠的影響。《畫繼》的序文有這段說話：

> 若虛雖不加品第，而論氣韻生動，以為非師可傳，多是軒冕才賢，巖穴上士，高雅之情所寄也。人品既已高矣，氣韻不得不高，氣韻既已高矣，生動不得不至。不爾，雖竭巧思，止同眾工之事，雖曰畫而非畫。﹝註44﹞

鄧椿這段話源自郭若虛《圖畫見聞志》的《論氣韻非師》，用字造詞亦非常接近，《圖畫見聞志》大約成書於熙寧七年，時蘇軾三十九歲，郭若熙有沒有受到蘇軾的畫論影響而有此一說，我們不得而知，但這個「軒冕才賢」、「巖穴上士」之說和繪畫的關係，與蘇軾的「士人畫」概念是相通的。郭若虛只提出這個說法，沒有進一步的行動，這個概念沒有影響《圖畫見聞志》的編寫體制。鄧椿在繼承郭若虛的想法時，還向前走了一步，在《畫繼》的體制上開闢了「軒冕才賢」、「巖穴上士」一門，然而這一門是不能單獨存在的，既然有此，必然有彼，於是在「軒冕才賢」、「巖穴上士」之外，成立「侯王貴戚」、「搢紳韋布」、「道人衲子」、「世冑婦女」與「聖藝」等門類。從前《歷代名畫記》、《唐朝名畫錄》、《宋朝名畫評》、《圖畫見聞志》以至《宣和畫譜》等書，或編年，或以人物花鳥分科，或以神、妙、能、逸分品，從沒有以畫人的階級、社會地位等足以反映畫人志趣的條件分門。這個分門別類方法，應該是受到蘇軾「士人畫」論將士人思致與繪畫造詣掛鉤的影響，從此，品評畫人的個人素質和志趣變得重要，甚至是畫藝高低的先決條件。

﹝註41﹞ 此二句是蘇軾對吳道子畫藝的稱許，原詩是《王維吳道子畫》，《蘇軾詩集》卷三，中華書局1996年，2027頁。
﹝註42﹞ 《畫繼》卷九《論遠》，人民美術出版社2005年，113頁。
﹝註43﹞ 韋賓《宋元畫學研究》，甘肅人民出版社2009年，113頁。
﹝註44﹞ 《畫繼序》，《畫繼》，人民美術出版社2005年，1頁。

蘇軾士人畫概念對《畫繼》的影響，還不止此。《畫繼》卷九《雜說·論遠》云：

> 畫者，文之極也。故古今之人，頗多著意。張彥遠所次歷代畫
> 人，冠裳太半，唐則少陵題詠，曲盡形容，昌黎作記，不遺毫髮。
> 本朝文忠歐公、三　蘇父子，兩晁兄弟、山谷、後山、宛丘、淮海、
> 月巖、以至漫仕龍眠，或評品精高，或揮染超拔。然則畫者，豈獨
> 藝之云乎？難者以為自古文人，何止數公？有不能、且不好者。將
> 應之曰：「其為人也多文，雖有不曉畫者寡矣；其為人也無文，雖有
> 曉畫者寡矣。」〔註45〕

鄧椿在《畫繼序》祇是說，「軒冕才賢」和「巖穴上士」的人品高，所以繪畫
的氣韻也高，重點在畫家的個人情操。這裡說文學修養高，自然懂得繪畫的
奧妙，就是不能親自揮毫染翰，也懂得品評鑒賞，文學修養和繪畫、品畫變
成有必然關係，比之蘇軾認為「詩畫一律」和「士人畫」有文人思致，鄧椿
的說法無疑更加肯定文學修養和繪畫的關係，這是在蘇軾畫論基礎上的進一
步提升。

《畫繼》對蘇軾推崇備至，卷三新立的《軒冕才賢》一門，以蘇軾置於
卷首，統率群賢，又評蘇軾「運思清拔，英風勁氣逼人」。《畫繼》受蘇軾畫
論的影響非常明顯，廣泛引用蘇軾的論說固然不在話下，甚至還反映在鄧椿
的審畫眼光和標準上，卷九《雜說·論遠》云：「予作此錄，獨取高、雅二門，
餘則不苦立褒貶。」〔註46〕都是佐證。「高」和「雅」的繪畫風格，都和文人
思致有關，一般俗工是難以入流的。

（三）題畫詩集與詩畫譜的出現

《畫繼》面世後大約二十年，南宋淳熙十四年，孫紹遠編了第一部題畫
詩總集《聲畫集》，這時距離蘇軾逝世已接近八十多年。孫紹遠的生平不詳，
從書的序文得知他大約生活於南宋孝宗朝。《聲畫集》的編纂源起和孫紹遠的
詩畫觀念，完全在書中的序文反映：

> 畫之益於人也多矣。居今之世而識古之人、知古之事，生長人
> 間而睹碧落之真容、淨土之慈相。市朝而見山林之氣象，晷刻而觀

〔註45〕　《畫繼》卷九《論遠》，人民美術出版社 2005 年，113 頁。
〔註46〕　《畫繼》卷九《論遠》，人民美術出版社 2005 年，113 頁。

四時變化，佳花異卉無一日而不開，珍禽奇獸不籠檻而常存。凡宇宙之內，苟有形者，皆能藏吾室之中，世豈可廢此哉？

第古今畫手，不能一律，如論文章，班馬固高矣，韓柳歐蘇何歉乎？如論書法，鍾王固奇矣，虞褚顏柳何愧乎？學藝精到，率可貴而無古今也。俗士於畫，但取煙顏塵容故暗舊物，至稍新潔者，則以為無足採。竊嘗譬之如見八九十歲人，其老雖可敬，奈愚不解事者何？不滿十歲許而有所謂神童，有所謂奇童者，其可不敬愛乎？此新舊畫之別也。

夫玩物喪志，先聖格言，誰敢不知警而假書畫以銷憂？昔嘗有德於紹遠，今雖不暇留意，未能與之絕也。入廣之明年，因以所攜行前賢詩及借之同官，擇其為畫而作者，編成一集，分二十六門為八卷，名之曰「聲畫」，用「有聲畫」、「無聲詩」之意也。惟畫有久近，詩有先後，其他參差不齊甚多，故不得而次第之。然士大夫因詩而知畫，因畫以知詩，此集與有力焉。〔註47〕

序文肯定繪畫圖形寫貌的功能，可以將事物的形態和具體形象記錄下來，供人省覽欣賞，衝破時空界限。短暫的可以變成永恆，瞬間的現象也可以被凝固下來。序文又將繪畫與文章和書法相提並論，但孫紹遠的注意力卻放在古今新舊之別，認為新的文章未必不好，新的書法亦有可觀，繪畫和這些學藝的可貴之處一樣，分野在精到而非古今。紹遠不滿俗士但取「煙顏塵容故暗舊物」，不採「稍新潔者」，似乎當時流行尚古而漠視創新，不知何所指。至於將結集命名為「聲畫」，則表明是取意於「有聲畫」和「無聲詩」。我們在前面已探討過，人們最初意識詩畫之別在於形，於是有「詩是無形畫，畫是有形詩」之說，那時候，討論重點在把詩向畫靠攏。後來文人從他們的角度出發，著重詩畫的聲音（實際上是文字）元素，於是有「有聲畫」和「無聲詩」之說。自此以後，談論兩者之間關係，聲音或者是文字的分別逐漸變成主流。這個現象在北宋早期已經形成，孫紹遠承襲這個說法是很自然的，不過，這說法祇是比較詩畫兩者的關係而已。孫紹遠「因詩知畫、因畫知詩」之說，才脗合蘇軾「詩畫一律」之意。蘇軾認為詩與畫的創作都需要有文人思致，貴能傳神，同一題材，如果造詣到家，詩和畫都能達到相同效果。就

〔註47〕《聲畫集・原序》，文淵閣四庫全書本，1349 冊，807 頁。

是說，讀過詩歌，就能想見實景；看過圖畫，就能想像詩歌的立意和重心，這是孫紹遠「因詩知畫、因畫知詩」的實質意義。他編纂此集，搜羅自己所藏和借來的題畫詩，具體說明「詩畫一律」的理論。我們還應留意，孫紹遠此書的目標讀者，是「士大夫」，因為祇有他們，才有足夠的鑑賞和分析能力「因詩知畫、因畫知詩」，一般俗工是辦不到的。

《四庫全書》《聲畫集·提要》稱此書「非為有益於畫，且有益於詩」，因為書中搜羅了一些題畫詩，其作者已無詩文集傳世，有賴此書存其作品和名字。臺灣學者李栖更認為，此書可提供輯佚、校勘和考據的資料。然而，此書更重要的意義，其實在於印證繪畫地位的提高。題畫詩只是眾多詩歌種類之一，將題畫詩編輯成冊，對詩歌的意義不大，反而給後世展示當時文人欣賞繪畫，繼而積極投入吟詠，可見繪畫的地位已被提升，能夠吸引文人的注意。此書又提供「詩畫一律」的具體明證，即是說，繪畫所畫之景，不看原畫，從題詩可以想見。從紹遠自發編書，我們可見當時詩畫相通觀念已廣為人接納。

隨著《聲畫集》的出現，後世亦加入編纂行列，有個人的別集，也有大部頭的總集，如元代倪瓚的《題畫詩》、明代李日華的《竹嬾畫賸》等，進入清代，此風更盛，除了朝廷授意由陳邦彥統籌的《御定歷代題畫詩類》外，大量畫人的題跋被結集，有惲壽平的《題畫詩》、金農的《論畫雜詩》、鄭燮的《板橋題畫》等，數量繁多。另一方面，在題畫詩被結集成書開始流行時，詩畫譜亦相繼出現。南宋理宗年間出現第一部私刻梅花畫譜《梅花喜神譜》，以一畫一詩相配的形式印行，此後，明代黃鳳池有《唐詩畫譜》、胡正言有《十竹齋書畫譜》等，皆以或詩或詞配畫印行。題畫詩集和詩畫譜對繪畫的意義和影響，非本文討論範圍，不過，它們的出現，更加證明，繪畫和詩歌（或更廣義說是文學）是有密切關連的兩種文藝作品，已經被完全接受，這個現象，其實是源於蘇軾「詩畫一律」的理論。我們從這類刊物的出現、流行和延續，可以想見這理論是如何深入文學和畫藝界。

（四）小結

蘇軾提出「士人畫」論，與當時的文化環境和他個人的文藝修養有莫大關係。北宋以文治國，產生大量有素質的文人，經歷由歐陽修等人提倡的詩文革新運動，加強了文人的改革和探索精神，他們不但揚棄晚唐以來的頹風，

還努力開拓新疆域，文學上推動小詞，繪畫上又向山水木石進軍。大量文人參與繪畫，為畫壇注入新動力。蘇軾學識淵博，書畫文詞，無一不精，更難得是胸襟廣闊，了無桎梏，能看透各門藝業之間的互通性，於是成就了以「詩畫一律」為綱領的「士人畫」論。蘇軾提出的理論，受到當時文人和畫家的認同，北宋末年官修的《宣和畫譜》亦採納和大量引用，稍後的《畫繼》更開宗明義將士人的「文」放於首位，認為是繪畫的先決條件。及後大量題畫詩集和詩畫譜的出現，顯示蘇軾的「詩畫一律」理論已廣泛深入文人和畫人的思想。

　　蘇軾的理論精粹在於將文人思致注入繪畫，因為文學與繪畫有相同的審美要求。將兩種藝術的脈胳接上，結果是一門藝術的理論可以引用到另外一門，而大量士人參與繪畫創作，又將他們所熟諗的儒釋道三家思想、作詩屬文的興寄方法、以至書法造藝，都引入繪畫創作。繪畫後直接在畫面上題詩，也是在這個條件下形成，在士人插手繪畫之前，「畫工」是無法做到的。繪畫創作加入士人思致後，在功能上亦有所改變，畫人藉以抒發情感和張揚個性的逐漸增多。畫論的發展，也由純粹評畫，變成兼論畫人的修養。解讀詩文需要「知人論世」，既然繪畫和文學已然相通，從認識畫家本人入手，進一步瞭解他們的作品，是順理成章的。蘇軾提出「士人畫」論為繪畫帶來的積極意義，遠遠超過給文學的增益。王灼認為蘇軾開創的詞風革新，給小詞「指出向上一路，新天下耳目」〔註48〕，我以為蘇軾倡導的「士人畫」論，對繪畫亦有同等重要的貢獻。

〔註48〕　《碧雞漫志校正》卷二，巴蜀書店 2000 年，37 頁。

第六章 「士人畫」在元明的實踐和發展

　　蘇軾的「士人畫」論在北宋萌芽後，在南宋著實受到相當熱烈的繼承。進入元明兩代，出現兩個方向不同的發展。一方面是大量士人參與繪畫創作，他們的繪畫成就超卓，佔據了畫壇的重要地位，而且他們將生活融入畫作，甚至有以賣畫為生。另一方面，文人畫家在實踐的過程中，對原來「士人畫」的論述和理解產生了新的想法，他們在一些方面作了調較，還加入新內容，甚至把名稱和重點都轉變了，把「士人畫」推向了一個更純粹卻又不免有點偏狹的方向。雖然如此，「士人畫」畢竟有向前發展的動力，開創了後世蓬勃的生機。在這一章，我們先討論文人在明清兩朝的繪畫創作活動，至於「士人畫」論的深究和演變，就留到下一章。

第一節　「士人畫」在元代的繼承

（一）趙孟頫在「士人畫」的實踐

　　元朝的國祚雖然不長，但在文學和藝術方面都起了承先啓後的作用。能書善畫的不能不說趙孟頫。趙孟頫以宋宗室的身份入朝仕元，雖然受到部份思想偏狹的人非議，但他超卓的書畫造詣，著實為藝壇增添不少光輝。他的書法出自二王，圓渾流暢，而且功課甚勤，作品繁多。雖有過於婉媚的評語，仍不失為一代宗師。

　　繪畫作品方面亦非常豐富，而且題材廣泛。楊載稱道「他人畫山水、竹石、人馬、花鳥，優於此或劣於彼。公悉造其微，窮其天趣，至得意處，不

減古入」〔註1〕趙孟頫早期作品以人物鞍馬爲多，周密《雲煙過眼錄》卷二記載，趙孟頫父親的藏品主要是韓滉、宋徽宗、黃筌、易元吉、孫知微、崔白、石恪等畫家的人物及花鳥畫，沒有他理想中的晉唐名品，尤其是山水畫。因此，他自己曾以此爲憾：

> 僕自幼小學書之餘，時時戲弄小筆，然於山水獨不能工。蓋自唐以來，如王右丞大小李將軍鄭廣文諸公奇絕之跡，不能一二見。至五代荊關董范輩出，皆與近世筆意遼絕。僕所作者，雖未敢與古人比，然視近世畫手，則自謂少異耳。 《雙松平遠圖自題》〔註2〕

這情況一直要等到趙孟頫北上仕元時才有改變。這時候，他有機會接觸他心目中的唐宋名跡，十年後離京南歸，還帶回一批重要山水作品，有王維、李思訓、董源、孫知微、李成和王詵的，由此促成他後期一些重要的傳世山水作品如《鵲華秋色》、《洞庭東山圖》和《水村圖》等。這些作品，擺脫了北宋山水那種想像中的高山大壑，和南宋缺乏生氣的「殘山剩水」的窠臼，而是直接寫生取景。用筆更是上溯董源王維，盡去宋人筆意。

《鵲華秋色圖》現藏臺北故官博物院，寫的是山東濟南「鵲山」和「華不注峰」的實景。

> 公謹父，齊人也。余通守齊州，罷官來歸，爲公謹説齊之山川，獨華不注最知名，見於《左氏》，而其狀又峻峭特立，有足奇者，乃爲作此圖。其東則鵲山也，命曰《鵲華秋色》云。

《題鵲華秋色圖》〔註3〕

按趙孟頫的題識，此畫是他從濟南罷官回湖州，爲原籍濟南而流寓湖州的好友周密寫的。此圖採用平遠法，疏林、沼澤、淺灘、茅屋，錯落有致。鵲山和華不注峰則分處東西兩側。一眼看去，空曠而遼闊，令人身心舒暢、開拓，而沒有高山險峰、壁立千仞的壓逼感。董其昌對此畫是愛不釋手，一再題跋，有曰：

> 吳興此圖兼右丞北苑二家畫法，有唐人之致去其纖，有北宋之雄去其獷，故曰師法舍短。亦如書家，以肖古人不能變體爲奴也。

《鵲華秋色圖·董跋》〔註4〕

〔註1〕 《大元故翰林學士承旨榮祿大夫知制誥兼修國史趙公行狀》，《趙孟頫集》附錄，浙江出版社 2016 年，516 頁。

〔註2〕 《趙孟頫集》，浙江出版社 2016 年，429 頁。

〔註3〕 《趙孟頫集》，浙江出版社 2016 年，389 頁。

董氏所說，是認為趙孟頫此畫直追董源王維，而董源是學王維的。又說，趙畫能學將唐宋畫家的好處兼收並蓄。王維是董其昌「文人畫」論的源頭，趙孟頫在董的心目中屬於這條脈絡，是非常明顯的。《洞庭東山圖》現藏上海博物館，寫的是太湖東洞庭山實景。畫面舒緩寧靜，皴擦不多，只用輕淡的線條勾勒山的輪廓。董其昌有跋云：「畫洞庭不當繁於樹木，乃以老木緣岸⋯⋯是子昂迥絕宋元處。」〔註5〕沒有深山密林，只有清淡線條，這是實景寫生，絕去宋人作畫習氣的表現。《水村圖》現藏北京故宮，又是平遠結構，行筆枯潤相間，用墨濃淡得宜，近景、中景和遠景分離又相呼應，水天樹石渾然天成，是趙孟頫突破宋人山水的成熟之作，畫面詩意充沛，後人題跋中有以畫境成詩的：

> 當年圖畫知何處，如今身向滄洲住。吾亦愛吾廬，蕓窗幾卷書。
> 青山天際小，目送飛鴻杳。試問釣魚船，蘆花淺水邊。學子陸祖允
> 敬題。　　　　　　　　　　　　　　　　　　　　《水村圖》跋〔註6〕

這情況與蘇軾見到王詵《煙江疊嶂圖》而詩興大發一樣，可見趙孟頫此圖亦是「畫中有詩」。董其昌對此圖亦是愛不釋手，他說：「獨此卷為子昂得意筆，在《鵲華圖》之上。以其蕭散荒率，脫盡董巨窠臼，直接右丞故為難耳。」〔註7〕董其昌三番四次將趙孟頫上接王維，與他刻意遷就其南北宗論不無關係，這點在下一章會討論。事實上，趙孟頫這《水村圖》很能塑造一個給士人想像的隱逸環境，在他之後崇尚隱逸之風的畫家，倒有相當多，無論在構圖、筆墨、意境都類似《水村圖》的作品。

　　趙孟頫的畫，有兩條學習主線，一是上追唐人，一是以大自然為師。前面說到趙孟頫《雙松平遠圖自題》提及，早年沒有機會見到南宋之前的山水畫，一直以此為憾。後來藉著到北方為官，有機會親睹北宋以至唐代的名家作品，因此山水畫有了長足進步。他的畫論經常提及「古意」，例如在《題幼興丘壑》中有言：「予自少小愛畫，得寸縑尺楮，未嘗不命筆模寫。此圖是初傳色時所作，雖筆力未至，但粗有古意。」〔註8〕，在另一場合，又說：「作

〔註4〕 《趙孟頫》，河北教育出版社2004年，54頁。
〔註5〕 《趙孟頫》，河北教育出版社2004年，62頁。
〔註6〕 《趙孟頫畫集》著錄，上海書畫出版社1995年，79頁。
〔註7〕 《趙孟頫》，河北教育出版社2004年，61頁。
〔註8〕 《趙孟頫集》，浙江出版社2016年，431頁。

畫貴有古意，若無古意，雖工無益。今人但知用筆纖細，傅色濃艷，便自稱能手，殊不知古意既虧，百病橫生，豈可觀也？吾所作畫，似乎簡率，然識者知其近古，故以爲佳，此可爲知者道，不爲不知者說也。」〔註9〕這裡更數度提倡「古意」。他之上追古人，並非盲目崇古，而是要擺脫南宋以來刻板的畫風。對於前人的畫風，他是特別讚許王維的。這可以從他幾次題王維的畫時讚歎不已看得出來：

> 王摩詰能詩，更能畫，詩入聖而畫入神。自魏晉及唐變百年，惟君獨振。至是畫家蹊徑陶溶洗刷，無復餘蘊矣。
>
> 《題王摩詰松巖石室圖》〔註10〕

> 清容所得矮本《輞川圖》，迺王摩詰生平第一筆，兼之詩句入禪，字法入妙，而宣和之題爲三絕，眞知言哉！余向僻處寡營，適清容過慰岑寂，並以佳卷索跋，欣喜無已，遂爲書之。
>
> 《題王維詰輞川圖》〔註11〕

> 王摩詰家藍田輞口，所爲臺榭亭坨合有若干處，無不入畫，無不有詩。以此則摩詰之胸次蕭灑，情致高遠，固非塵壤中人所得彷彿也。其圖亦出自摩詰點染，有高本、矮本傳世，此圖乃高本也，較之矮本更勝。後復繫以詩題，種種神妙，世所稱卷中三絕，孰有逾於此者？昔明皇見鄭虔畫題爲三絕，其亦未見此耳，若見此卷，其稱賞又當如何耶？一日太樸危君出示於余，惜余衰邁已甚，而不能悉其旨趣，唯有擊節三歎而已。 《題王摩詰高本輞川圖》〔註12〕

趙孟頫認爲王維是由魏晉入唐百年之間，將畫風提升至新高度的人。他又稱許王維除了畫功了得，也是出色的詩人，而且情致高遠，他選擇輞川爲居所，那裡環境清幽，「無不入畫，無不有詩」，更顯出他胸次蕭灑，具有一般專業畫家沒有的文人素質。這些評語，和蘇軾對王維、文同等「士人」畫家的評語是一樣的。董其昌雖然有意利用趙將他的「南宗」說法遠溯王維，但趙在思想和造詣上追慕王維，是客觀存在的事實。在其他場合，趙孟頫又說「唐人善畫馬者甚眾，而曹韓爲之最。蓋其命意高古，不求形似，所以出

〔註 9〕 《清河書畫舫》，文淵閣四庫全書本，817 冊，413 頁。
〔註10〕 《趙孟頫集》，浙江出版社 2016 年，306 頁。
〔註11〕 《趙孟頫集》，浙江出版社 2016 年，417 頁。
〔註12〕 《趙孟頫集》，浙江出版社 2016 年，417 頁。

眾工之右耳。」〔註13〕「不求形似」，讓畫作留有給人想像的空間，是蘇軾「士人畫」論的重要組成部份。可以看得出來，趙孟頫的畫論，其實是蘇軾「士人畫」論的延續。不過，趙孟頫給「士人畫」論起了個新名字，而且對蘇軾論述的枝節作了些探討，這留待下一章再討論。

趙孟頫的另一學畫門徑是取法大自然。前面所談及的《鵲華秋色》和《洞庭東山圖》都是寫生的，事實上，趙孟頫的畫很大數量是從寫生來的。我們再看下面一些例子：

> 桑苧未成鴻漸隱，丹青聊作虎頭癡。
>
> 久知圖畫非兒戲，到處雲山是我師。
>
> 溪上先人之敝廬，南山秀色照庭除。
>
> 何時共買扁舟去，看釣寒波縮項魚。

《題蒼松疊岫圖》〔註14〕

> 溶溶綠水濃如染，風送落花春幾多？頭白歸來舊池館，閒看魚泳白漚波。延祐三年二月六日，春雨初霽，溪光可人，乘興作《落花游魚圖》，就賦詩其上，殊有清思耳。進之在坐，以為如何？

《落花游魚圖并題》〔註15〕

> 余嘗泛舟溪上，因過下箸，時值杏花盛開，溪邊鸂鶒黃色可愛，恍如徐熙畫中行也。乘興作此，以記歲月云。

《杏花鸂鶒圖并題》〔註16〕

「到處雲山是我師」是直接的夫子自道，說明畫作的材料來自實際環境，而他亦是刻意從寫生取材，以提升自己的畫藝。後面兩個題跋又進一步說明，不只畫作材料，連寫作靈感都是來自實景，於是有「乘興作」之說。細看之下，《蒼松疊岫圖》和《落花游魚圖》還有一個共同之處，就是趙孟頫遇到令他賞心悅目的景色，詩興和畫興大發，於是同時用兩種不同的藝術形式表達出來。前面說的「詩中有畫」和「畫中有詩」是指詩裏有畫境，畫裏有詩意，但都是各自單獨存在的，現在趙孟頫所展現的，卻是兩者合而為一。這兩幀圖和題詩，

〔註13〕 《題曹霸人馬圖》，湯垕《畫鑑》，《文淵閣四庫全書》本，814冊，422頁。

〔註14〕 《趙孟頫集》浙江出版社2016年，143頁。

〔註15〕 《趙孟頫集》浙江出版社2016年，411頁。

〔註16〕 《趙孟頫集》浙江出版社2016年，401頁。

並不是個別的例子，在趙孟頫的作品裏面，還存在不少這樣的例子，如《題松下聽琴圖》、《題西谿圖贈鮮于伯幾》等。趙孟頫是百份之一百的文人，又是一個很有才華的畫家，他以文人身份參與繪畫創作，自然滲入文人思致，這種文人思致，不獨表現在畫功，更具體的以詩的形式同時呈現在畫面上。

趙孟頫是在蘇軾提出「士人畫」論之後，第一個同時在理論和創作上思考和實踐的人，起了承先啓後的重要作用，而且因為身份地位關係，對後世影響很大。他對「士人畫」的論述有過深入的探討，這點留待下一章討論。他在「士人畫」的實踐方面，開啓了元代後期四家的面貌，進一步確立「士人畫」的發展趨勢。

（二）「元四家」的貢獻

「元四家」是指四位元代的重要畫家，他們對元代畫壇，以至於元代以後的繪畫發展，起了重大影響。這些畫家，雖然沒有形成流派，但他們的畫風展示了對前人的繼承，加入個人對社會現狀的回應，形成一種新風格。他們風格不盡相同，但又有在某方面顯出其一致性。這些風格繼續往前申延，再影響後來的畫家。有趣的是，「元四家」的名位開始時並沒有統一的說法，要經歷一段時間，才固定下來。元末倪瓚推崇高克恭、趙孟頫、黃公望和王蒙。到了明代中期的何良俊，他將黃公望、王蒙、倪瓚和吳鎮列為四大家。他說：「蓋子久（黃公望）叔明（王蒙）仲圭（吳鎮）皆宗董巨，而雲林（倪瓚）專學荊關。黃之蒼古，倪之簡遠，王之秀潤，吳之深邃。四家之畫，其經營位置氣韻生動無不畢具，正所謂六法兼備者也。」〔註17〕何良俊沒有忽略趙孟頫，而是把趙孟頫和高克恭置於《元四家》之上，認為他們兩人「神韻最高，能洗去宋院體之習。」〔註18〕稍後的王世貞在《藝苑卮言》則說：「趙松雪孟頫、梅道人吳鎮仲圭、大癡道人黃公望子久、黃鶴山樵王蒙叔明，元四大家也。」〔註19〕後來屠龍的《畫箋》也沿用這個說法。直到後來董其昌在《畫禪室隨筆》這樣說：「文人之畫，自王右丞始……直至元四大家、黃子久、王叔明、倪元鎮、王仲圭，皆傳其正。」〔註20〕自此以後，「元四家」的

〔註17〕《何良俊四友齋叢說》卷二十九《畫二》，中華書局 2007 年月，263 頁。
〔註18〕《何良俊四友齋叢說》卷二十九《畫二》，中華書局 2007 年月，263 頁。
〔註19〕《藝苑卮言》，《中國歷代畫論選》，湖南美術出版社 2007 年版下冊，56 頁。
〔註20〕《畫禪室隨筆》，江蘇教育出版社 205 年版，151 頁。

名位就依董其昌的分配敲定。這裡只在討論「元四家」對「士人畫」的傳承和影響，就跟隨後世已接納的董說，以黃、王、倪、吳為研究對象。

（1）出處行藏

《元四家》以黃公望最年長，然後依次是吳鎮、倪瓚、王蒙。四人可以分為兩代，黃公望和吳鎮只相差十一歲，是同一代。倪瓚、王蒙相差兩年，但和黃公望就相差三十多歲，屬下一代人。元初不行科舉，至仁宗朝才復行，但每次只取錄數十人，由科舉入仕這條路基本上行不通，只能靠關係和引薦。而且，元政權規定漢人當官必須從低級的「吏」開始，到達一定年齡才根據辦事能力決定是否分派，而對原本在南宋治下的「南人」更特別歧視，因此這些人在社會向上流動的機會就更低。黃公望是常熟人，吳鎮是嘉興人，倪瓚是無錫人、王蒙則屬吳縣，四人都是當時被歧視的「南人」，直接受到政府不公平待遇的擠壓。黃公望曾短暫為官，王蒙雖曾力圖出仕，最後亦徒然，吳鎮和倪瓚就一早和仕途絕緣。

黃公望自幼父母雙亡，被同里黃家收養。雖然他年青時就有做官的想法，因為科舉未行，只能等待機會被人吸納引薦。他一直等到中年才得到徐琰的引薦，在浙西廉訪司充當書吏，後來又到大都，在御史臺下屬的察院當書吏。他當時的上司張閭平章，被派往江南辦事，但因貪贓枉法被治罪，黃公望亦因此受到牽連下獄，出獄時年近半百。黃公望終於對仕途死了心，加入全真教做道士，以授畫和占卜為生，過著雲遊四海的生活，終日與山水為友。這時候，黃公望才開始過他理想中的生活，隨了奉行全真教的教條，與張三丰、冷啓敬等道長，宣揚全真教義。另一方面就是過著與山林和繪畫為寄託的隱逸生活。李日華《六研齋筆記》記載：「陳郡丞嘗謂余言，黃子久終日只在荒山亂石叢木深篠中坐，意態忽忽，人不測其所為，又每往泖中通海處看急流轟浪，雖風雨驟至，雖水怪悲詫而不顧。」〔註21〕姜紹書《無聲詩史》戴表元寫的黃公望像贊，最能概括黃公望後半生的生活：

> 身有百世之憂，家無儋石之儲。蓋其俠似燕趙劍客，其達似晉宋酒徒。至於風雨寒門，呻吟盤礴，欲援筆而著書又將為齊魯之學也。豈尋常畫史也哉。〔註22〕

〔註21〕 《竹懶論畫》，《中國歷代畫論選》下冊，湖南美術出版社2007年版，110頁。
〔註22〕 《無聲詩史》卷一《黃公望》，華東師範大學2009年版，7頁。

黃公望過了三十多年飄逸的生活後，以八十五高齡在杭州離世。

吳鎮是嘉興人（浙江嘉興），祖上做過官，但吳鎮出生時，已由宋入元九年。他性情孤傲，不喜結交權貴，甚至不欲與人來往。他志氣高潔，以梅花自況，住處周圍廣植梅花，自號「梅花道人」和「梅花和尚」。因為孤傲，一直過著隱居式的生活，非常清苦，生計無著落，幸好年青時學過「天人性命之學」，又對理學以至佛道都有研究，於是為人占卜為生，但他的謀生範圍通常只在嘉興附近，只最遠也不過是杭州。他不像黃公望那樣，沒有因為曾經出仕而結交了社會上有地位的人，方便後來的占卜生意，而且交遊也不及黃公望廣闊，甚至活動範圍也遠遠不如黃公望。雖然生活清苦，但是吳鎮仍然不妥協，依舊順著自己的心性生活。他的居處叫「笑俗陋室」，以示不會隨俗。他的畫有了名氣後，他仍然保存自己的個人風格，決不媚俗，寧願人家不喜歡，他是依然故我。他的性格是有點極端，由於終生隱居又少與人接觸，因此歷史上他留下來的資料亦非常有限。他的畫都是自己題的，從內容上絕對可以看他的具體情操。

> 倚雲傍石太縱橫，霜節渾無用世情。
>
> 若有時人問誰筆，橡林一個老書生。 　　　　　《題墨竹》〔註23〕

前兩句雖說是寫竹，不難看出是吳鎮的夫子自道。又如：

> 依村構草亭，端方意象宏。林深禽鳥樂，塵遠竹松清。
>
> 泉石供延賞，琴書悅性情。何當謝凡近，任適慰平生。

> 　　　　　　　　　　　　　　　　　　　　　《題草亭圖》〔註24〕

「何當謝凡近，任適慰平生」，可以想見他是如何自處了。明代嘉興人錢棻把搜集到吳鎮的詩文編成《梅花道人遺墨》收入《四庫全書》。《四庫全書總目提要》這樣概括吳鎮：「鎮以畫傳，初不以文章見重，而抗懷孤往，窮餓不移，胸次既高，吐屬自能拔俗」。〔註25〕

元順帝至元十四年，吳鎮離世，死時七十五歲，雖然比黃公望短十年，也算高壽。

倪瓚是無錫人，祖上幾代皆為隱士。父親和伯父卻很會持家，父親早喪後，倪瓚跟隨兄長，衣食無憂，全心全意讀書作畫、吟詩操琴。根據他自己寫的《述懷詩》，他年青時發憤向學，一心要留名後世。

〔註23〕　《梅花道人遺墨》卷上，文淵閣四庫全書本，1215 冊，501 頁。
〔註24〕　《梅花道人遺墨》卷上，文淵閣四庫全書本，1215 冊，496 頁。
〔註25〕　《四庫全書總目提要》，海南出版社 1999 年 5 月版，872 頁。

勵志務爲學，守義思想貞。閉戶讀書史，出門求友生。

放筆作詞賦，鑒時多評論。白眼視俗物，清言屈時英。

富貴烏足道，所思垂令名。 《述懷》〔註26〕

倪瓚二十三歲那年，一直照顧他生活，讓他無後顧之憂的兄長和嫡母相繼去世，他的生活漸漸起了變的化。雖然還享受著他的書畫珍藏，在他宅內各處建築物招待朋友，但也要爲家裏房產稅租煩惱。從前，這些他心目中繁瑣的塵俗事，是讓他難以接受的折磨。

也許是年青時被兄長寵壞了，更可能是他性格本來如此，大約十年之後，倪瓚終於按奈不住。他決定賣掉家產，和妻子逃離這個被官府雜吏纏得透不過氣的地方，到處流徙。他後來曾經回家，把賸餘的家產賣掉後，又繼續到處飄泊的生活。他的活動範圍主要在蘇州吳江一帶的太湖邊上，來往的有文人、畫家、和尚和道士。這樣逍遙快活的日子，到五十八歲時遇到重大挫折，一直陪伴左右的妻子蔣氏病逝。這個打擊的嚴重性，可從他寫的悼亡詩得知。

幻影夢境是耶非，縹渺風鬟雲霧衣。

一片松間秋月色，夜深惟有鶴來歸。

梅花夜雨耿冰魂，江竹秋風灑淚痕。

天外飛鷺惟見影，忍教埋玉在荒村。

《題寂照蔣君遺像》〔註27〕

從此，隨了飄泊，還有孤苦，年老後的倪瓚，有點思家，卻已無家可歸。

久客懷歸思惘然，松間茆屋女蘿牽。

三杯桃李春風酒，一榻菰蒲夜雨船。

鴻跡偶曾留雪渚，鶴情原只在芝田。

他鄉未若還家樂，綠樹年年叫杜鵑。

《懷歸》〔註28〕

晚年的倪瓚寄寓在江陰親戚家，還身染惡疾。一次，他帶病飲了酒，並寫下令人傷感的絕句：

經旬臥病掩山扉，巖穴潛神似伏龜。

身世浮雲度流水，生涯煮荳燃枯萁。

〔註26〕《清閟閣集》卷一，文淵閣四庫全書本，1220 冊，160 頁。
〔註27〕《清閟閣集》卷七，文淵閣四庫全書本，1220 冊，264 頁。
〔註28〕《清閟閣集》卷五，文淵閣四庫全書本，1220 冊，216 頁。

紅蘊卷碧應無分，白髮悲秋不自支。

莫負樽前今夜月，長吟桂影一伸眉。

《洪武甲寅中秋寓姻親鄔氏病中吟懷》〔註29〕

是年十一月，倪瓚病逝，享年六十八。他的青年時期是幸福的，生活無憂，寄情書畫、文學、撫琴。中年雖然居無定所，畢竟還是過著自己喜歡的生活，文藝和佛道依然不絕，而且因為遊歷豐富，創作靈感亦不會枯竭。晚年喪伴染疾，想結束流徙生活已不可能，十分可憐。

王蒙是趙孟頫的外孫，青少年時已顯得才華出眾，所寫詩文得到「唐人佳句」的美譽。他中年時做過小官，但時值元朝末年，群雄起義，局勢動蕩，他辭去官職，隱居到黃鶴山，作品已自署「黃鶴山人」。但他沒有呆在山中，而是四出走動，訪友和遊歷，會見過「元四家」的另外三人，和倪瓚有比較多的唱和，這可能是年齡比較接近的關係。局勢稍為太平，他就下山活動，風聲緊了，他又回到山上暫避。

張士誠曾經是割據一方的軍閥，而且樂於招賢納士，於是吸引了王蒙的加盟，張士誠後為朱元璋所破。至朱元璋登位，天下稍定，王蒙又出來做官，出知泰安，結識了胡惟庸。後來胡惟庸遭禍，王蒙初不受株連，但最後亦難逃，被逮捕下獄。王蒙時宦時隱，是由於心態並不寧靜。好朋友倪瓚屢次相勸：

……仕祿豈云貴？貝琛非所珍。當希陋巷者，樂道不知貧。

《送王叔明》〔註30〕

野飯魚羹何處無，不將身作繫官奴。

陶朱范蠡逃名姓，那似煙波一釣徒。　　《寄王叔明》〔註31〕

可惜王蒙並沒有拿定主意，終於以七十七高齡鬱死獄中，既無辜，又淒涼。

（2）「元四家」的畫風

從前面對黃公望、吳鎮、倪瓚和王蒙的行止綜述可以看到，他們四人的背景有很多相似之處。他們都生活在現時的浙江和江蘇一帶，是當時的所謂「南人」，處在社會受擠壓的低下階層，向上流動的途徑是艱難甚至凶險的。

〔註29〕　《清閟閣集》卷六，文淵閣四庫全書本，1220 冊，248 頁。

〔註30〕　《清閟閣集》卷三，文淵閣四庫全書本，1220 冊，186 頁。

〔註31〕　《清閟閣集》卷七，文淵閣四庫全書本，1220 冊，259 頁。

黃公望試過卻觸了礁，逃出生天後，他就決意不再踏足了。而是選擇雲遊四海的生活。王蒙是最刻意做官的了，幾次失敗退回山林，還是死心不息躍躍欲試，結果臨老還是被政治牽連而死於獄中。就算是王蒙這麼對仕途不死心，他隱居山林的時間也不短。黃公望後半生完全投入隱居生活，時間就更長了。相比之下，由始至終一直堅持隱居山林，浪遊江湖的吳鎮和倪瓚，就完全是個隱士了，無論是全隱還是半隱，他們的生活環境以至遊歷所見，都是湖光山色，因此，他們的繪畫作品，都集中表現這些在他們生活裏面，眼目所見，心領神會的景物和氛圍。類似的素材，在各人不同天分和性格的鎔鑄下，有不同的表現方式和風格。

黃公望雖然也有類似宋人高山深壑的構圖，但他畢竟是趙孟頫的高足，自然吸收了北宋以至唐人的的多變寫法。尤其是在他開始在杭州、松江、虞山、富春一帶遊歷後，吸收了從寫生得來的養份，用筆多變，畫風亦變得清朗疏蕩，加上道教的薰陶，令他的胸襟飄逸瀟灑，這都反影在他的繪畫藝術上，使他的作品有如抒情詩。他對畫論亦很有研究，著有《寫山水訣》，書中最後告誡後學「作畫大要去邪、甜、俗、賴四個字」〔註32〕。表面上這些只是評審畫作的準則，但細心一想就知道，其實是對畫家個人修養和品味的要求。

吳鎮一生高潔自重，隨了為生活四處賣卜為生外，主要過著隱居生活，只和投契的朋友來往，這些品格都反影在他的作品上面。他作畫是為抒寫懷抱，畫成後自題，不賣畫，更不輕易送畫與人。畫在他看來，和詩歌一樣是抒寫懷抱的工具。他的畫較少繁複構圖，就算是寫大山水，也是比較清朗明快，反影出他的心態澄澈寧靜。他喜作漁父圖，在畫面出現的漁船也只是三兩隻，觀者感受到的並非繁忙的捕魚生活，而是安穩寧靜的漁家生涯。與其他三家比較，他亦較多竹石花卉作品，尤其是竹。以梅竹的高潔自況，已無疑問，這點與北宋文同非常相似，文同在官求隱，吳鎮賣卜求隱，亦有著相當類似的境況。

倪瓚的畫風在四大家之中面目最是清晰和突出，他的畫面構圖和內容簡約，用筆亦力求清淡。他喜歡一河兩岸的構圖，近景疏林亂石，隔著河眺望遠處的雲山，好像要表達畫家對遙遠理想的追求和渴望。有時他會把遠山推

〔註32〕 《寫山水訣》，《中國歷代畫論選》湖南美術出版社 2007 年版下冊，11 頁。

至畫面的頂部，令河水看上去特別遼闊，像要帶出理想遙不可及的意念。倪瓚的畫面通常沒有人，一河兩岸構圖的近景常設有空亭，本來在亭內外加上人，遙望遠景是很適合的，但他總是讓亭子空著。這表現出，他用旁觀者的心態去處理這些畫面。與其他三家相比，倪瓚的作品主觀意念較強，傳遞作者心思的意慾亦較強，為求表達他心中所想，他已不計較所寫的似或不似。他說：「僕之所畫，不過逸筆草草，不求形似，聊以表達自娛耳。」〔註33〕又說：「以中每愛余畫竹，余之竹聊以寫胸中逸氣耳。豈復計較其似與非，葉之繁與疏，枝之斜與直哉！或塗抹之久，他人視以為麻為蘆，僕亦不能強辨為竹，真沒奈覽者何！但不知以中視為何物耳。」〔註34〕

王蒙喜作布局森嚴的深山大壑，用細密的牛毛皴，彎曲多變的線條，層層相疊的山石交織而成。線條的扭曲交疊，營造出似無止境的幽深境界，他展示出與其他三人不一樣的「隱」。他的深山畫境，畫出長期在深山幽居所見，峰巒起伏，山外有山，與遊覽者隔遠觀望的境界顯然不同。

四家的繪畫具體手法雖然有別，但都集中表現他們對隱逸生活的期待和享受，以及漫遊山林湖渚的寫意。四家中只黃公望曾經短暫為官，王蒙雖然徘徊於官與隱之間，但為官的時間並不長。吳鎮和倪瓚是隱逸不仕，長居山林。他們的生活以山林為家，江湖作伴，反映在他們的畫作，是蕭索、疏野、簡率、清冷的山林野趣。他們已脫離了宋人對大自然的客觀摹寫，而是更多加入自己的主觀意念。同樣的隱逸內容，黃公望顯得饒有詩意，吳鎮則清絕有致，倪瓚荒涼冷逸，王蒙深邃幽遠，是他們對隱逸這種生活的感受與體驗，甚至結合人生在世的意義的體會。他們比趙孟頫更向前踏進了一步，趙主要還是對景物的客觀描寫，而他們是有意識的加入主觀元素，從畫作更能想像和瞭解他們的胸襟。由於客觀生活環境的局限，他們的表現方向比較專注於隱逸，但是又明確和有開創性，令他們的風格成為由宋入明的重要轉捩點。

（3）元畫的承傳「士人畫」

元代不設畫院，從事寫畫都是文人，山水畫最能表達畫家的胸襟和氣魄，於是便成了元代畫家的主要表現題材。漢人淪於異族人統治，統治者的政策又刻意擠壓漢人，尤其是原來南宋統治的「南人」，他們流於社會的低下層，

〔註33〕《答張藻仲書》，《清閟閣集》卷十，文淵閣四庫全書本，1220冊，309頁。
〔註34〕《跋畫竹》，《清閟閣集》卷九，文淵閣四庫全書本，1220冊，301頁。

向上升遷無望，於是普遍有逃避的心理，逃避的方法就是「隱」。「夫隱，自閉之義也。古之隱於農、於工、於商、於醫卜、於屠釣，至於博徒、賣漿、抱關吏、酒家保，無乎不在，非特深山之中、蓬蒿之下，然後爲隱。」〔註35〕金代大詩人元好問對「隱」的詮釋就是「逃避」，這是很確切的。趙孟頫和四大家，除了個別曾短暫出仕，「隱」是他們主要生活。隱居之後，山林和江湖生活成了他們的寄託，這些寄託又反映在他們的作品上，包括詩和畫。他們繪畫的隱逸風格就是在這種土壤培養出來。伴隨著「隱」這種風格的，就是飄逸和脫俗，這特點在元畫中很突出。

　　蘇軾「士人畫」論經歷南宋的熱烈討論，到元代仍然備受重視。湯垕在他的《畫論》有以下的。論述：

　　　　今人看畫多取形似，不知古人最以形似爲末節。如李伯時畫人物，吳道子後一人而已，猶不免於形似之失。蓋其妙處，在於筆法氣韻神采，形似末也。東坡先生有詩云：「論畫以形似，見與兒童鄰；作詩必此詩，定非知詩人。」余平生不惟得看畫法於此詩，至於作詩之法亦由此悟。　　　　　　　　　　　　　　　　《畫論》〔註36〕

　　湯垕論形似，直接引蘇軾語。倪瓚也有「僕之所謂畫者，不過逸筆草草，不求形似，聊以自娛耳」〔註37〕之說。黃公望論畫要有士氣，則云「吳妝容易入眼，使墨士氣」〔註38〕，又云「畫一窠一石，當逸墨撇脫，有士人家風，才多便入畫工之流矣」〔註39〕。以士氣論畫明顯是蘇軾「士人畫」論的延續。趙孟頫曾經和錢選討論過「士氣」、「戾家」等與蘇軾「士人畫」論有關的問題，最後更提出「士夫畫」這個意義基本一樣的不同名稱，可見，元人對蘇軾的「士人畫」概念的接受程度。不過，對蘇軾「士人畫」論最有深度的承受，還是將「文人思致」融入繪畫裏面。

　　宋畫崇尚剛健雄厚，尤其是南宋，傑出的山水以深山大壑爲主，元畫轉向柔和平淡，飄逸自由，高度重視筆墨情趣。宋畫注重物境美，以幽壑爲勝，

〔註35〕 《市隱齋記》，《元好問全集》山西古籍出版社2004年版，690頁。
〔註36〕 《畫論》湯垕，《中國歷代畫論選》下冊，湖南美術出版社2007年版，1頁。
〔註37〕 《雲林論畫》，倪瓚，《中國歷代畫論選》下冊，湖南美術出版社2007年版，17頁。
〔註38〕 《寫山水訣》黃公望，《中國歷代畫論選》下冊，湖南美術出版社2007年版，11頁。
〔註39〕 《寫山水訣》黃公望，《中國歷代畫論選》下冊，湖南美術出版社2007年版，11頁。

元畫著重抒寫畫家內心美，人品和內心世界就變得更為重要。這個轉變，實際上是從注重繪畫作品自身的審美，轉向強調畫家素質和「文人思致」，是蘇軾「士人畫」觀念的發展和延續。事實上，經過南宋整體社會的反覆討論和傳播，人們已經普遍接受這個觀念。適逢政權易手，政治和社會等客觀條件造就了像趙孟頫和「元四家」這些文人，他們因避世而「隱」，得以直接長期浸淫在湖光山色裏面，續漸摸索到將「文人思致」更好地融匯到畫面之路。北宋文同也有過這樣的意圖，但時勢、機遇和環境不同，終於沒有達至元人開創的高度。

趙孟頫是寫實的，「元四家」則是寫實加上自己的寄託，但基本上仍是客觀的，以旁觀者的角度欣賞大自然。趙孟頫直接在畫面題上與繪畫內容意境相同又互相呼應的詩，一個場景兩般藝術表現。「元四家」亦繼承了，尤其是吳鎮，經常有洋洋灑灑的題畫篇章。元朝國祚雖短，但繪畫成就和影響卻很大。趙孟頫承傳了唐宋的畫藝，又發揚了蘇軾「士人畫」論，「元四家」則在趙的基礎上再向前邁進一步，將「文人思致」直接輸入畫作，開啓了明代「士人畫」的繁榮。

第二節 「士人畫」在明朝大盛

元朝畫壇最初上承南宋，趙孟頫將風氣扭轉，遠溯唐、五代，開創了「元四家」野逸的新局面。他們的畫風，隨著短命的元季過渡到明朝。在到他們都過世後，畫風又回復到南宋的老路。明代不設畫院，只從各地徵召畫家入朝為宮廷服務，最初授以待詔之類的官職，後來官職變成和錦衣衛掛鉤，使人不禁要聯想到他們是皇帝的鷹犬，令有志之士卻步。另一方面，新朝想營造繁榮氣象，原先「元四家」隱逸荒寒的畫風不再合用，於是甘心為朝廷服務的畫師，都不再以高情遠韻為尚，為了要取悅皇帝，於是慢慢又走回南宋院畫的老路。由趙孟頫引導，「元四家」開創的隱逸畫風遂沈寂下去。這個局面，要等到明中葉「吳門」畫家的出現，才得到改變。

所謂「吳門」，是指一群生活在蘇州的畫家，他們跨越幾個世代，或者有師徒傳承關係，或者是同一家族中的先輩和後代關係，還包括本身不是蘇州人，但師承這些蘇州畫家的，也算得上是廣義的「吳門」畫家。「吳門」畫家眾多，最有代表性的首推世稱「吳門四家」的沈周、唐寅、文徵明和仇英。

一般的看法，沈周是這個群體的先鋒，所謂「吳門畫派」實際上是由他開始的。文徵明是沈周的學生，承傳沈周畫風，大家都無異議。唐寅與文徵明同年生，兩人是好友，但比文早死幾十年。他早年受南宋院畫影響，卻能擺脫院畫的匠氣，而且學養高，也是「吳門畫派」的中堅分子。仇英是民間畫工出身，文才不高，雖然畫藝超卓，但與「吳門四家」另外三位文人兼畫家的身份不同，未能用以說明「士人畫」的「文人思致」，本文不予研究。另一位比「吳門四家」稍後，居住於距離蘇州不遠的徐渭，反而更適合說明「士人畫」在明朝的發展。以下的研究和討論，就主要集中在沈周、唐寅、文徵明和徐渭四人。

（一）畫家的背景

沈周生於宣德二年，祖父沈澄和王蒙是好友，詩文和山水畫都有相當造詣。父親沈恆和伯父沈貞都是畫家，且善詩文，卻和沈周祖父一樣，不願做官。沈周幼承庭訓，很早就接觸繪畫，後來更追隨名師修習詩文繪畫，進步神速，很年青就出了名。沈周還沒到三十歲，蘇州郡守汪滸一心舉薦他為「賢良方正」，對年青的沈周來說，這是一項殊榮。別人應該求之不得的，他卻猶豫不決，於是選擇問卜。結果占得凶卦，他更樂得逃遯。此後，他便安心讀書作畫，雖然住後還有幾次出仕機會，他都一一推掉。

沈周活了八十三年，一生在寫詩和作畫中渡過，詩畫作品都非常豐富。沒有仕途的羈絆，他本可以到處遊歷，但不知何故，他的遊蹤只是圍繞在蘇州附近，以一個自由人來說，無疑有點局促。隨了城中住處，他還在城外築了別業，經常和朋友在此談文說藝。沈周過的是隱居生活，明史將其傳記列「隱逸」部份，但他不是隱居在深山密林，而是在城內，無論外界如何紛擾，他仍是自得其樂，過自己覺得適意的生活。沈周對他的「隱居」生活覺得非常合意的，曾經寫過《市隱》、《耕隱》和《漁隱》詩描述他如何享受這些生活。其中《市隱》一詩最能概括他的體會，我們也可以透過對他的認識，去理解在他之後，文人和畫家是基於甚麼原因，仍然不斷追求和延續這種生活方式。

> 莫言嘉遯獨終南，即此城中住亦甘。
> 浩蕩開門心自靜，滑稽翫世估仍堪。
> 壺公涸世無人識，周令移文好自慚。

酷愛林泉圖上見，生嫌官府酒邊談。

經車過馬嘗無數，埽地焚香日載三。

市脯不教供座客，戶傭還喜走丁男。

簷頭沐髮風初到，樓角攤書月半含。

蝸壁雨深留篆看，燕巢春暖忌僮探。

時來卜肆聽論易，偶見鄰家問養蠶。

爲報山公休薦達，只今雙鬢已氄氄。　　　　　　　　　《市隱》〔註40〕

雖然沈周以詩成名在先，但綜其一生，還是以畫的成就較高，尤其是山水。他雖然年青時受過南宋院畫薰陶，但後來對唐畫和北宋畫下過工夫，尤其是對前朝「元四家」用功特勤，因爲所學博雜，面貌非常豐富，成就亦高。他爲人隨和，對於接受新事物，沒有一般文士的束縛。他畢竟也是個徹頭徹尾的文人，一生詩文創作甚豐，有「石田先生詩鈔」、「石田稿」、「石田詩選」、「石田先生集」、「石田稿」等存世。

沈周在明朝畫壇，起著與趙孟頫對元畫的同樣重要作用，就是承先啓後。趙孟頫扭轉南宋院畫風氣，推崇「古意」，上溯唐、五代和北宋，終於開啓「元四家」隱逸的新局面。沈周也是扭轉在明初死灰復燃的南宋院畫風尙，接續趙孟頫和「元四家」的步伐，於是成就了後來以「吳門畫派」爲領袖的明畫。沈周固然是「吳門」之首，另外三人是他的學生或受過他點撥，因此，無論是輩份或影響，他的地位都是最重要的。

文徵明出生時，沈周已四十四歲。文徵明小時身體狀態很差，椎骨有毛病，以至不能站立。智力開發極遲，還要到七歲才會說話。青年時應府試又以書法不佳被評爲三等。所謂三等，是成績僅可免於責罰，但不能參加鄉試。以這樣的資質開啓人生，後來竟然可以達到這般高成就，眞是難能可貴，中間的努力自不待言。

後來，文徵明下苦功練書法，又跟吳寬習文，三十歲前又隨沈周學畫，由於用功甚勤，詩文書畫均大進。可是他的功名之途還是崎嶇不平。直到五十三歲那年，他已是第十次應試，仍然不第。次年，蘇州巡撫李克試引薦，文徵明到了北京，通過吏部考試，授翰林待詔，參與《武宗實錄》的編修。武宗朱厚照無子，崩後堂弟厚熜繼位爲世宗。此時，因世宗父親獻慶王和孝宗（世宗伯父）誰稱皇考之事，朝廷官員分成兩派，發生劇烈爭執，互相傾

〔註40〕 《沈周集》上海古籍出版社 2013 年版，131 頁。

軋。醜惡和殘酷的宮廷爭鬥，文徵明看在眼裏，已盟去意。此後連續兩年上書乞歸，終於可以回原籍。他只在北京留了三年，參與過編修之類的文書工作，並沒有進入有實權在握的官僚架構。

南歸後，文徵明從此斷了功名的慾望，過著隱居的生活，以賣文和書畫為生。歸隱後的文徵明以蘇州為家，亦不時在附近地方遊歷。《無聲詩史》有如下記載：「先生暇則出一遊近地佳山水，所至奉迎恐後，居閒客過從，焚香煮茗，談古書畫彝鼎，品水石，道吳中耆舊，使人忘返。如是者餘三十年。」〔註41〕文徵明南歸時年五十七，死時九十，中間這三十生，過的就是這般神仙似的生活。

文徵明的畫風和沈周相近，但題材更廣，也有自創性。書法卓然成家，詩文亦有《甫田集》傳世，堪稱一個有成就的藝術家和文學家，他的整體文藝成就甚至超越他的老師沈周。由於晚年特長，又努力耕耘，侮人不倦，門人和後嗣不計其數，成就超著，對建立和發揚「吳門畫派」，居功至偉。

唐寅和文徵明同年生，也是蘇州人，但人生道路的升沉卻和文徵明剛剛相反。唐寅早慧，十六歲那年參加秀才考試，高中第一名「案首」，二十九歲應鄉試又名列第一，稱唐解元，一時名聲大振。文徵明和唐寅相比，只以秀才終其一生，真有天淵之別。唐寅的氣勢如日中天，翌年參加禮部試，卻從此和文徵明互換升沉之勢。唐寅赴考時與江陰大戶之子徐經同行，徐經因賄賂主考官的家僕盜取試題而得罪，唐寅受牽連下獄，出獄後被貶為吏，唐寅恥而不就。從此與仕途絕緣，放浪縱情一生。

唐寅一方面過著放蕩無檢的生活，一方面亦周遊名山大川。正德年初，寧王朱宸濠慕唐寅高名，有意招攬。唐寅在寧王處留了半年，覺得他處事不法，擔心日後會謀反，於是假裝清狂，讓寧王覺得他無大志而遣返。歸家後的唐寅，長居蘇州桃花塢，只以賣畫為生，妻子下堂，生活清苦孤寂，行為越發放任。死時才五十四歲。

唐寅早負盛名，詩文造詣無庸置疑。但科場案遭黜後，性情變得偏激，作品亦多走偏鋒，純粹抒寫胸臆，已不在乎別人觀感。書法走的是二王和趙孟頫的路子，溫婉圓潤，卻沒有文徵明的陽剛氣。整體才藝還是以繪畫最高。他初學南宋院體，但由於才高，沒有受到院畫的過份影響，而能衝破其窠臼，又得到其他畫家的正面影響，於是創出自己的風格。被黜後生活清苦，遊歷

〔註41〕《無聲詩史》卷二《文徵明》，華東師範大學出版社 2009 年版，36 頁。

亦不多，因此他的山水畫沒有沈周和文徵明的氣魄，卻有士人文化生活的題材，也有正面抒發自己胸臆的內容。因為以賣畫為生，因此他的畫題材亦非常廣泛，人物、仕女、花卉、仿古包羅萬有。

徐渭是山陰（浙江紹興）人，距蘇州不遠。出生時，文徵明和唐寅已是五十二歲，兩年後唐寅便離世。徐渭的一生遠比唐寅要坎坷，卻奇蹟地活到七十三歲。徐渭早年中了秀才後，一生沒能考上舉人，這點和文徵明一樣。

徐渭的身世和家庭背景非常複雜。母親是婢女改納為妾，地位僅比純粹婢女好一些。庶母無子，把徐渭當親子看待，這本來是好事，無奈庶母在徐渭十歲那年將其親母賣掉，斷了他的骨肉親情。徐渭比嫡母所生兒子少幾十歲，無論地位和能力，都遠遠不如。到二十歲那年，又作為贅婿搬到妻子家中居住。由出生到成年，過的都是寄人籬下的生活。

從科舉進仕是改善生活和提升社會的唯一階梯。徐渭年少時就顯露過人的天份和才能，但可能是個人性格太強，未能適應講求規範的科場要求。因此，在二十歲考了秀才後，就再沒有寸進。徐渭在浙江當地很有名聲，在三十八歲那年，被胡宗憲邀請加入其帷幕，從事起草文書的工作。因為他只是個窮秀才，因此仍以賓客身份入幕，保存一點尊嚴。徐渭以一介窮秀才出入胡宗憲帷幕，高談闊論，旁若無人，但胡宗憲對他依然非常禮遇。到胡宗憲失寵被罷，徐渭又被李春芳招攬入幕主理文書，但從前在胡府所受到的禮遇已不再，於是憤然離去。不久就患上嚴重精神病。

徐渭病重時，曾以大鐵釘椎入耳竅，臥病數月才復原。他曾數度自殺，沒有死去，又因精神錯亂，懷疑繼室不貞而將她殺死，在獄中囚了七年。入獄後連僅有的秀才功名都被褫奪，到新帝即位，徐渭遇赦出獄時只是一介布衣。這年他已是五十三歲。往後的二十年中，徐渭的文學和書畫創作逐漸攀上高峰。他曾北遊至長城，也曾短暫留京為張元忭處理文字工作，後因與張不合而離去。南歸回鄉後就沒有再離開了。直至七十三歲那年辭世。

徐渭個性孤傲，與世情相勃。他有文學藝術創作的天資，卻無融入俗世的稟性。先天的家庭缺憾加上連串不幸，貫穿他悽慘的一生，卻成就了他光輝的文藝事業。他自謂「吾書第一、詩次之、文又次之、畫又次之」，後世的評論卻並不如此。他的字縱橫肆意，失諸狂野。畫的成就最高，題材以生活所見花木魚蟲為主，筆觸瀟灑，用墨淋漓痛快，且能注入個人情感，實在是

開啓後世「文人畫」的先鋒。他的文學成就亦非常高，詩文自不待言，他還有戲曲創作「四聲猿」和研究南戲的論著「南詞敘錄」，十分全面。

前面所說的沈周、文徵明、唐寅和徐渭，都有一些共通點。封建社會裏，通過科舉踏進仕途，是大部份有識之士的希望，這不僅可以提供揚名立萬的機會，儒家「學而優則仕」的傳統思想，又是他們從小開始讀書就受到的教誨。而社會地位卑微，家境拮据的，更可藉此改善家庭環境。因此，四人飽讀詩書，以科舉攀援仕途是順理成章的事。但他們四人卻因種種原因沒有這樣做，或終於做不成。沈周沒有應過舉，二十八歲時遇一生唯一進仕的機會，也因卜辭不吉而放棄。文徵明屢試不第，受薦入朝又厭惡宮廷爭鬥而回。唐寅頭角崢嶸，卻受舞弊案與仕途絕緣。徐渭亦屢試屢敗，終因精神問題停輟，短暫入胡宗憲幕勉強算和仕途有點關連。他們都沒有像樣的功名，更遑論仕途。

選擇或接受現實，定了生活方向後他們都選擇回鄉居住。文徵明有幾年在北京當官，徐渭亦曾遠遊長城。除此之外，他們四人的遊歷主要還是在居住地附近，幸好蘇州和山陰位處山明水秀的江南，怡人風景隨處可見，但深山大壑就欠奉了。他們過的是隱居生活，但和「元四家」不同，黃公望、倪瓚是到處爲家，吳鎮選擇閉門幽居，王蒙是時而深山、時而鬧市。沈周、文徵明、唐寅和徐渭卻是選擇了「大隱隱於市」，乾脆就住在城裏，過著和一般老百姓無異的生活。但他們堅持自己的喜好和生活方式，沒有因爲身處鬧市而放棄或扭曲自己的性情。這點可能和明代的已發展起來的商業社會有關，書畫、文字作品已變成可賣錢的商品，沈周和文徵明的家境較充裕，但仍然賣畫，唐寅和徐渭家境清貧，賣畫是維持生活的必要行爲。和一般百姓同住鬧市，可方便求畫的買家，他們沒有條件走「元四家」的路。

他們四人除了是大畫家，也是出色的文學家，甚至本來以文成名，後來才被繪畫成就蓋過。蘇軾所推舉有「文人思致」的王維和文同，本身也是文人兼畫家，但他們二人都是「仕」，雖然兼擅繪事，到底不是專業畫家，能夠在畫中添上「文人思致」，已是難能可貴的了。趙孟頫和「元四家」雖有短暫爲官，大部份時間是閒居，遊歷和隱逸，過著「無業」的文人生活。沈周、文徵明、唐寅和徐渭，過的也是類此「元四家」生活模式，詩文和書畫是他們生活的大部份。可以說，「元四家」和沈、文、唐、徐四人，其生活模式，具有比王維和文同更具符合蘇軾描述「士人畫」家的條件。

（二）捨棄荒寒，多生活情調

「元四家」的隱逸生活是遠離俗世的，他們活動在湖光山色中間，所見的是山林高壑，偶然接觸的也是村夫野老，與人交往的機會相對少。出現在他們畫中的素材，往往只有風景，房屋都少，更遑論人物。吳鎮好作漁父圖，畫面會出現一兩個漁翁，已是很熱鬧的了。至於能反影他們日常生活素材，就比較少了，這是他們的生活方式和環境造成的。由於他們寫畫都是為了自娛和抒發情感，而當時還沒有形成賣畫的風氣，他們盡可盡情按照自己的性情和志趣作畫。

沈周、文徵明、唐寅和徐渭他們就有點不同，明中葉後，社會的商品經濟已相對活躍，書畫已變成可以賣錢的工具。沈周和文徵明的經濟還好些，唐寅和徐渭就要完全靠賣畫為生。江南的生活較為富庶，文化氣息亦相對較高，對書畫這種觀賞性的商品需求亦較大。他們聚居於此，因為市場大，買賣方便，有利於他們謀生。書畫由純粹藝術品變成同時可以買賣的商品，其內容和題材無可避免要向市場作出妥協。「吳門」畫家繞過明初的南宋院畫風氣，上接「元四家」，但「元四家」最突出的野逸和荒寒風格，他們卻沒有繼承。

沈周的「西山雨觀圖」寫的是西山區雨後的景色。蘇州附近有西山區，從前要乘船前往，年前修了長堤，汽車可以直達。沈周住在蘇州城，此圖寫的很可能就是這個西山。此畫筆墨淋漓，雨後雲煙繚繞，雖然畫中沒有入跡，但雨後萬物滋潤，生機勃發，絕無半點荒寒的感覺。「湖山佳趣圖」寫江面景色，中間有三數漁人和一群野鳥略作點綴，所佔畫面甚小，毫不起眼，畫幅其餘部份只見山石流水。就是沒有漁人和野鳥，畫面已不覺荒寒，有了人和鳥，更覺有生氣。「秋梧晤舊圖」是直幅，畫面的大部份是高山深壑，有點像王蒙，近中間有空亭小屋，這又像倪瓚。然而，點葉茂密，不像倪瓚的荒寒。最下端還有二人屋內對坐晤舊點題，生氣頓出。沈周又有「策杖行吟圖」，也是直幅。畫面是典型倪瓚的一河兩岸構圖，遠岸嶙峋山石，近岸淺坡空亭配三株葉子零落的雜樹。如果是倪瓚，畫已寫完了，但沈周沒有跌入倪瓚的窠臼。他點葉的筆觸不像倪瓚的披離，而是較為圓潤，因此看上去氣氛比較暖和。最重要是他在岸邊加上一人持杖覓句，生氣就現了，完全擺脫了倪瓚的荒寒氣氛。沈周其他一些類似倪瓚構圖的畫面，都有同樣安排，例如：「扁舟詩思圖軸」、「詩畫冊之三」、「苔石圖軸」等都是。

　　文徵明山林畫的氣氛比沈周的還要暖和，連接近倪瓚的構圖都不易找到。「江南春詞圖」不是簡單的一河兩岸，而是圍繞河岸作多角度的描寫，左方有局部類似倪瓚的岸邊空亭，但河的對岸不是荒山，而是村落，有田疇和花林。畫面中部有河邊長堤，供人休憩的大亭，附近有往來遊人，一派春遊景象，絕不類「元四家」筆下蕭索的荒郊。可見文徵明取景的角度、構思和下筆時的心情也不一樣。另一幅「江南春圖」近岸有類似倪瓚的安排，是淺灘配幾株雜樹，但樹葉用筆圓潤，樹幹亦紋理清晰，絕不披離。不寫空亭，而是寫小舟，舟中除船家外還有客人。中景是茂密樹叢藏著小屋，伴著河邊柳樹。再遠處才是岸和山。構圖有近「元四家」倪瓚的風格，但又刻意打破，原來的荒寒蕭索氣氛變得生機勃勃。文徵明又有「秋聲賦圖卷」，「秋聲賦」是歐陽修寫秋天「砭人肌骨」的蕭殺之氣，將之入畫，一幅蕭條荒寒的作品可以期待，但文徵明不這樣寫。畫面的重心在右半，茅屋被樹木團團圍住，樹葉雖然有點疏落，但沒全落，還相當青蔥。屋內主人長袍接地，袖手而坐，童子在一角，似在聽從主人吩咐，準備外出探究「秋聲」何來。畫的左方是河，祇遠處有山石，看來一片空濛。畫面無論構圖和著色，完全沒有荒寒蕭索的氣氛。

　　唐寅初學南宋院畫，像「元四家」的野逸風格並非他本長，雖然他後來憑高天份擺脫了南宋院畫的束縛，但他畫風的基本格調和氣氛，始終和「元四家」的野逸有距離。他有直幅「步溪圖」，全畫以山和樹為主體，尤其是山石。由近景的石山，路引出石橋，過橋續行是一片疏林，後面是崇山峻嶺。看來是寫秋景，但點葉尚算茂盛，未見太疏落，主人在前，童子在後。雖則有點冷清，卻不至於荒寒。「幽人燕坐圖」的主體在畫的下半部，空亭在山腰，反而岸邊較大的休憩亭有人端坐，畫的上半是崇山峻嶺，被煙霧圍繞。與沈周和文徵明相比，唐寅的山水畫明顯多高山巨壑，皴法和勾線都十分著意，石山造型誇張，遠景的山勢異常高聳，樹木描寫亦十分細緻，這是院畫的習氣。唐寅也有這些習氣，但他也和沈周文徵明一樣，畫面構圖比較熱鬧，有生機。這都表現在他處理樹和葉時，用筆小心圓潤，他是院畫出身，披離放任的行筆方法，自然不是他的本色。他的畫面構圖亦盡量避免單調枯燥，而是樹木交疊，線條繁複，看上去就覺得豐富和茂盛，這又是院畫的特色。因此唐寅的山水畫，風格是絕不會令人產生荒寒野逸的感覺。

　　「吳門」沈周、文徵明和唐寅除了沒有繼承「元四家」的野逸荒寒畫風，還加入了一般日常生活的趣味描寫。沈周「桂花書屋圖」寫山中桂花叢中的書屋，門前溪水流淌，室內書本堆滿書桌，主人翁閒坐沉思，寫的讀書趣味。「碧山吟被圖卷」是橫向卷軸，主要內容在左方的文會。有文人在室內執筆題詩，另外兩人在傍等待。室外另有人提筆沉吟間，正準備題壁，童子侍候在側，友人在後。寫的是吟詩的文會。「松下聽琴圖軸」是直幅，下方一人在林中面對淙淙流水，撫琴聽泉，仰視遠處高山飛瀑，寫的山間撫琴的情趣。「南山祝語圖卷」，幽靜山居忽然來了客人，是僕人送來一大堆賀禮，似是給主人賀壽來了。「盆菊圖卷」寫一群文士在亭子內飲酒賞菊，亭外各種品種的菊花盛放，美不勝收。「蒼崖高話圖軸」寫溪邊上的平臺，古松參天，兩個老翁琴罷閒談，談到興高采烈處，樂而忘歸。

　　文徵明的「畫溪亭客話圖」寫深山大壑中，溪邊一個平臺上，兩個山翁在茅亭內閒話。「品茶圖」是直幅，畫面的重心在下半，上半只是題詩。溪邊一個平臺上，築起茅亭，四周古木參天，二人在亭內煮茶話舊，離亭不遠處，另一人正在過橋，趕來參與，寫的是品茶聚舊之樂。同樣寫茶會的還有「惠山茶會圖卷」，此圖的重心是左邊圍泉打水煮茶的茅亭，早到的已在品茶，還有幾個趕來赴會。「茂林清泉圖」也是寫溪邊平臺，兩人琴罷閒談。這樣的內容和構圖，在文徵明的畫作經常出現。文徵明喜歡寫文人在野外溪邊閒聚，或者在茅屋內文會、煮茶，或者是往深山探訪舊相識。總而言之，他的畫是極有人情味的。

　　唐寅「東籬賞菊圖」是直幅，二人坐在山石間閒話賞菊，童子在松樹下準備茶點，另一童子在為菊花澆水。近處是巨石，景後是山連山，為的只是加強畫面的深度和層次感。寫的的秋日賞菊話舊，生活氣息濃厚。另一幅「山水」圖軸，也是直幅。畫面最下端溪邊一間茅屋，二人對座話舊。門外古松參天，雲霧繚繞。近景依舊是巨石，遠景也少不了高山。唐寅這樣題畫：「松間草閣倚巖開，巖下幽花遶露臺。誰扣柴扉驚鶴夢，月明千里故人來。」〔註42〕構圖和前面「東籬賞菊圖」有點相似，但寫的是另外一種人情。「竹亭高士圖」的構圖與前面兩畫不同，溪邊林間築有小亭，亭內書案文具俱備，童子正在整理。文士在亭外仰天沉吟，似在覓句。小橋上另一童子在抱琴趕來，為主人完善這個雅興的環境。這裡寫的文人高士的生活情趣。「琴士圖」是橫

〔註42〕　《唐寅》河北教育出版社，2004年版，33頁。

幅，高士在松間撫琴，兩童子侍候在側，稍遠處書案文具已備，另一童子在燒水泡茶。右邊山石和雜樹交錯，左邊遠岸和空濛遠山。構圖和環境與前面幾幅略有不同，但畫意卻相類。寫的都是文人生活情趣。

「吳門」幾位畫家雖然向上承接「元四家」的文人氣息，但明顯沒有繼承他們的野逸和荒寒風格。而是將一般的民間的生活作爲寫畫題材，尤其是文人生活。畫中表現的文會、話舊，撫琴、聽泉、賞花、品茶等活動，不獨是文人的日常生活，更是「吳門」幾位畫家避隱在市內的日常生活。他們都生活在蘇州城內，比「元四家」他們到處遊歷的機會少，或者和趙孟頫比較接近。因此，他們的活動範圍就離不開蘇州城，又可能有賣畫和贈畫的需求，作品產量不能太少，他們沒有像「元四家」那種純粹自娛的創作自由，日常生活就變成垂手可得的現成繪畫素材。沈周有「西山紀遊圖」長卷，根據他本人跋尾，自悔生活於蘇州六十年，但足跡局限，於是僱船放遊西山，於是有此圖。他另有「有竹鄰居圖卷」，卷後題詩曰：

> 水南水北曾稱隱，百里重湖今屬君。
>
> 種樹遠家深蔽日，尋門無處總迷魂。
>
> 魚濂花落閒供釣，梟渚菰荒久待耘。
>
> 我是西鄰不多遠，雞鳴犬吠或相聞。〔註43〕

沈周自覺過的是隱居生活，作畫時，這些隱居生活就成了信手拈來的素材。他們以生活素材寫入畫中，是有其普遍性的。

「元四家」的畫主要是山水，花卉較少。就是寫花卉，也多寫「四君子」的梅蘭菊竹。我們知道，梅蘭菊竹對文人來說是有特殊象徵意義的，文人以此入畫，並不意外。「元四家」很少寫「四君子」以外的花卉。「吳門」畫家就不同，他們的花卉素材非常豐富，沈周有牡丹、葡萄、石榴、辛夷，文徵明以蘭和竹爲主，其他花卉較少。唐寅有芍藥、葵、芙蓉、枇杷。沈周更寫螃蟹、家禽、家畜、貝殼，總之，生活裏可見到的，都可入畫。可見，「吳門」畫家，已不再學「元四家」那樣仰視高山峻嶺，以此爲寄託和追求的目標；而是俯視身邊的一切，抒寫自己能接觸和感受的事物。

（三）從「畫中無我」到「畫中有我」

「吳門」畫家開始將繪畫的素材和目光，從深山鄉郊轉回現實生活，可

〔註43〕 《沈周》河北教育出版社，2003 年版，145 頁。

以分幾個層次。首先是「隱逸」生活的地點轉移回到城市，素材本身已偏向身邊現實生活所見。他們又或以賣畫爲生，或以畫餽贈爲禮，素材又不能過份自主，多多少少要向俗世的喜好靠攏。至於寫身邊所見或經歷的事，有時會以旁觀者的目光來處理，就像「元四家」他們處理遊歷所見或心中所追慕的理想境界一樣。有時，心思多放了，又會讓人感覺到，畫家好像在寫自己似的。最極端的是，畫家得意忘形，乾脆就把自己寫進畫面裏。畫家不一定很明確的表現出來，但從題畫所寫就能體會了。前面引用沈周的「西山紀遊圖」就是明顯「畫中有我」的例子。

沈周的「扁舟詩思」圖軸是直幅，停舟在江邊，主人翁橫棹沉思，題畫詩是：「秋水碧於玉，遠山翠欲浮。高人謝城廓，詩思落扁舟。」〔註44〕這種橫舟覓句，充滿文藝氣息的活動，絕對是「隱居」於蘇州的沈所過的生活，但沈周這次並沒有道明寫的是自己。「山水軸」寫的是雨後景色，主人翁曳杖過溪橋會友，題畫詩只寫畫的表面意境，沈周自己的角色卻不顯露，但後記就不同了：

> 成化丙申（公元一四七六年）四月廿九日，約陪石居吳水部爲虎丘之遊，獨予弗果。明日攜壺追往，而石居已發舟矣。徘徊泉聲松影間，迺有此詩。因吉之求畫，錄填紙空。吉之，石居表弟，亦在遊者。誦余言，使知後期之人之落寞也。
>
> 《山水軸題畫後記》〔註45〕

沈周誤了約，徘徊林間而成詩，後吉之索畫，他便按原詩詩意成畫，題詩後還將此事之始末記下。這是沈周把自己寫入畫中的典型例子。「西山紀遊圖」是橫幅長卷，卷後有長跋：

> 余生育吳會六十年矣，足跡自局，未能裹糧仗劍，以極天下山水之奇觀以自廣。時棹酒船，放遊西山，尋詩採藥，留戀彌日，少厭平生好遊未足之心。歸而追尋其跡，輒放筆想像，一林一溪、一巒一塢，留幾格間自玩。　　　《西山紀遊圖卷跋》〔註46〕

從題記得知，沈周寫的是放遊西山的景色。不過，他並非即時寫生，而是在遊歷西山多次後，回到家中憑記憶將西山景色默寫出來。即使如此，這都是他親身經歷，雖然沒有特定某時某刻的情景，也算得是「畫中有我」。

〔註44〕《沈周》河北教育出版社，2003年版，87頁。
〔註45〕《沈周》河北教育出版社，2003年版，121頁。
〔註46〕《沈周》河北教育出版社，2003年版，129頁。

　　文徵明「酒江陰夜泊圖」是直幅，小舟在密林傍邊停泊。他的題詩寫道：
「孤燈照葉聽寒雨，短棹黏沙待夜潮。客計匆匆茫自失，羈意黯黯坐來消。」
〔註47〕下款為：「庚寅十月之晦，江陰道中遇雨，野泊有懷。」〔註48〕寫的是
舟中避雨的感受，是「畫中有我」之境。「品茶圖」寫主客在溪邊林中小亭品
茶，題詩是：

　　　　碧山深處絕纖埃，面面軒窗對水開。穀雨乍過茶事好，鼎湯初

　　　沸有朋來。嘉靖辛卯山中茶事方盛，陸子傳過訪，遂汲泉煮而品之，

　　　其一段佳話也。　　　　　　　　　　　　　《品茶圖題詩並記》〔註49〕

從題記看得清楚，文徵明寫的是穀雨剛過，和到訪的好友陸子傳煮茶之樂，
把自己同時寫入詩和畫裏面。文徵明又有「石湖清勝圖卷」，石湖是蘇州附近
的地方，風景秀麗，南宋詩人范成大甚至以此地為號，晚歲年年攜家眷遊覽。
文徵明一生也不知遊過多少遍，紀遊詩多不勝數。他曾和一班好友吳次明、
蔡九逵、陳道復等人一齊遊玩，還各自作詩以記。文徵明「石湖清勝圖卷」
左側記年是「壬辰」，那年他是六十三歲。但他遊石湖的詩就太多了，不易將
詩和畫連繫起來。雖然如此，此畫屬於「畫中有我」是不成疑問的了。

　　唐寅的「桐陰清夢圖」構圖非常簡單，但寄意深遠清晰。高士在桐樹的
樹陰下酣睡，本來無甚意義，但細看他的題詩，就知道箇中深意。詩云：

　　　　十里桐陰覆紫苔，先生閒試醉眠來。

　　　　此生已謝功名念，清夢應無到古槐。　　　《題桐陰清夢圖》〔註50〕

唐寅因科場舞弊案受牽連，被貶為吏卻恥而不就，功名之路已絕。後面兩句
清楚交代，這個「已絕功名念」的人，就是他自己了。唐寅生活清苦，只靠
賣畫勉強維持生計，年青時本來前途光明燦爛，卻飛來橫禍，令他滿腔怨憤，
因此他的畫以至題畫詩，不免多所寄託之言。但並非所有內容都如「桐陰清
夢」那麼直接和明顯的。例如「燒藥圖」，畫中一人在山上松樹下指導童子燒
藥，表面上又是沒有深意的，看看他的題詩：

　　　　人來種杏不虛尋，彷彿廬山小逕深。

　　　　常向靜中參大道，不因忙視廢清吟。

〔註47〕　《文徵明》河北教育出版社，2003年版，86頁。
〔註48〕　《文徵明》河北教育出版社，2003年版，86頁。
〔註49〕　《文徵明》河北教育出版社，2003年版，86頁。
〔註50〕　《唐寅》河北教育出版社，2004年版，63頁。

> 願隨雨化三春澤，未許雲開一片心。

> 老我近來多肺疾，好分紫雪掃煩襟。　　　　《燒藥圖題詩》〔註51〕

這樣看來，這詩和圖又是他對自己晚年貧病生活的寫照了。他又有「西州話舊圖」，直幅畫面只有下半是畫，是二人在樹石間的小亭促膝話舊，畫的上半是長長的題詩和記：

> 「醉舞狂歌五十年，花中行樂月中眠。漫勞海內傳名字，誰信腰間沒酒錢。書本自慚稱學者，眾人疑道是神仙。些須做得工夫處，不損胸前一片天。」與西州別幾三十年，偶而見過，因書鄙作並圖請教，病中殊無佳興，草草見意而已。《西州話舊題詩並記》〔註52〕

從題詩及後記可見，詩和畫都是為記述與西州話舊而作，畫中二人是西州和自己，題詩更可看作唐寅的生平概括。「畫中有我」毫無疑問。

　　沈周、文徵明和唐寅不再學「元四家」那樣用旁觀者的角度，仰望大自然的壯麗，以寄託塵世的心靈。他們把身體帶回現世，將目光從深山幽壑移向生活環境附近的湖光山色。他們的繪畫素材裏面，生活氣息逐逐漸增多。生活氣息，包括了他們耳目見聞和親身經歷，更少不了自己的存在。如果從旁觀者的角度去寫，畫中就「無我」，如果把自己也寫進去，就變成「畫中有我」。「畫中有我」是很重要的方向轉變，因為這樣，畫家便將個人感受寫進畫面。最初畫家自身在畫中可能只作為一個陪襯，最多是點題的角色。隨著畫家要表達的思想感情變多變深，這個「畫中有我」的表現也會深化。從上面的例子看，沈周和文徵明的「畫中有我」只是個點題的角色，但唐寅的幾幅畫作，顯然含有更多要表達的心思。他利用畫面把自己的坎坷遭逢，對現實的不滿，和失意落寞心情都表達出來。

（四）詩畫配合、以畫明志

　　歷來有些論述，把詩和畫同時放在畫面，看成是詩畫的配合。甚至有人認為，畫家以書法寫上題畫詩，再加兩個鈐印，就變成詩書畫印四藝的配合。我以為這個看法太偏狹，有嚴重的局限性。將詩和畫、或者是詩書畫印同時放在紙上，那只是藝術的皮相表現，誰都可以這樣做，但不一定能達至互相配合以至相得益彰的效果。要達至良好效，詩和印的內容必須

〔註51〕《唐寅》河北教育出版社，2004 年版，106 頁。
〔註52〕《唐寅》河北教育出版社，2004 年版，158 頁。

能起到一些附加作用，這裡只談詩。首先，詩的內容，不能只是純粹用詩將畫境描述一次，像前面舉的趙孟頫《蒼松疊岫圖》和《落花游魚圖》的題詩，雖則是一景兩藝，但畢竟詩歌只是將畫境復述一遍，對於提升繪畫的感染力，或帶出畫境隱含的意義，或更深的層次，表達畫家的思致胸臆，就尚有欠缺。

沈周「策杖圖軸」是掛幅，近景一人曳杖徐徐向前行，溪邊疏林碎石。中遠景是一大片溪流高山。純粹從畫面看去，此幅是一張類似倪瓚、黃公望的構圖，本身並沒有可以透露的文人思致。但看看題詩：

> 山靜似太古，人情亦澹如。逍遙遣世慮，泉石是安居。
>
> 云白媚崖容，風清筠木虛。笠屐不限我，所適隨丘墟。
>
> 獨行因無伴，微吟韵徐徐。　　　　　　《策杖圖軸題詩》〔註53〕

從題詩看來，畫中主人翁很可能就是沈周自己，題詩更是他自己的夫子自道。繪畫在題詩的點題後，內容頓然豐富起來。不獨只有山水，圖中唯一的人物，也將心意透露出來。《雨意圖軸》寫二人屋內對談，背後山景空濛，墨色蒼潤，一看知是雨景。其他就一無所知了。且看題詩和題記：

> 雨中作畫借濕潤，燈下寫詩消夜長。明日開門春水闊，平湖歸
>
> 去自鳴榔。丁未季冬三日與德徵夜坐，偶值興至，寫此以贈云。
>
> 　　　　　　　　　　　　　《雨意圖軸題詩並記》〔註54〕

題詩和後記將畫作源起交代了，觀者也可從此得知，畫中兩人就是沈周和他的朋友德徵。兩人夜雨對坐吟詩，明日雨過，春江水滿，就要各自歸去。有了詩和題記的幫助，畫面變得溫馨多了。《桐陰樂志圖軸》寫一人岸邊舟中垂釣，河平山靜，氣氛清朗靜穆。畫題是《桐陰樂志》，卻不知樂的是甚麼志。且看題詩：

> 釣竿不是功名具，入手都將萬事輕。
>
> 若便手閒心不及，五湖風月負虛名。　　《題桐陰樂志圖軸》〔註55〕

這樣一來，畫意就明顯了，寫的是漁隱之樂。不獨如此，題詩更將畫面未及表現的都隱括在裏面。手中拿著釣竿，就別去想功名了，若果心中沒有把功名之慾放下，將辜負了大好湖山。畢竟畫面只善於表現眼可見的事物，心中

〔註53〕　《沈周》河北教育出版社，2003年版，110頁。
〔註54〕　《沈周》河北教育出版社，2003年版，124頁。
〔註55〕　《沈周》河北教育出版社，2003年版，208頁。

所想就不好表現了，這時候就得借助題畫詩。不過，中間也有特定條件，就是畫和詩必須表達有關連的意境和胸臆，否則就會格格不入。沈周這題詩實在把畫意更推上一層了。事實上，在沈周之前，畫家已有傾向寫「桐陰」圖，作為向世人宣示不慕榮利的高尚情懷。李日華在《六研齋筆記》有這記載：「元人喜寫桐陰高士圖，子久、叔明、雲林、幼文俱有之，雖景物各布，而一種瀟灑超逸之趣，令人不知人間有利祿事則一也。」〔註56〕到沈周之世，這種表達方式可能已經變成一個文化符號。

　　文徵明《雨餘春樹圖》以青綠山水寫送別，曲溪縈迴，山幽樹綠，二人在岸邊話別，圖畫表達的就只是如此。再看題詩：

　　　雨餘春樹綠陰成，最愛西山向晚晴。

　　　應有人家在山足，隔溪遙見白煙生。　　　《雨餘春樹題詩》〔註57〕

題詩進一步點出送別時的情景，讓觀者多一層想像的層次。但文徵明意猶未足，還補上以下題記：

　　　　余為瀨石寫此圖，前日復來，使補一詩。時瀨石將北上，舟中

　　　讀之，得無尚有天平、靈巖之憶乎。　　　《雨餘春樹題記》〔註58〕

畫和詩，原來是為了讓瀨石在北上時，旅途孤寂，可以想起蘇州城和太湖之間的天平和靈巖二山，以解思鄉之苦。因此，這裡的題詩加上題記所起的作用，就並不是一景雙藝那麼簡單了。

　　唐寅《東籬賞菊圖》寫二人對坐賞菊，童子在澆水和備茶點。畫境只此而已。題詩則道：

　　　滿地風霜菊綻金，醉來還弄不絃琴。

　　　南山多少悠然趣，千載無人會此心。　　　《題東籬賞菊圖》〔註59〕

此詩一出，畫境的層次就提高很多了。除了菊花，唐寅還點出不絃琴和南山意這些極能代表陶淵明歸隱田園的意象符號。觀者可以想像，畫中二人不獨賞菊，還在細嚼陶淵明的思想胸懷。和《東籬賞菊圖》有異曲同工之妙的還有《雪霽看梅圖》，此圖是橫幅，寫一人在山間賞梅，遠近都是梅花，畫面非常吸引，但畫境亦只此而已。但唐寅題詩道：

〔註56〕　《六研齋筆記》三筆卷三，文淵閣四庫全書本，867 冊，702 頁。
〔註57〕　《文徵明》河北教育出版社，2003 年版，24 頁。
〔註58〕　《文徵明》河北教育出版社，2003 年版，24 頁。
〔註59〕　《唐寅》河北教育出版社，2004 年版，8 頁。

梅花爛熳小軒前，鶴氅來看雪霽天。

　誰識一般清意味，江南今復有逋仙。　　　《題雪霽看梅圖》〔註60〕

有了這首詩的點綴，看畫人就不會局限在畫面所見，而是將思緒和林逋「梅妻鶴子」的事蹟連接起來，想起和靖先生的高風亮節，使畫面不獨表現景色，還傳遞了感情，起相得益彰的效果。《秋風紈扇圖》是唐寅的人物畫，寫一婦人抱扇凝望，觀者看不出端倪。題詩是：

　秋來紈扇合收藏，何事佳人重感傷。

　請把世情詳細看，大都誰不逐炎涼。　　　《題秋風紈扇圖》〔註61〕

借團扇秋涼見棄比喻婦人失寵，是古代文學裏面常用的符號，經題詩一點，畫面所傳達的訊息就明顯了。

　用題詩點明或增強畫面傳遞的訊息，明朝畫家是做得非常純熟的。「吳門」諸子既是畫家，又是文人，尤其是個中高手。在完成一幅畫作後，他們都習慣題詩一首，甚至加上題記，令畫作的內容，以至他們作畫的源起和想表達的情思，清楚讓觀者知道。這種習慣，不獨出現於他們的巨幅畫作，就是小幅冊頁，他們也會一畫一詩。例如，沈周的《詩畫冊》、和《無聲之詩圖》，文徵明的《山水冊》都是其中表表者。這種安排，或會收窄部份觀者的想像空間，但在多數情況下，能為畫家帶出更多畫面未能表達的信息。我覺得，這才是詩畫配合的高峰。

　「吳門」畫家把繪畫的目光從深山大壑帶回現實生活，造成畫作素材的轉變。畫家描寫現實生活，又從旁觀者遠觀萬物的角度，變成寫身邊事物，這個轉變免不了會將自己的生活寫入畫面。他們又喜歡在畫面題詩和和題記，將畫面欠缺而又想表達的感情和思想記錄下來。這些轉變加起來，就會令部份畫家多了利用畫面直接抒寫自己的胸臆。沈周和文徵明的遭遇較為平淡，沒有太多的起伏，生活亦比較穩定，過得安穩，因此對現實環境沒有不滿，需要宣洩的懷抱也不多。因此，他們的詩和畫都是閒適和平靜的。唐寅就不同，他蹇於遭遇，生活困厄，滿懷鬱結，不時借詩畫宣洩。

　沈周《水村山塢圖卷》寫一片湖光山色，曲水縈迴，巖曲間有村落，行人曳杖，釣叟漁舟，亭中有人休憩，一片自然閒適的氣象。沈周在畫後有一篇長長的後記：

〔註60〕　《唐寅》河北教育出版社，2004年版，80頁。
〔註61〕　《唐寅》河北教育出版社，2004年版，185頁。

> 右畫一卷水村山塢人家，竹木溪彴，林溪縈紆，映帶若桃源。
> 然觀之便有移家之想，似此世未必無。豈在筆楮間所爲幻跡，以娛
> 人之目耶？嘗讀子厚柳先生愚溪之文，可見也。文與畫無二致。得
> 此卷者，毋直以畫視之。　　　　　　　　　《題水村山塢圖卷》〔註62〕

沈周以《水村山塢圖》寄託他理想中的居住地方，並希望得此圖者，不要純粹用欣賞繪畫的角度去看，因爲這圖過蘊涵他對理想住處的希望。雖然這個寄託十分平凡，畢竟也是詩人畫家的興寄。相良比之下。唐寅畫作的寄託在數量和深度上，就明顯更多了。

　　前面在；「畫中有我」部份提到，唐寅的《桐陰清夢圖》，是直接寄託自己經絕去功名之念的作品，「燒藥圖」則是自道長年受疾病折磨，要時時煎藥保命。與此同時，他也把一腔牢騷同時吐出。他又有《溪山漁隱圖》，題詩云：

> 茶竈魚竿養野心，水田漠漠樹陰陰。
>
> 太平時節英雄懶，湖海無邊草澤深。　　　《題溪山漁隱圖》〔註63〕

畫中沒有明顯表面寫的是自己，但科舉挫折後，他過的就是這種形式的生活，而他亦慣於在題畫時或多或少吐露這些心聲。因此，很有理由相信，裏面含有他的隱喻。他的另一幅《騎驢歸思圖》更出奇。畫面的大局是他的南宋院畫風格，深山大壑中，茂密樹林後藏著羊腸小徑，一人正騎著驢走向山後的小屋，似是歸家。用詩點題畫意，應該可以有很多方向，歸家、訪友、行旅都可以，就是不點明目的，只吟詠崇山峻嶺以歌頌造化之功都可以。他偏偏這樣寫：

> 乞求無得束書歸，依舊騎驢向翠微。
>
> 滿面風霜塵土氣，山妻相對有牛衣。吳郡唐寅詩意圖。
>
> 　　　　　　　　　　　　　　　　《題騎驢歸思圖》〔註64〕

可能唐寅遇過好多次這樣的境況了，成了信手拈來的創作題材。按題記所云，說不定還是先有詩，再因詩成圖。《珊瑚網》記載唐寅有《丹陽景圖》，圖後有題詩八首，記錄他晚年的艱苦生活。詩云：

> 十朝風雨苦昏迷，八口妻孥併告饑。
>
> 信是老天眞戲我，無人來買扇頭詩。

〔註62〕　《沈周》河北教育出版社，2003年版，134頁。
〔註63〕　《唐寅》河北教育出版社，2004年版，130頁。
〔註64〕　《唐寅》河北教育出版社，2004年版，157頁。

書畫詩文總不工，偶然生計在其中。

肯嫌斗粟囊錢少，也濟先生一日窮。

抱膝騰騰一卷書，衣無重褚食無魚。

旁人笑我謀生拙，拙在謀生樂有餘。

白板門扉紅槿籬，比鄰鵝鴨對妻兒。

天然興趣難摹寫，三日無煙不覺饑。

領解皇都第一名，猖披歸臥舊茅衡。

立錐莫笑無餘地，萬里江山筆下生。

青衫白髮老癡頑，筆硯生涯苦食艱。

湖上水田人不要，誰人要我畫中山。

荒村風雨雜鳴雞，燎釜朝廚愧老妻。

謀寫一枝新竹賣，市中筍價賤如泥。

儒生作計太癡呆，業在毛錐與硯臺。

問字昔人皆載酒，寫詩亦望買魚來。　　　　　《題丹陽景圖》〔註65〕

題詩完全是唐寅的生活自述，生活的艱苦已把他壓得透不過氣，他只能偶然自嘲一下，聊以抒發。《丹陽景圖》已不傳，從題詩看來，畫境未必和題詩完全配合，有可能是唐寅借題發揮而已，正如他的《騎驢歸思圖》一樣。但可以推斷，唐寅已習慣於用畫和詩表達自己的感受和抒寫自己的懷抱。

　　胸中有鬱結需要宣洩，就會傾向借詩畫表達。和唐寅情況相類似的還有比他晚出，居住在山陰的徐渭。徐渭較少山水畫，主要寫花卉、鱗介、蟲魚。他作畫非常隨意，並不太在意整體畫面的構圖。畫法方面，用筆變化多端，線條遒勁瀟灑，用墨濃淡枯潤交替襯托，清麗絕俗。畫風方面，則以表現心思和懷抱為主，因此，我們看他的畫，還得特別注意他畫作後面要帶出來的訊息。這點，有時要借助他的題畫詩。他喜歡有長長的畫箋上隨意畫上各種花卉鱗介，又在每段畫面上即興地題上詩句，這些詩句有時只詠所寫物事，有事會加上個人感受，甚至藉此宣洩胸懷。這種寫畫題風格，比他稍前的陳淳已有同樣嘗試，但徐渭更是樂此不疲。其中原因可能是這種方法更適合生性隨意的人，除了無需苦苦經營一幅巨構，這種手法也可以讓畫人隨意題詩抒寫胸臆。

〔註65〕　《唐伯虎全集》，中國美術學院出版社 2002 年版，109 頁。

　　牡丹是徐渭很喜歡寫的花卉。牡丹姿態雍容華貴，色澤嬌艷，適合傅彩渲染，但徐渭偏偏用水墨寫。看看他的題詩：

　　　　膩粉輕黃不用勻，淡煙籠墨弄青春。

　　　　從來國色無妝點，空染胭脂媚俗人。　　　　　　《水墨牡丹》〔註66〕

　　　　墨中遊戲老婆禪，長被參人打一拳。

　　　　沛下胭脂不解染，真無學畫牡丹緣。　　　　　　《牡丹》〔註67〕

　　　　五十八年貧賤身，何曾妄念洛陽春？

　　　　不然豈少胭脂在，富貴花將墨寫神。　　　　　　《牡丹》〔註68〕

除了自嘲不懂傅彩渲染，徐渭表示了不願用顏色討好一般俗人，還說自己甘心過這些簡樸生活，從來沒有大富大貴的念頭。徐渭刻意用水墨描繪在一般俗世眼中嬌艷奪目，象徵富貴的牡丹，又題詩表達自己樂於貧寒的高潔情懷。徐渭對自己堅持用水墨牡丹，也有一番解說：

　　　　　牡丹為富貴花主，光彩奪目，故昔人多以鈎染烘托見長。今以潑墨為之，雖有生意，終不是此花真面目。蓋余本窶人，性與梅竹宜，至榮華富麗，風若馬牛，宜弗相似也。　　《墨牡丹》〔註69〕

　　菊花自陶淵明後，已有了高潔的文化形象，徐渭也愛寫菊，看看他的一些題詩：

　　　　人如鴟酒用花酬，每掃菊花付酒樓。

　　　　昨日重陽風雨惡，酒中又過一年秋。　　　　　　《菊》〔註70〕

　　　　身世渾如泊海舟，關門累月不梳頭。

　　　　東籬蝴蝶閒來往，看寫黃花過一秋。　　　　　　《畫菊》〔註71〕

　　　　經旬不食似蠶眠，更有何心問歲年。

　　　　忽報街頭糕五色，西風重九菊花天。　　　　　　《畫菊》〔註72〕

菊花開在秋天，秋天一般給人韶華已逝，人已老去的感覺，這三首題詩也不例外。老去固然讓人感慨，令徐渭難受的還有艱難的歲月，要收集菊花向酒

〔註66〕　《徐渭集》，中華書局1983年版，852頁。

〔註67〕　《徐渭集》，中華書局1983年版，1299頁。

〔註68〕　《徐渭集》，中華書局1983年版，397頁。

〔註69〕　《徐渭集》，中華書局1983年版，1310頁。

〔註70〕　《徐渭集》，中華書局1983年版，1301頁。

〔註71〕　《徐渭集》，中華書局1983年版，396頁。

〔註72〕　《徐渭集》，中華書局1983年版，396頁。

樓換酒，飢餓無食，蜷縮在家，直到街頭報賣五色糕，才驚覺「佳節又重陽」。
徐渭也喜畫竹：

> 畫成雪竹太蕭騷，掩節埋清折好梢。
>
> 獨有一般差似我，積高千丈恨難消。　　　《雪竹》其三〔註73〕
>
> 萬丈雲間老檜棲，下藏鷹犬在塘西。
>
> 快心獵盡梅林雀，野竹空空雪一枝。　　　《雪竹》其二〔註74〕

前一首寫竹的孤高以自況，後一首寫的就比較複雜，有比較深的隱喻。盧
輔聖先生認為，「雲間老檜」和「下藏鷹犬」暗指陷害徐渭知遇恩人胡宗憲
的雲間籍權臣徐階，「梅林雀」指胡宗憲，而一枝空空雪竹就是徐渭自己了。
〔註75〕

> 老子從來不遇春，未因得失苦生嗔。
>
> 此中滋味難全說，只寫芙蓉贈與人。　　　《芙蓉》〔註76〕
>
> 做啞裝聾苦未能，關心都犯癢和疼。
>
> 仙人何用閒掏耳，事事人間不耐聽。　　　《掏耳圖》〔註77〕

「芙蓉」說自己一生中不曾有機遇，但即使如此，他也是從沒有自怨自艾的。
「掏耳圖」借喻俗世中還有很多事讓人難以接受，如果能像神仙一樣不用理
會人世俗事就好了。

> 兀然有物氣豪粗，莫問年來珠有無。
>
> 養就孤標人不識，時來黃甲獨傳臚。　　　《黃甲傳臚》〔註78〕

「黃甲」是蟹，傳臚是科舉二甲頭名。畫的是蟹，題詩卻藉以諷刺那些靠勢
力和關係而得到功名的人。徐渭才高，但就只是個秀才，得罪入獄後連秀才
也被褫奪。對於功名，他自然有妒恨之心。

> 半生落魄已成翁，獨立書齋嘯晚風。
>
> 筆底明珠無處賣，閒拋閒摘野藤中。　　　《葡萄》〔註79〕

〔註73〕 《徐渭集》，中華書局1983年版，844頁。
〔註74〕 《徐渭集》，中華書局1983年版，844頁。
〔註75〕 《徐渭》，澳門藝術博物館，2006版。
〔註76〕 《徐渭集》，中華書局1983年版，1300頁。
〔註77〕 《徐渭集》，中華書局1983年版，857頁。
〔註78〕 《徐渭集》，中華書局1983年版，1314頁。
〔註79〕 《徐渭集》，中華書局1983年版，401頁。

這首詩徐渭用來題過不只一幅畫，應該是他很稱心的作品。明珠固然指他畫的葡萄，亦暗喻他自己。一身才學，卻無人賞識。半生落魄，只得吟嘯書齋之中。

老夫遊戲墨淋漓，花草都將雜四時。

莫怪畫圖差兩筆，近來天道穀差池。　　　《題四季花卉圖》〔註80〕

花草樹木的榮枯要按時序，不同季節的花木根本不可能同時出現。將四時花草併在一起，是不合畫理的。徐渭這樣做，反映出他把心性放在畫理之上。為了表達他心中所想，他會毫不猶豫地在畫面作出一些別人看來不合常情的處理。換言之，他在乎觀者是否理解他在想甚麼，而不介意觀者是否看清楚他在畫甚麼。從前面徐渭的題畫詩，我們可以看到，他有意識地通過所畫題材和題詩，將自己的思致向觀者表達，表達的內容有的和畫面可能只有一點點關係，而更多他的想法，他是通過題詩向觀者透露的。

從趙孟頫和「元四家」過渡過來，詩畫的配合有所改進，提高了題詩對畫作的輔助和增益功能，使繪畫的意境因題詩的幫助，提高了藝術層次。沈周和文徵明，因為生活相對平靜安穩，經濟條件較好，身體又壯健，他們心中沒有太多鬱結要宣涉。唐寅和徐渭由於命途多舛，生活困厄，疾病纏身，心中有無限的鬱結要宣涉，繪畫除了是他們的生計外，還成為他們的宣涉渠道。有些心結是不容易用畫面表達的，於是他們利用題詩達到此目的。縱然繪畫素材有時會受到買家喜好或要求的限制，他們還是在可能的情況下表達了自己的思致。徐渭比唐寅走得更遠，他的畫作大膽透露自己的心思，有時為了達到這個效果，他甚至不介意以畫意為主導，將畫理放到次要的地位。

（五）蘇軾「士人畫」論的發揚，繪畫文學化

蘇軾「士人畫」論的精粹是「文人思致」，其旁枝包含「詩畫關係」、「形似與神似」、「常形與常理」等審美元素，經過南宋一代人的討論和推廣，已經被文士和畫人接受，成為他們作畫和品畫的金科玉律，然而，南宋人並沒有將這些理論實際應用到繪畫上。元初趙孟頫等人有意扭轉南宋院畫風氣，在繪畫界重提「士人畫」，但他用了一個跟前人不一樣的詞，叫「士夫畫」。趙孟頫的努力沒有白費，他之後便出現了「元四家」，在特定的時勢和條件下，成就了畫壇一個新的里程碑。不過，元畫的成就還不能說是和蘇軾「士人畫」

〔註80〕　《徐渭》，澳門藝術博物館，2006版，8頁。

理論的實踐有太大關係。進入明代，蘇軾的「士人畫」審美元素的理論已是一般文人和畫家的基本認識，應用起來還是得心應手的。例如，文徵明在題他老師沈周的畫時，就這樣說過：

> 由來畫品屬詩人，何況王維發興新。　　《題石田先生畫》〔註81〕

這裡引用了身兼詩人和畫家的王維來恭維自己的老師，又暗喻詩畫相通的道理，以及詩人稟性的本質對畫品的重要影響。在題唐寅的畫時，他又說：

> 知君作畫不是畫，分明詩境但無聲。
>
> 古稱詩畫無彼此，以口傳心還應指。
>
> 　　　　　　　　《次韻題子畏所畫黃茅小景》〔註82〕

他稱讚唐寅的畫是「無聲詩」，這是對他非常崇高的讚美。徐渭曾這樣題畫：

> 世間無事無三昧，老來戲譃塗花卉。
>
> 藤長刺闊臂幾枯，三合茅柴不成醉。
>
> 葫蘆依樣不勝揩，能如造化絕安排，
>
> 不求形似求生韻，根撥皆吾五指栽。
>
> 胡爲乎，區區枝剪而葉裁？君莫猜，墨色淋漓兩撥開。
>
> 　　　　　　《畫百花卷與史甥，題曰漱老譃墨》〔註83〕

徐渭的目光放在另一個蘇軾「士人畫」的審美元素「形似和神似」上面，他更偏離了原來的軌跡，沒有強調「神似」，而是強調「生韻」，算是「神似」的變奏。這點與他偏激和不肯屈從世俗的性格是一致的。從以上可見，明人的確有應用蘇軾「士人畫」論去品評畫藝，但從這些引用例子，卻不能看出他們如何將蘇論付諸實踐。

蘇軾在蘊釀「士人畫」理論時，曾經高度標舉兩人，王維與文同，而部份「士人畫」的核心元素更來自對文同寫竹經驗的總結。王維和文同兩人都兼有文人和畫家身份，有條件在畫作注入「文人思致」。雖然都當官，但沒有和大自然完全脫節，王維在輞川有別業，經常和好友斐迪遊玩唱和其間。文同則閒時總往山中去，住處又廣種竹，一輩子和竹成親密朋友。他們都有爲官生活以外的寄託，使他們所畫的畫，除了有眼見的事物和景致，還有文人想要寄託的懷抱。前面談到元明兩代的，包括趙孟頫、「元四家」、「吳門」沈

〔註81〕　《文徵明集》，上海古籍出版社 1987 年版，61 頁。
〔註82〕　《文徵明集》，上海古籍出版社 1987 年版，61 頁。
〔註83〕　《徐渭集》，中華書局 1983 年版，154 頁。

周、文徵明和唐寅，以至稍後的徐渭，都有相同的特質。他們都兼有文人和畫家雙重身份，生活環境比王維和文同更接近大自然。王維和文同基本上是終身為官，生活上算是比較安穩，沒有太多的懷抱需要宣洩。「元四家」比較憤世嫉俗，對現世有較多不滿，但他們選擇逃避。「吳門」由沈周、文徵明至唐寅和徐渭，他們的怨恨越來越重，透過詩和畫抒寫的懷抱亦越來越多。既有需要寄託和宣洩的懷抱，又有能夠注人「文人思致」的素質，自然就有將蘇軾「士人畫」理論附諸實踐的能力。

「元四家」還沒有以賣畫為生，他們或是花著家族留下的家產，或者以占卜為生，詩畫純粹是文人的寄託和交友的媒介。入明之後，由於商品經濟的迅速發展，書畫已變成可以買賣的商品，落魄文人得以用此技藝謀生。文人樂於或被逼參與這種活動，慢慢的，文人和畫家的界限變得模糊。他們都習慣一畫一詩，樂此不疲，詩和畫的配合進入空前蓬勃的境況。「元四家」喜歡過隱逸山林湖泊的生活，所畫的畫也反映了他們的生活環境和心態，但隱逸本身只是一種生活方式，它本身不是一種畫風，只是這種心態反映在他們的選材和表達方式上面。入明之後，文人選擇了另一種隱逸方式，他們不再逃避山林，而是和城市人住在一起。軀體留在鬧市，但過著自己選擇的閒適生活，他們選擇的是「心隱」，而不是再拘泥於一定要遠離塵世。這個轉變，讓他們更加留意身邊的事物，發現更多蘊藏在日常生活當中的寄託。文同是「寓道於竹」，元人「寓道於山林」，明人是「寓道於日常生活」，這是他們不同的寄託載體，前面所說的唐寅和徐渭就是最明顯的例子。

元明以前的繪畫，主要是寫「眼中所見」，這「眼中所見」是客觀的，見甚麼是甚麼。與之相對的詩，多是寫「心中所想」，這「心中所想」就主觀得多，至少它有觀者的感受。蘇軾讚王維「詩中有畫、畫中有詩」，在另一個層次上看，其實是說王維在繪畫「客觀」所見的景物時，能同時表現「主觀」的思致；在撰寫「主觀」的詩歌時，又同時不忘「客觀」的視角。「士人畫」論要求畫作要有「文人思致」根本就是同一道理。「元四家」遯逸山林，深山大壑、湖光山色是他們眼中所見，是「客觀」的，他們作畫時已暗暗注入心中所想，那是「隱逸者」的心態。四人中以倪瓚表現得是明顯，野逸荒寒的風格最露。其餘三人沒有倪瓚那麼顯露，但「主觀」的「文人思致」還是存在的，因此後世研究「士人畫」的都以「元四家」為重要的轉捩點。踏入明季，畫家在畫面寫入「主觀文人思致」的已逐漸變得普遍。尤其是到唐寅和

徐渭，已從蘇軾推崇的，畫中加入「文人思致」，慢慢變成由「文人思致」做主導，即「以畫明志」，畫面已變成他們抒寫懷抱的工具，和他們的詩歌有著同等重要的地位。至此，文人兼畫家的創作途徑，從「在心爲志，發而爲詩」再向前踏進一步，就是「落紙成畫」。

宋人以詩句命題作畫，只是對畫作的內容起規範作用，並非眞的繪畫「文學化」。明人將繪畫創作提高到與文學同等的地位，切實用創作文學作品的態度看待繪畫，才是眞正的將繪畫「文學化」。

第七章　蘇軾「士人畫」論的演化

　　蘇軾的「士人畫」論自提出以後，在南宋被徹底吸收和消化，南宋人在演繹蘇軾的理論時，還不免有所增補，結果和蘇軾原來的概念並非完全一致。我們在前面已提到，蘇軾提倡把士人的文學思致引用到繪畫上，南宋人在肯定這個說法之外，還進一步把「文」在繪畫的作用提升，鄧椿的《畫繼》更認為「文」是繪畫和欣賞繪畫的必要條件，但這並不是蘇軾「士人畫」觀念的原意，起碼他沒有這樣說過。南宋之後，士人思致對繪畫的影響已是畫人的共識，在這關節上，繪畫的和論畫的基本上已沒有太多的爭論，但也不是完全寂靜的。還有一些畫人闡述了對「士人畫」概念的看法，其中以元朝趙孟頫和明朝董其昌較為重要。不過，他們的角度明顯和蘇軾不同，而且名稱也不一樣，趙孟頫提出「士夫畫」，董其昌則用上「文人畫」的稱呼，後世將三個名稱混為一談，基本上認為「士夫畫」、「文人畫」和蘇軾的「士人畫」指的是同一概念。因為董其昌在明清兩朝書畫界的影響巨大，他提出的「文人畫」稱謂被廣泛接受，不但蓋過趙孟頫的「士夫畫」，甚至取代了蘇軾的「士人畫」。自此以後，「文人畫」的名稱成為「畫中帶有文人之性質，含有文人之趣味，不在畫中考究藝術上之工夫，必須於畫外看出許多文人之感想」[註1] 的畫作統稱，把蘇軾所提出的「士人畫」概念都包涵在內。事實上，蘇軾的「士人畫」概念，與趙孟頫的「士夫畫」及董其昌的「文人畫」在概念上是有分別的，他們的著眼點並不一致。我們在這一章裏會討論。

〔註 1〕陳師曾《文人畫之價值》，《陳師曾畫論》，中國書店 2008 年，167 頁。

第一節　趙孟頫的「士夫畫」論

　　元朝以大都為政治中心，但文化的積澱卻集中在南宋時的京都臨安。南宋院畫風氣和成就一直影響臨安附近地區，趙孟頫生長在吳興（浙江湖州），與臨安接近，自然受到這濃鬱氛圍的感染。元朝國祚雖短，有成就的畫家還能數出幾位，元四家黃公望、王蒙、倪瓚、吳鎮以外，就要算趙孟頫了。書法方面，趙孟頫更可說是獨步書壇，勉強要數，祇能加一個鮮于樞而已。趙孟頫是宋宗室，縱然失節仕元受到非議，但憑藉他在詩文，特別是書畫方面的成就，他的名聲和影響還是很大的。他的書法追慕二王，繪畫初承南宋院畫風格，入元後北上出仕，接觸到金人遠紹北宋的畫風，南歸後反而刻意復古，企圖洗刷南宋院畫的刻板和枯硬。不過，他也不是一味復古，而是倡導繪畫要有「古意」，這點在下面再詳談。由於趙孟頫的卓越成就和特殊身份，他的想法對當代以至明代都有很重要的影響。

　　趙孟頫對「士夫畫」的看法，見於《唐伯虎畫譜》記載他與錢舜舉的一段話：

　　　　趙子昂問錢舜舉曰：「如何是士夫畫？」舜舉答曰：「隸家畫也。」
　　　子昂曰：「然觀之王維、李成、徐熙、李伯時皆士夫之高尚，所畫蓋
　　　與物傳神，盡其妙也。近世作士夫畫者，其謬甚矣。」〔註2〕

但《唐伯虎畫譜》是後人偽託，並非唐寅所纂。書中所載只是抄集坊間舊說，真偽難辨。明朝曹昭的《格古要論》則有如下記載：

　　　　趙子昂問錢舜舉曰：「如何是士夫畫？」舜舉答曰：「隸家畫也。」
　　　子昂曰：「然。余觀唐之王維、宋之李成、郭熙、李伯時，皆高尚士。
　　　夫所畫與物傳神，盡其妙也。近世作士夫畫者，繆甚矣。」〔註3〕

這段對話，除了引述的畫家與《唐伯虎畫譜》所載稍有差異外，其他內容基本上一致。類似的說法，再出現在董其昌的《容臺集》，所記如下：

　　　　趙文敏問畫道於錢舜舉，何以稱士氣？錢曰：隸體耳。畫史能
　　　辨之，即可無翼而飛，不爾便落邪道，愈工愈遠。

　　　　　　　　　　　　　　　　　　　　　　《臥游冊題詞》〔註4〕

〔註2〕《唐伯虎畫譜》卷三，《唐伯虎全集》，北京市中國書店 1991 年，3 頁。
〔註3〕《格古要論》卷上，文淵閣四庫全書本，871 冊，90 頁。
〔註4〕《容臺集》卷三，《四庫全書存目叢書》本，齊魯書社出版社 1997 年，171 冊，342 頁。

雖然三段記載的內容略有出入，但精神卻一致，我們可以看出，趙孟頫心目中的「士夫畫」是如何解讀。趙孟頫同意錢舜舉的說法，認爲「士夫畫」等同「隸家畫」，因此，我們必須先理解何謂「隸家畫」。一般認爲有師承，受過專業訓練，科班出身的專門人才，甚至以此爲職業的叫「行家」。與之相反，沒有受過專門訓練的，不以此爲職業的叫「隸家」，也叫「戾家」或「利家」。據啓功先生的考證，「戾家」一詞，早在漢朝已經出現。〔註5〕直到元代，將「行家」和「戾家」直接比較的評論漸多，可能與戲曲流行有關。明朝何良俊《四友齋叢說》對此有頗詳細的論述：

> 我朝善畫者甚多，若行家當以戴文進爲第一，而吳小仙、杜古狂、周東村其次也。利家則沈石田爲第一，而唐六如、文衡山、陳白陽其次也。〔註6〕

> 衡山本利家，觀其學趙集賢設色與李唐山水小幅皆臻妙，蓋利家而未嘗不行者也。戴文進則單是行耳，終不兼利，此則限於人品耳。〔註7〕

戴進（字文進）和吳偉等人是職業畫家，故曰「行家」，沈周、文徵明等人並非職業畫家，所以是「戾家」。按照何俊良的說法，「行家」和「戾家」雖然是不同行當的畫人，有著他們在獨特環境下培養出來的畫藝和素質，但通過畫人本身的努力，可以達至另外一個行當的造詣。文徵明（衡山）這個「外行人」就是通過學習趙孟頫和李唐，將畫藝提升到足以和「行家」媲美的層次。但是，由於人品的限制，戴文進就不能踰越「行家」樊籬，成不了「利家」，缺乏士氣。那是說，「行家」和「利家」不是互相排斥的兩個族群，而是可以兼融的。

　　回到趙孟頫的說法上，他基本上贊成「士夫畫」等同「隸家畫」的看法，換句話說，就是與科班出身的專業畫人相對，這個看法，和蘇軾將「士人畫」置於「畫工畫」的對立面是一致的，祇是換了名稱而已。他又說，唐宋之高尚士夫所作之畫，「與物傳神」和「盡其妙」，這又和蘇軾倡導繪畫神似重於

〔註5〕啓功《戾家考》，《啓功叢稿・論文卷》，中華書局 2000 年，156 頁。
〔註6〕《四友齋叢說》卷二十九，《續修四庫全書》本，臺灣商務印書館 1981 年，723 頁。
〔註7〕《四友齋叢說》卷二十九，《續修四庫全書》本，臺灣商務印書館 1981 年，724 頁。

形似的「傳神論」脗合。可以說，趙孟頫這裡論述的「士夫畫」概念，實際上是蘇軾「士人畫」論的濃縮版。

趙孟頫直接談論「士夫畫」的話語不多。他本身是個不折不扣的大畫家，山水、人物、鞍馬、竹石等都有很高的造詣，其中山水《鵲華秋色圖》和《紅衣羅漢》圖卷，都是重要的傳世作品。不過他卻不是畫院出身，更非以繪畫為職業。繪畫以外，他更是產量豐富、影響深遠的大書法家，詩文亦有相當成就，本身就是他自己理論裏「隸家」的活生生寫照，他繪畫的畫，就是「士夫畫」。因此，他的繪畫理論，雖然並不是直接談論「士夫畫」，卻基本上體現了他的「士夫畫」觀念，可以作為他「士夫畫」概念的補充。

趙孟頫的繪畫理論裏面非常重要的一點，就是復古。他的復古理論，可見於下面的論述：

> 予自少小愛畫，得寸縑尺楮，未嘗不命筆模寫。此圖是初傅色時所作，雖筆力未至，而粗有古意。邇來鬢髮盡白，畫乃加進，然百事皆懶，欲如昔者作一二圖亦不可得。右之要余再跋，故重書以識之。　　　　　　　　　　　　　　　　《題幼輿丘壑圖》〔註8〕

> 子昂自跋畫卷云：作畫貴有古意，若無古意，雖工無益。但今人但知用筆纖細，傅色濃艷，便自謂能手。殊不知古意既虧，百病橫生，豈可觀也。吾所作畫似乎簡率，然識者知其近古，故以為佳。此可為知者道，不為不知者說也。　　　　　　《清河書畫舫》〔註9〕

從這兩段文字看來，說趙孟頫有仿古傾向是有根據的。《題幼輿丘壑圖》所記是他初習傅色時所作，與再作題跋時「畫乃加進」相比，固然顯得「筆力未至」，但他對於當時已能掌握「古意」，還是沾沾自喜的。《清河書畫舫》所記就更直接了，缺少「古意」，寫得再好也沒用。事實上，趙孟頫的書法也存在復古傾向，《松雪齋續集》跋《定武蘭亭》云：「學書在玩味古人法帖，悉知其用筆之意，乃為有益。」〔註10〕唐代尚法，北宋尚意，南宋基本上沿襲北宋老路，卻缺少有份量的名家如蘇軾、黃庭堅、米芾等人的開拓精神，終於走向衰微。踏入元代，有鑑於書風不振，趙孟頫毅然上溯魏晉風神，以二王為宗，為的是要擺脫當前困局，借助晉人的俊逸洗刷頹風。因此，表面上是

〔註 8〕　《趙氏鐵網珊瑚》卷十二，文淵閣四庫全書本，815 冊，672 頁。
〔註 9〕　《清河書畫舫》卷十下，文淵閣四庫全書本，817 冊，413 頁。
〔註10〕　《趙孟頫集》續集，《趙孟頫集》浙江古籍出版社 1986 年，252 頁。

慕古，卻有更深層的意義在裏面，我們不應該將趙孟頫這個傾向理解為單純的慕古。不獨書法走入困局，繪畫也面對同樣問題。南宋定都臨安後，重新建立了畫院，規模基本上可與北宋徽宗時的畫院媲美，自高宗而後，畫院畫師人數雖有增減，畫師的知名度和創作多超越北宋畫院。另一方面，畫院以外的文人畫家，無論個人素質、作品和知名度上，卻遠遠不及北宋，所以畫院聲勢完全淹蓋畫院以外的文人畫家。可以說，北宋的繪畫主力集中在畫院以外的一批文人，南宋的繪畫主力，卻集中在畫院裏的畫師。一般來說，文人有較高的自覺和思考能力，他們通過反思而引發上進，相反的，畫師較為傾向因襲和守舊。南宋由畫院畫師主導的繪畫，逐漸變得枯燥乏味。入元後，這個格局沒變，尤其是趙孟頫生活的吳興一帶，由於鄰近臨安，受南宋畫院的風氣影響所及，畫風傾向濃麗雕琢，色彩絢爛。北方則稍有不同，他們較為遠離臨安，受畫院風氣的影響較淺，對北宋或以前的藝術品格，有較好的繼承。可看看以下的記載：

> 宋人畫人物，不及唐人遠甚。予（趙孟頫自謂）刻意學唐人，
> 殆欲盡去宋人筆墨。　　　　　　　　　《題幼輿丘壑圖》〔註11〕

> 僕自幼小學書之餘，時時戲弄小筆，然於山水獨不能工。蓋自
> 唐以來，如王右丞大小李將軍鄭廣文諸公奇絕之跡，不能一二見。
> 至五代荊關董范輩出，皆與近世筆意遼絕。僕所作者，雖未敢與古
> 人比，然視近世畫手，則自謂少異耳。　《題雙松平遠圖》〔註12〕

把這兩段文字和前面的引述拼起來讀，就可以知道，趙孟頫說的「古」，其實只是相對於「近世」而說的。所謂「近世」，當指南宋以至趙氏生活的時代，而「古」則是由唐至北宋的一段時期。他之尚古，是要「盡去宋（當指南宋）人筆墨」，上溯唐代，目的是要取法其「筆意」。在趙孟頫生活的年代，王維、李思訓父子等畫家的作品，已難得見，而時間距離較近的，如五代荊浩以至北宋范寬等人的作品，則依然可以得見。趙孟頫認為荊浩和范寬等人的筆意與「近世遼絕」，而自己隱然與之契合，是心感滿意的。

那麼，他所謂的「古意」究竟好在那裏？我們可以參考下面的論述：

〔註11〕趙孟頫《雙松平遠圖》畫跋，《趙孟頫與吳興畫派》，山東美術出版社2005年，24頁。
〔註12〕《趙孟頫畫語錄圖釋》，西泠印社1999年，19頁。

　　　　古人之畫，墨色俱入絹縷，精神迥出，偽者雖極力模仿，粉墨
皆塗於縑素之上，神氣索然。蓋古人筆法圓熟，用意精到，初若率
意，愈看愈佳。今人雖極工致，一覽而意盡矣。

《南村輟耕錄》〔註13〕

這裡說的包括用筆的方法和繪畫風格兩部份，「墨色俱入絹縷」指筆力遒勁，
直透畫絹，這是純粹的繪畫技法。「初若率意，愈看愈佳」顯然沒有「近世」
「用筆纖細」的毛病。今人「一覽而意盡」，就是缺乏「畫外意」，不能做到
蘇軾所謂「得之象外」的效果。再看：

　　　　古人繪理無不精美，及觀長康筆，而知諸家之有作爲矣。此《秋
嶂橫雲》，幽深妙微，殆不似從人間來，惟當局者知之。

《題顧愷之秋嶂橫雲圖》〔註14〕

這裡趙孟頫將目光投向年代更早的顧愷之，「幽深妙微」顯然就是蘇軾畫論裏
文人「思致」的概念。《畫鑑》裏記載一段趙孟頫的題跋，如下：

　　　　趙集賢子昂嘗題云：唐人畫馬者甚眾，而曹韓爲之最。蓋命意
高古，不求形似，所以出眾工之右耳。此卷曹筆無疑，圉人、太僕，
自有一種氣象，非俗人所能知也。　　　《題曹霸人馬圖》〔註15〕

唐朝曹霸和韓幹畫馬「不求形似」，因而超越一般畫工的能力，這完全是蘇軾
「士人畫」「形神論」的觀點。

　　由此觀之，趙孟頫的尚古，並不是盲目的非今，而是有意識的倡導擺脫
「近世」刻畫雕琢的畫風，他所推崇的「古意」，其實遠紹蘇軾的「士人畫」
概念，強調「象外之意」、「文人思致」和不單單追求「形似」。對於趙孟頫的
「復古」口號，我們可以理解爲相當於發生在唐宋兩代的文學復古運動，韓
愈的「古文運動」提倡恢復三代兩漢的簡樸文風，歐陽修等人領導北宋「詩
文革新」運動，以宗唐爲目標，其實都是以復古爲革新，通過向前朝的模仿，
糾正已傾頹的文風。

　　趙孟頫另一個重要的繪畫理論，是「書畫同源」。事實上，書法和繪畫的
共通性，在趙氏之前已有人提及，郭若虛《圖畫見聞志·敘製作楷模》中有
云：「畫衣紋林木，用筆全類於書。」〔註16〕此外張彥遠也曾有此論述：

〔註13〕　《南村輟耕錄》卷十八《敘畫》，中華書局1980年，220頁。
〔註14〕　《趙孟頫集續集》，《趙孟頫集》浙江古籍出版社1986年，256頁。
〔註15〕　湯垕《畫鑑》，《文淵閣四庫全書》本，814冊，422頁。
〔註16〕　《圖畫見聞志》卷一，人民美術出版社2005年，9頁。

　　　昔張芝學崔瑗、杜度草書之法，因而變之，以成今草。書之體
　勢，一筆而成，氣脈連通，隔行不斷。唯王子敬明其深旨，故行首
　之字，往往斷其前行，世上謂之一筆書。其後陸探微亦作一筆畫，
　連綿不斷，故知書畫用筆同法。陸探微精利潤媚，新奇妙絕，名高
　宋代，時無等倫。張僧繇點曳斫拂，依衛夫人筆陣圖，一點一畫，
　別是一巧，鉤戟利劍森森然，又知書畫用筆同矣。國朝吳道玄，古
　今獨步，前不見古人，後無來者，授筆法於張旭，此又知書畫用筆
　同參矣。　　　　　　　　《歷代名畫記·論顧陸張吳用筆》〔註17〕

張彥遠所云，其實沒有搔著癢處，「一筆書」和「一筆畫」指的行筆氣勢連貫，
並非用筆方法，世傳吳道子曾隨張旭學草書，這和他後來在繪畫方面的成就
沒有必然關係，也不見得學過草書就能將用筆方法應用到繪畫上面去，更不
能說明兩者用筆相同之處。這不是說書畫用筆沒有關係，但張彥遠的解說並
不到位。讓我們看看趙孟頫寫的一首題畫詩：

　　石如飛白木如籀，寫竹還應八法通。

　　若也有人能會此，方知書畫本來同。　　《題秀石疏林圖》〔註18〕

畫石頭時用類似飛白的筆法，表現石塊的嶙峋紋理，樹木則用寫籀書的方法，
縱橫交柯，寫竹則需要更廣泛應用書法用筆，趙孟頫的說法無疑是比較具體
的。他還有一篇題柯九思的墨竹畫，如下：

　　　柯九思善寫竹石，嘗自謂得寫幹用篆法，枝用草書法，寫葉用
　八分或用魯公撇筆法，木石用金釵股屋漏痕之遺意。

　　　　　　　　　　　　　　　　　《題柯敬仲墨竹》〔註19〕

按照趙孟頫的記錄，柯九思對書法用筆在繪畫上的應用，和他的看法是相若
的。其實，書法和繪畫既然用上同一工具，其用筆在某些情況下具有相同特
點，是可以想像的。精通畫法的趙孟頫，對各種書體自當瞭如指掌，對這些
書法何時和在何種情況下可以應用到繪畫上，自然比不善書法的更了然於
胸，因此，他這方面的體會，應該比其他不善書法的畫家要深，由他來提出
這個理論，也就不奇怪了。不過，我們可以留意到，這個理論是較為傾向於
繪畫的技法，和文學以至文人思致的關連，就沒有「隸家畫」之說那麼近了。

〔註17〕　《歷代名畫記》卷二，人民美術出版社 2005 年，23 頁。
〔註18〕　《趙孟頫畫語錄圖釋》，西泠印社 1999 年，51 頁。
〔註19〕　《趙孟頫畫語錄圖釋》，西泠印社 1999 年，56 頁。

「書畫同源」以兩種藝術的用具和技法連繫，與「詩畫一律」以思致、內涵和修養將兩者相連，有本質上的不同。前者流於表面，後者則注重思想性的基礎和深度。注重書法行筆在繪畫上的意義和應用，在此之後，陸續有人談論，甚至將書法和繪畫的關係越拉越近。董其昌說：

> 畫無筆跡，非謂其墨淡模糊而無分曉也。正如善書者藏筆鋒，如錐畫沙印印泥耳。書之藏鋒，在於執筆沉著痛快。人能知善書執筆之法，則能知名畫無筆跡之說。故古人如大令，今人如米元章、趙子昂，善書必能善畫，善畫必能善書，其實一事耳。〔註20〕

由書家善藏鋒和隱藏筆跡，到「善書」和「善畫」的必然關係，董其昌這個推論，無疑將書法和繪畫的關係綑綁起來。直到清朝王學浩《山南論畫》，有如下記載：

> 王耕煙云：「有人問如何是士大夫畫？曰：『只一「寫」字盡之。』」此語最爲中肯。字要寫，不要描，畫亦如之，一入摹畫，便爲俗工矣。〔註21〕

王耕煙比董其昌又推前一步，把書法的用筆，等同「士夫畫」。

趙孟頫的「士夫畫」理論，基本上承接蘇軾的「士人畫」概念，他的「尙古」理論，也反映蘇軾「士人畫」概念的組成部份，至於「書畫用筆」的相通，儼然由審美要求的共通，變成純技法的兼容，已逐漸傾向畫法，而遠離文學和「文人思致」了。

第二節　董其昌的「文人畫」論

董其昌和趙孟頫的身份相若，既是書家，又是畫家，而且都在當世享有盛名，對後世有重要影響。對於「士人」或者說是「文人」參與繪畫創作，他們都有繼承蘇軾的論述。董提出「文人畫」概念，自明以後，董的影響至爲巨大，以至「文人畫」的稱謂取代了「士人畫」和「士夫畫」，下面我們將討論董其昌的說法。有一點需要說明，董其昌其實也曾數度間接提及「士人畫」和「士大夫畫」，例如他說過「絕去甜俗，乃爲士氣」，評李昭道一派有「士氣」，又論「士人作畫，當以草隸奇字之法爲之」，甚至讚賞趙大年所畫

〔註20〕 《畫禪室隨筆》，江蘇教育出版社 2005 年，161 頁。
〔註21〕 《山南論畫》，《中國畫論類編》上卷人民美術出版社 2004 年，248 頁。

爲「宋之士大夫畫」，因此，在董其昌的畫論裏面，「士人」和「士大夫」的背景都沒有被忽略。不過，他對這兩個概念沒有明確說明，遠遠不如他對「文人畫」的陳述，所以只能看作這是他採納前人的理論。因此，我們將「士人畫」論歸屬蘇軾，將「士夫畫」論歸屬趙孟頫，只將「文人畫」論歸屬董其昌。

（一）「文人畫」概念

　　董其昌在《畫禪室隨筆》有兩段重要而影響深遠的話，錄之如下：

　　　文人之畫，自王右丞始。其後董源、僧巨然、李成、范寬爲嫡子。李龍眠、王晉卿、米南宮，及虎兒，皆從董、巨得來。直至元四大家黃子久、王叔明、倪元鎮、吳仲圭，皆其正傳。吾朝文、沈又遙接衣　。若馬、夏及李唐、劉松年，又是李大將軍之派，非吾曹易學也。〔註22〕

　　　禪家有南北二宗，唐時始分。畫之南北二宗，亦唐時分也，但其人非南北耳。北宗則李思訓父子著色山水，流傳而爲宋之趙幹、趙伯駒、伯驌以至馬、夏輩。南宗則王摩詰始用渲淡，一變鉤斫之法，其傳爲張璪、荊、關、郭忠恕、董、巨、米家父子以至元之四大家。亦如六祖之後，有馬駒、雲門、臨濟兒孫之盛，而北宗微矣。要之摩詰所謂「雲峰石跡，迥出天機。筆意縱橫，參乎造化」者。東坡贊吳道子王維畫壁亦云：「吾於維也無間言。」知言哉。〔註23〕

第一段開宗明義說明文人畫的源頭是王維，然後如目見耳聞一樣，將唐以後經歷五代、宋元以至明朝董其昌當世，他認爲屬於此係的都歸爲王維「文人畫」派的繼承者。同時又將他認爲不屬「文人畫」的畫家歸入另外一個系統，由唐朝李思訓統領。第二段說話將畫派分南北二宗，南宗由王維統領，北宗歸屬李思訓，依舊將五代以後的畫家，按照他的主觀理解，分別派入二宗。本來第一段意在分辨「文人畫」和「非文人畫」，第二段分辨「南北二宗」，兩者是沒有直接關係的。不過，稍爲留意就可察覺，「文人畫」系統裏面的畫家和「南宗」畫家幾乎一致，而「非文人畫」系統的畫家則與「北宗」畫家大致重疊。由此可知，董其昌這兩段說話其實是二而一，只是說法上稍有差

〔註22〕　《畫禪室隨筆》江蘇教育出版社 2005 年，151 頁。
〔註23〕　《畫禪室隨筆》江蘇教育出版社 2005 年，158 頁。

異,「南宗」等同「文人畫」,而「北宗」不屬於「文人畫」,就非常明顯了。「文人畫」論本來是說明畫風的,「南北宗」則只是個分類,但董其昌卻在分辨「南北宗」後稍爲加以說明。「南北宗」一條的文字又見於莫是龍《畫說》,因此究竟兩人之中誰是這個理論的原創,就不好分辨了,學術界至今還沒有定論。不過,基於董其昌對這個說法的相關論述和發揮較多,這些論說文字又同時出現在董其昌的其他集子如《容臺集》、《畫眼》和《畫旨》,很多學者都認爲是誤收入莫是龍的集子裏,啓功先生就同意這個說法﹝註24﹞,因此,我們暫時還是將董其昌定爲原創。

董其昌上述的一番話給後世帶出兩個問題,首先是「文人畫」的性質和特徵問題。他的「文人畫」說法,明顯是承接蘇軾「士人畫」和趙孟頫「士夫畫」而來的,前面已分析過,蘇軾「士人畫」論的主要貢獻在於將繪畫與文學的血脈接上,趙孟頫的「士夫畫」論基本上與蘇軾的「士人畫」論一致,只是稍爲增加一點繪畫的技法元素。董其昌提出的「文人畫」到底有何特徵,他反而沒有說明。與董其昌同時代的陳繼儒亦有倡導「南北宗」的言論,不知兩人是誰影響誰。陳繼儒有一番話,頗能道出「南宗」的文人畫特質,或可幫助我們理解董其昌的原意:

> 山水畫自唐始變,蓋有兩宗,李思訓、王維是也。李之傳爲宋王詵、郭熙、張擇端、趙伯駒、伯驌以及李唐、劉松年、馬遠、夏珪皆李派。王之傳爲荊浩、關仝,李成、李公麟、范寬、董源、巨然以及燕肅、趙令穰、元四大家皆王派。李派板細無士氣,王派虛和蕭散,此又慧能之禪,非神秀所及也。至鄭虔、盧鴻、張志和、郭忠恕、大小米、馬和之、高克恭、倪瓚輩,又如方外不食煙火人,另具一骨相者。﹝註25﹞

陳繼儒比董其昌所論,不獨承傳畫家更詳盡,而且點出了「南宗」「文人畫」的特徵,就是「虛和蕭散」和「不食人間煙火」,而北宗則「板細無士氣」。此外,沈顥的《畫塵》也對於「南北宗」有進一步論述:

> 禪與畫俱有南北宗,分亦同時,氣運復相敵也。南則王摩詰裁構淳秀,出韻幽澹,爲文人開山。若荊、關、宏、璪、董、巨、二

﹝註24﹞ 啓功先生《山水畫南北宗說辨》,《啓功叢稿·論文卷》,中華書局 2000 年,167 頁。

﹝註25﹞ 陳繼儒《妮古录》,《中國古代畫論類編》下卷,人民美術出版社 2004 年,758 頁。

> 米、子久、叔明、松雪、梅叟、迂翁，以至明之沈、文、慧燈無盡。
> 北則李思訓風骨奇峭，揮掃躁硬，爲行家建幢。若趙幹、伯駒、伯
> 驌、馬遠、夏珪以至戴文進、吳小仙、張平山輩，日就野狐禪，衣
> 塵土。〔註26〕

沈顥認爲南宗「文人畫」的特點是「裁構淳秀、出韻幽澹」，北宗則「風骨奇峭、揮掃躁硬」，始終擺脫不了「行家」本色。

　　董其昌上述畫論帶出的第二個問題，是「南北宗」論的合理性。禪家分南北二宗，這二分法雖然仍有爭論，但基本上已爲多數人接納。北宗神秀主張「漸修」，南宗慧能則主張「頓悟」，各自修行。董其昌說畫家在唐時又分南北二宗，不知從何說起，他說繪畫此二宗和禪家二宗不一樣，並不以地域分，卻又沒有說明以甚麼來分。如果繪畫在唐朝已分南北，由唐入明數百年內，竟然無人提及，更加無人發現，這是難以置信的。董氏只是隱約看出大致可以分爲兩條風格路線，於是便意欲追源溯流，當然，從他對「南北二宗」畫家的歸類，可以看出他的方法並不科學，因此他亦沒有對此作出解釋和說明，事實上也無從說明。陳傳席先生在他的論文《「南北宗論」的基本精神》有如下評論：

> 　　董其昌只是把「南北宗」作爲兩種理想中的風格境界和繪畫思
> 想來區別，這兩種風格境界和繪畫思想是他的發現，又加上他的理
> 想，他的發現是有大概的史實作爲基礎的，提煉爲理論時，又不拘
> 於具體的細節，而由他的感情作用作了取捨。他的基本精神和理論
> 基礎是確有可取之處的。問題是他企圖把自己所得上升爲一種「體
> 系」時，對不能完全符合「體系」的人和事，他就不惜「心眼有偏」，
> 因而可指責的地方就很多。〔註27〕

是否董其昌發現了這兩股風格，姑且不論，發現可以區別的兩種風格沒有問題，有自己的繪畫思想也不構成障礙，但不依據具體事實建構出的理論，是站不住腳的。從「不拘於具體細節」以至於「心眼有偏」，這不單是毛病，更是缺失，由此作出的結論，如何成立？

　　至於爲何以此和禪家二宗相提並論，從下面一段論述仇英的文字可以看出端倪：

〔註26〕沈顥《畫塵》，《中國古代畫論類編》下卷，人民美術出版社 2004 年，772 頁。
〔註27〕陳傳席《「南北宗論」的基本精神》，《董其昌研究文集》，上海書畫出版社 1998
　　　　年，129 頁。

> 蓋五百年而有仇實父，在昔文太史亟相推服。太史於此一家畫，
> 不能不遜仇氏，故非以賞譽增價也。實父作畫時，耳不聞鼓吹駢闐
> 之聲，如隔壁釵釧戒。顧其術，亦近苦矣。行年五十，方知此一派
> 畫，殊不可習，譬之禪定，積劫方成菩薩。非如董、巨、米三家，
> 可一超直入如來地也。　　　　　　　　　　《畫禪室隨筆》〔註28〕

董其昌認為仇英「積劫方能成菩薩」式的苦畫，並不可學，至於為何不可學，
他卻沒有說明。他以禪家為譬喻，北宗強調的「漸修」要求修行者持之有恆
的苦修，直至大悟，這個過程是艱苦的；南宗禪講求靈光一閃的「頓悟」，省
卻修行者許多工夫，只要求修行者抓住重點思考，「明心見性」。換句話說，
他覺得畫家沒有必要像「北宗禪」一樣，努力苦修，卻效果成績不彰。而應
該效法「南宗禪」，抓住重點思考研究，即可「一超直入如來地」。把他的理
論引申至「文人畫」，則「文人畫」的技法和要求也和「南宗禪」一樣，講求
「頓悟」，而不著重「苦行僧」式的磨練。因此我們知道，董其昌將畫風強分
南北，其實是要配合他的「以禪論畫」。

其實董其昌也並非完全沒有提及「文人畫」的特色，例如他曾說過：「絕
去甜俗，乃為士氣」〔註29〕，又云：「趙大年畫平遠，絕似右丞，秀潤天成，
真宋之士大夫畫。」〔註30〕以及「李昭道一派……精工之極，又有士氣。」〔註
31〕不過，他只是輕輕帶過，沒有和前面兩處提出「文人畫」和「南北宗」的
概念連繫上，顯得「文人畫」論和「南北宗」論這兩處立論並不紮實，要勞
煩他人替他舉證說明。雖然如此，他的一些重要畫論，因為直接或間接涉及
「文人畫」的審美元素，實可用以補充他的「文人畫」理論，我們將在下面
討論。

（二）仿古傾向

和趙孟頫相似，董其昌的畫論也存在仿古的傾向。他說：

> 畫家以古人為師，已自上乘，進此當以天地為師。每朝起，看
> 雲氣變幻，絕近畫中山。山行時見奇樹，須四面取之。樹有左看不

〔註28〕《畫禪室隨筆》江蘇教育出版社 2005 年，167 頁。
〔註29〕《畫禪室隨筆》卷二，江蘇教育出版社 2005 年，121 頁。
〔註30〕《畫禪室隨筆》卷二，江蘇教育出版社 2005 年，129 頁。
〔註31〕《畫禪室隨筆》卷二，江蘇教育出版社 2005 年，167 頁。

入畫，而右看入畫者，前後亦爾。看得熟，自然傳神。傳神者必以
形，形與心手相湊相忘，神之所託也。樹豈有不入畫者，特當收之
生綃中，茂密而不繁，峭秀而不寒，即是一家眷屬耳。〔註32〕

　　畫家初以古人爲師，後以造物爲師。吾見黃子久《天池圖》，皆
贗本。昨年游吳中山，策筇石壁下，快心洞目，狂叫曰：「黃石公！」
同遊者不測，余曰：「今日遇吾師耳！」〔註33〕

董其昌認爲繪畫必定要先以古人爲師，趙孟頫倡導的「仿古」，是要去掉「近
世」刻畫雕琢的畫風，董其昌沒有那麼明確的方向，不過，既然他認定像仇
英那樣「積劫方成菩薩」的一派不可學，就只能向「一超直入如來地」的南
宗諸君學習了。他自己也說過：「所欲學者，荊、關、董、巨、李成」〔註34〕，
又云：「余少學子久（黃公望）山水」等，但他最學得是多的是元四家和董源
巨然。他的「南北宗」論雖然追奉王維爲始祖，但在他的畫論裏面佔最重份
量的卻是董源，他認定的南宗一脈其實也以董源爲依歸，只是他們都能從董
源身上學取其神髓，所以能各自形成自己的面目和風格，《石渠寶笈》記載了
一段董其昌這方面的論述，如下：

　　余嘗謂右軍父子之書，至齊梁時風流頓盡，自唐初虞、諸輩，
一變其法，乃不合而合，右軍父子殆如復生。此言大不易會，蓋臨
摹最易，神氣難傳故也。巨然學北苑，黃子久學北苑，倪元鎮學北
苑等，學北苑耳，而各各不相似。使俗人爲之，與臨本同，若之何
能傳世也。〔註35〕

董其昌雖然認爲學習繪畫須要從古人處入手，尤其重要的是董源，但他也不
是盲目慕古，而是要求臨摹時要揣摩學習對象的精髓所在，然後能脫胎其中，
創出自己的風格，否則只能做到形似，永遠無法超越前人。應該注意的是，
董其昌強調的是學習初期要從古人入手，到最後，所有畫家都應以大自然爲
師。前面所引的第一段文字，董氏認爲雲氣變幻和山中奇樹都是學習的對象，
第二段文字更以親睹吳中山水，印證黃公望《天池圖》能傳達山水勝境之妙。
董氏又曾遊洞庭湖，親歷雲氣變幻，領悟了「米氏雲山」墨戲之妙，他說：

〔註32〕《畫禪室隨筆》卷二，江蘇教育出版社2005年，107頁。
〔註33〕《畫禪室隨筆》卷二，江蘇教育出版社2005年，181頁。
〔註34〕《畫禪室隨筆》卷二，江蘇教育出版社2005年，150頁。
〔註35〕《明董其昌山水一卷》，《石渠寶笈》卷六，《文淵閣四庫全書》本，824冊，
　　　　196頁。

朝起看雲氣變幻，可收入筆端。吾嘗行洞庭湖，推篷曠望，儼然米家墨戲。又米敷文居京口，謂北固諸山與海門連互，取其境爲《瀟湘白雲卷》。故唐世畫馬入神者曰：「天閒十萬匹，皆畫譜也。」〔註36〕

倪瓚是元四家之一，善畫山水寒林，董其昌以倪瓚雖然向李成、關仝和董源學取畫法，但因爲能夠吸收各家所長而化爲己用，終成大器，是學古法而不爲所絆的好榜樣。他說：

雲林畫法，大都樹木似營丘，寒林山石宗關仝，參以北苑，而各有變局。學古人不能變，便是籬堵間物。〔註37〕

然而，不是所有董氏的追隨者都能正確理解和吸收他的理論，以王時敏爲首的清初四王，包括王鑑、王翬和王原祁，因爲過份強調仿古、師古，形成只是講究筆墨效果，風格傾向程序化，內容多模仿前人的作品，爲人詬病。受董其昌的影響，四王亦遠紹董源、巨然畫法，對二人奉若神明，王原祁曾說：「董、巨全體渾淪，元氣磅礴，令人莫可端倪。」〔註38〕更甚至說：「畫中有董巨，猶吾儒之有孔顏。」《題仿董巨筆》〔註39〕學古人而不懂得吸收消化，令清初四王走入死胡同，有論者甚至認爲這是對董其昌仿古傾向的錯誤繼承。

在對前人的模仿和繼承這個關節上，蘇軾沒有特別說法，他只是關注將文學審美移植到繪畫，藉以提高畫藝。趙孟頫嚮往古意，不過，他的主要目的是要撥正南宋末年的頹風，而不是盲目仿古。董其昌的仿古有所不同，他認爲學習前人技法是初學者的必經階段，不過這只是一個過渡，到最後，畫家還是應該以大自然爲師，能從古人處解放出來，參以自然造化，才能有所發展。董氏的目光，聚焦在畫法的技巧，不像蘇軾那樣，以文學技巧思致融入繪畫。

（三）筆墨論

筆和墨是中國畫的工具和材料，重要性無容置疑，筆觸在畫面留下線條

〔註36〕 《畫旨》卷上，西泠印社出版社 2008 年，19 頁。
〔註37〕 《畫禪室隨筆》江蘇教育出版社 2005 年，179 頁。
〔註38〕 王原祁《雨窗漫筆》，《中國古代畫論類編》卷上，人民美術出版社，169 頁。
〔註39〕 王原祁《麓臺題畫稿》，《續修四庫全書》本，補編卷三十三，臺灣商務印書館 1981 年，219 頁。

和色塊，線條的剛柔強弱和墨色的枯淡潤澤，都對畫作起了不同效果。最初的繪畫方法是先用線條將事物輪廓勾勒出來，然後布色，因此勾線和布色是主要技巧，將筆墨連在一起的論述較少。隨著繪畫技法日漸成熟多變，勾線布色的次序已不再那麼嚴格，取而代之是連皴帶擦，甚至以面代線，畫面上經常出現筆斷而氣連的線條，以及濃淡大小不一的色塊，因此，筆墨效果的論述亦陸續出現。五代荊浩就曾經說過：「吳道子畫山水，有筆而無墨，項容有墨無筆，吾當採二子所長，成一家之體。」〔註40〕黃休復又說：「畫之於人，各有本性。筆精墨妙，不知所然。若投刃於解牛，類運斤於斲鼻。自心付手，曲盡玄微。故目之曰「妙格」爾。」〔註41〕可見，筆墨重要性的討論，最晚在唐朝以後就出現了。

在董其昌的畫論裏面，筆墨佔有非常重要的份量，他曾經數度提出有關的論述，例如：

> 古人云：有筆有墨。筆墨二字，人多不識，畫豈有無筆墨者？
> 但有輪廓而無皴法，即謂之無筆。有皴法而不分輕重向背明晦，即
> 謂之無墨。古人云：石分三面。此語是筆，亦是墨，可參之。〔註42〕

這裡說的筆墨定義十分精細，只有輪廓而欠缺皴擦是無筆，因為沒有筆觸；只有皴擦而不分向背是無墨，因為沒有渲染以分辨陰陽。董其昌引述古人認為「石分三面」同時涉及筆和墨，因為如要將石塊的各面顯現出來，增強其立體感，皴擦和渲染同時需要。不過，董其昌這個嚴格的定義顯得過於偏狹，尤其是當大量潑墨繪畫出現，陰陽向背的表現已不局限在有墨或無墨，有皴或無皴，而是通過墨色的濃淡作為表現，而事物的輪廓，甚至可以不再勾勒，而由墨色渲染和滲透決定。這時候的筆墨所指，將會是畫面上蒼勁的線條，以及墨色的豐富和濃淡得宜，比之董其昌所說的，自是廣泛得多。從上面所引述的說話看來，似乎董其昌對筆和墨同樣重視，但在另一場合裏，他卻有如下論述：

> 荊浩，河南人……自撰《山水訣》一卷，語人曰：道子畫山水，
> 有筆而無墨。項容有墨而無筆。浩兼二子所長，故關仝北面事之。
> 世論荊浩山水為唐末之冠。蓋有筆無墨者，見落筆蹊徑而少自然；
> 有墨無筆者，去斧鑿痕而多變態。〔註43〕

〔註40〕　《圖畫見聞志》卷二《紀藝上・荊浩條》，人民美術出版社2005年，34頁。
〔註41〕　《益州名畫錄・目錄》，人民美術出版社2005年，2頁。
〔註42〕　《畫禪室隨筆》卷二，江蘇教育出版社2005年，120頁。
〔註43〕　《畫禪室隨筆》卷二，江蘇教育出版社2005年，162頁。

吳道子繪畫用的傳統方法，先勾輪廓再布色，傳世仿吳畫都以線條見勝，但董其昌認為吳道子「見落筆蹊徑而少自然」，這顯然是貶詞。對項容有墨無筆，他反而稱讚為「去斧鑿痕而多變態」。如此看來，雖然董其昌表面上推崇筆墨的重要性，但在兩者之間，他是較為傾向於「墨」的表現的。當然，最好就是如荊浩那樣有筆有墨，但是，如果不能兩樣兼備，他認為「有墨無筆」總比「有筆無墨」優勝。至於董其昌的心目中，筆墨在畫面所起的作用，可從下面的說話看出端倪。

> 以境之奇怪論，則畫不如山水：以筆墨之精妙論，則山水決不如畫。
> 〔註44〕

蘇軾在《書李伯時山莊圖後》稱讚李公麟描寫精細詳盡，使「後來入山者信足而行，自得其路」，說法實有點誇張。董其昌此論儼然是對蘇軾之言的反駁，事實上繪畫無論如何不能完全反映山水的複雜變化，因此，在寫實的功能上，繪畫的確存在局限，逼真並不是繪畫藝術應該追求的，那麼，應該追求甚麼呢？這裡，董其昌提出筆墨，他認為筆墨的表現技巧絕非真實山水可以媲美，這正是繪畫的審美特徵所在。董其昌雖然強調筆墨的重要性，卻沒有仔細闡明「筆墨精妙」的準則和方法，只是較為握要的論述了在特定情況下如何用筆。他說：

> 士人作畫，當以草隸奇字之法為之。樹如屈鐵，山似畫沙。〔註45〕

董其昌此說，實與趙孟頫「書畫同源」的觀點相若，倡導以書法用筆入畫，可以說，「書畫同源」就是董其昌「筆墨論」的旁枝。他又說過：

> 作雲林畫，須用側筆，有輕有重，不得用圓筆，其佳處在筆法
> 秀峭耳。宋人院體皆用圓皴，北苑獨稍縱，故為一小變。倪雲林、
> 黃子久、王叔明皆從北苑起祖，故皆有側筆，雲林其尤著也。〔註46〕

比之趙孟頫，董其昌顯得更偏重繪畫技巧，而不太執著於書法用筆入畫。元四家中倪瓚、黃公望和王蒙都不大堅持中鋒，喜歡用側鋒，顯得筆法「秀峭」，這是董氏認同的。他們取法的對象，就是董其昌「文人畫」論的核心人物董源。雖然董其昌沒有點明，但他的「筆墨論」和他的「文人畫」概念息息相關，是不容置疑的。與他同期的陳繼儒就直接說出他心目中這個關係他說：「文

〔註44〕《畫旨》卷上，西泠印社出版社 2008 年，26 頁。
〔註45〕《畫禪室隨筆》卷二，江蘇教育出版社 2005 年，107 頁。
〔註46〕《畫禪室隨筆》卷二，江蘇教育出版社 2005 年，117 頁。

人之畫，不在蹊徑，而在筆墨。」晚明唐志契《繪事微言》更總結了發端自明代，由董其昌大力提倡的「筆墨論」，他說：

> 蘇州畫論理，松江畫論筆。理之所在，如高下大小適宜，向背安放不失，此法家準繩也。筆之所在，如風神秀逸，韵致清婉，此士大夫氣味也。〔註47〕

可見，慢慢地，筆墨由繪畫藝術的一端，變成重要的審美元素，甚至成爲「文人畫」的藝術指標，是在明代興起及完成的，而董其昌就是鼓動這個風潮的關鍵人物。雖然在現存的資料找不著他把「筆墨」與「文人畫」連在一起的論述，但兩者在他的畫論架構裏的關連，還是有跡可尋的。值得注意的是，筆墨的要求，是純粹的繪畫技巧，與蘇軾倡導的文人思致相距已遠，這是「士人畫」重要的重心轉移。

（四）「甜俗」問題

元四家之一的黃公望在他的畫論著作《寫山水訣》提出：「作畫大要，去邪、甜、俗、賴四箇字。」〔註48〕盛大士《溪山臥遊錄》卷二引王紱的話，對「邪」有如下解釋：「有一等人，事不師古，我行我法，信手塗澤，謂符天趣，其下者筆端錯雜，妄生枝節，不理陰陽，不辨清濁，皆得以邪概之。」〔註49〕王紱的表面意思似乎是要點明，「筆端錯雜」和「妄生枝節」的原因在於「事不師古」，但我們不應過份狹窄地去理解他的說法，正確的理解是有些人不去學習前人的方法，從中吸取營養，而妄意和盲目地創造沒有基礎的新技法，因此走入邪道。葛路《中國古代繪畫理論發展史》中綜合前人的說法而得出如下結論：「離不開古人，即賴。」〔註50〕他又認爲，四王（王原祁、王翬、王鑑、王時敏）就是「賴」的典型，他們取法元四家，特別是黃公望，卻偏偏沒有吸收黃公望所強調要避免「賴」的指導思想。「邪」、「賴」以外，還有「甜」和「俗」，對於這兩點，董其昌有較深刻的體會，因此在他的畫論體系

〔註47〕《繪事微言》卷一，人民美術出版社2005年，10頁。

〔註48〕俞劍華《中國古代畫論類編》下卷，第四編，人民美術出版社2004年，703頁。

〔註49〕《溪山臥遊錄》卷二，《續修四庫全書》本，臺灣商務印書館1981年，144頁。

〔註50〕葛路《中國古代繪畫理論發展史》第六章，上海人民美術出版社1982年，158頁。

裏佔有比較重要的份量。他在一次誇讚陳眉公的時候，順帶對吳門畫師作出批評，就談到「甜俗」問題。他說：

> 眉公胸中素具一幽壑，雖草草潑墨，而一種蒼老之氣，豈落吳下之畫師甜俗魔境耶！〔註51〕

「吳門畫派」是對當時生活在吳中地區一批畫家的統稱，實際它並非一個畫派。這個繪畫群體以沈周和文徵明為領袖，沈周比文徵明年長，他出身書畫世家，自幼在家人的薰陶下接觸書畫藝術，山水花鳥都有高超造詣。文徵明雖然也生長於仕宦家庭，但早年應舉並不得意，直到五十四歲才被舉薦入朝為翰林待詔，卻不堪政治鬥爭的折磨，幾年後就結束官場生涯回家，從此埋首於詩文和書畫，以此為樂。大器晚成的文徵明，憑著多方面的才華，從此領導吳門書畫的發展，達數十年之久。沈周、文徵明，加上唐寅和仇英，被稱為「吳門四家」，是「吳門畫派」的代表。沈周和文徵明醉心於書畫，但並非以賣畫為生，唐寅和仇英則不同，唐寅因早年科場作弊疑案被終身拒於官場之外，只能賣畫為生，工匠出身的仇英，後轉業賣畫，他們兩人為了市場的需要，自然不能完全「以畫為寄」、「以畫為樂」，適當地討好買家變成有實際需要。明代到了中葉，商品經濟已發展到較為成熟的階段，吳門後學比唐寅和仇英走得更遠，與前輩畫家的的「文人」風格已扯不上關係，生活的壓逼令他們毅然投入市場，繪畫變成純粹的商業行為，為了討好買主，於是走上「甜俗」的路子。唐志契《繪事微言》有此記載：

> 若今人多以畫糊口，朝寫即欲暮完，雖規格似之，然而蘊藉非矣。即或丘壑過之，然而丰韵非矣。又常見有為俗子催逼，而率意應酬者，那得有好筆出來？　　　　　　　　　　《畫不可苟》〔註52〕

這些屈從於市場路線的畫風，就是董其昌認為已走入魔境的「甜俗」風氣。對於「甜俗」的解釋，王紱有如此說法：「有一等人結構粗安，生趣不足，功愈到而格愈卑，是失之甜……俗之一字，不僅丹華夸目，一流俗則不韵。」〔註53〕王紱所言，大抵只觸及「甜俗」的一部份而非全部，而且定義也不準確。董其昌並不完全同意，他在評論宋元幾個善畫重彩山水的畫家時有云：「李昭

〔註51〕《畫旨》卷下，西泠印社出版社 2008 年，144 頁。
〔註52〕《繪事微言》卷一，人民美術出版社 2005 年，4 頁。
〔註53〕《溪山臥遊錄》卷二，《續修四庫全書》本，臺灣商務印書館 1981 年，144 頁。

道一派，爲趙伯駒、伯驌，精工之極，又有士氣。」〔註54〕又云：「趙令穰、伯駒，承旨，就三家合併，雖妍而不甜。」〔註55〕可見「精工」以致「妍」，都不是董其昌心目中「甜俗」的成因，且不妨礙這些畫家擺脫「甜俗」的羈絆。他甚至說：「趙大年（令穰）畫平遠，絕似右丞，秀潤天成，眞宋之「士大夫畫」。」〔註56〕那麼，在董其昌心目中，和「甜俗」關係最密切的因素是甚麼？他說：

> 士人作畫，當以草隸奇字之法爲之。樹如屈鐵，山似畫沙，絕去甜俗，乃爲士氣。不爾，縱儼然合格，已落畫師魔界，不復可救藥矣。〔註57〕

在董其昌心目中，作畫的用筆是重要的，這點和趙孟頫的觀點是脗合。趙孟頫只是說書畫用筆相通，董其昌則進一步，認爲不獨相通，而且是重要的，惟有如此，繪畫的線條才能擺脫「甜俗」，進而有「士氣」。除了書法用筆，甜俗還與畫家的生長地方、學問和閱歷有關，他說：

> 元季四大家，浙人居其三，王叔明湖州人，黃子久衢州人，吳仲圭錢塘人，惟倪元鎮無錫人耳。江山靈氣，盛衰故有時。國朝名手，僅僅戴進爲武林人，已有浙派之目，不知趙吳興亦浙人。若浙派日就漸滅，不當以甜邪俗賴者盡繫之彼中也。〔註58〕

> 畫家六法，一曰氣韻生動。氣韻不可學，此生而知之，自有天授。然亦有學得處，讀萬卷書，行萬里路，胸中脫去塵濁，自然丘壑內營，立成鄞鄂，隨手寫出，皆爲山水傳神矣。〔註59〕

元四家除了倪瓚，其他三人都是浙江人，明朝戴文進和元朝趙孟頫也都是浙人，他們的繪畫成就固然高超，如果日後浙派繪畫式微，那應該不是因爲他們的繪畫走上「甜、邪、俗、賴」的末路。換句話說，他認爲這些畫家生長在浙江這個充滿「江山靈氣」的地方，自然天生的已不受了「甜、邪、俗、賴」的玷污。超卓畫藝眞的不能延續，那只是「盛衰有時」而已。另一方面，多讀書，多閱歷，也可以讓人「脫去塵濁」，自然能夠寫出傳神的山水畫了。

〔註54〕　《畫禪室隨筆》卷二，江蘇教育出版社 2005 年，167 頁。
〔註55〕　《畫旨》卷下，西泠印社出版社 2008 年，100 頁。
〔註56〕　《畫禪室隨筆》卷二，江蘇教育出版社 2005 年，129 頁。
〔註57〕　《畫禪室隨筆》卷二，江蘇教育出版社 2005 年，107 頁。
〔註58〕　《畫禪室隨筆》卷二，江蘇教育出版社 2005 年，168 頁。
〔註59〕　《畫禪室隨筆》卷二，江蘇教育出版社 2005 年，109 頁。

董其昌在黃公望的理論基礎上,將去「甜俗」的要求推向更重要的層次,本意是要提高繪畫的審美要求,但是,強烈抗拒「甜俗」的潮流卻造成晚明以至清代一股新風氣,書畫家刻意逃避「甜俗」,走向另一個極端,寧醜毋媚,寧拙毋巧,形成一股追求雄奇怪恣、以醜為美的畫風,這可不是董其昌所能預知的。再者,「甜俗」這個繪畫審美的命題,純粹關乎繪畫風格,與文學的關連已經很小了。

(五)董其昌畫論的主要方向

董其昌將畫風劃分為南宗「文人畫」和北宗「非文人畫」兩類,雖然表面上有異於蘇軾和趙孟頫的分類法,實際意義卻是相類的。「士人畫」與「畫工畫」,以至「戾家」和「行家」,其標準是較為客觀的,雖然有些畫家的身份可能橫跨兩個界別,但專業和非專業這個準則還是比較客觀的。董其昌的目光卻落在繪畫的風格和畫論思想上,他筆下的南宗「文人畫」家,「虛和蕭散」、「一超直入如來地」,北宗則「板細無士氣」、「積劫方成菩薩」,以畫風分流,就很難客觀了,因此,他的分流法引起後來很多爭論。爭論的點焦點主要在「南北宗」的邏輯性,命名不以地域為根據,卻是要和禪宗的「南頓北漸」概念湊合,因此「南北」二字就顯得牽強和難以理解,命名失實,削弱了立論的說服力。再者,董其昌在將畫家分流時,對心目中兩派差異的分辨並不深刻透徹,只是奮力把自己心儀的一方歸屬在董源麾下。而向王維認祖,似乎只著意把兩派分流之勢定在唐朝,以配合禪宗的分流而已。他整個「南北宗」和「文人畫」理論,先有結論,然後堆砌證據的痕跡頗為明顯。這樣一套並不周密的理論,卻意外地引起後人的討論和得到認同。董氏「文人畫」論只是概括地說出一些審美概念,要學習和追隨畢竟有相當難度,他和趙孟頫有一點很相似,本身就是一個文人參與繪畫創作的典型例子,所以他其他一些直接或間接與「文人畫」有關係的畫論,都被納入他的「文人畫」論之內。意想不到的是,這些被納入的組成部份,對後世繪畫的影響竟然較原來的「文人畫」論為大。原因是,董氏的「文人畫」論,基本上是對蘇軾「士人畫」論和趙孟頫「士夫畫」論的繼承和修正,並沒有具體可實行的新方法和技巧,而其他被納入的理論,則有較高的可行性。

重視「筆墨」和分辨「甜俗」是董氏畫論中最可以直接追隨的兩點,前者被吸收並發展成明清兩代強調表現「筆情墨趣」的繪畫流派,其末流演變

成以清初「四王」爲領袖的「婁東派」，因爲過份強調筆墨而失卻創意。後者演變成後來以追求「怪」、「奇」，以至「以醜爲美」的繪畫風格，有些畫家甚至刻意使用禿筆作畫，務求必要脫去「甜俗」。我們在前面論述「筆墨」的時候說過，以書法入畫大約相當於「筆墨論」的旁技，以書法用筆入畫在清代畫壇亦有相當發展，這點與董其昌的提倡不無關係。董氏的仿古理論，沒有得到正確理解，後人的錯誤繼承，演變成創意枯竭的畫風，步入清代，不甘心模仿的畫家又刻意闖出一條新路，部份又不經意地誤入雄肆怪奇的岔道。

董氏的一般「文人畫」論以外，有一點關於繪畫功用的論說，對後世畫壇有相當重要的影響，這段論述也出現在《畫禪室隨筆》，如下：

> 畫之道，所謂宇宙在乎手者，眼前無非生機，故其人往往多壽。至如刻畫謹細，爲造物役者，乃能損壽，蓋無生機也。黃子久、沈石田、文徵仲皆大耄，仇英短命，趙吳興止六十餘。仇與趙雖品格不同，皆習者之流，非以畫爲寄以畫爲樂者也。寄樂於畫，自黃公望始開此門庭耳。〔註60〕

按董氏所說，最初提出「以畫爲樂」的是黃公望，董氏後來加上「以畫爲寄」。從董氏這段文字的語氣看來，似乎「以畫爲寄、以畫爲樂」對他來說是另有目的，就是長壽，他特別羨慕黃公望、沈周和文徵明，他們能眞正做到「以畫爲寄、以畫爲樂」，因而得享高壽。故此，長壽才是他眞正的目的，「以畫爲寄、以畫爲樂」只是手段。雖然如此，一方面由於董氏的提倡，一方面由於時代變遷，繪畫的功用在明清兩朝有明顯的轉變，畫家傾向以繪畫寄託胸臆和抒發感情，繪畫變成張揚個性和表達意趣的媒介。

（六）「士人畫」、「士夫畫」與「文人畫」

　　蘇軾提出的「士人畫」論雖然分散在他的敘跋和文章中，表面看來零碎不全，但如果仔細梳理，不但可以找出它的脈絡，更會發現這是一個經過深思熟慮、有條不紊、架構完整的藝術理論。它的產生，與當時的藝術風氣有密切關係，蘇軾的個人修養，也是成就理論誕生的有利條件。詩歌與繪畫的關係受到文人的關注和探索，到北宋已到達一個比較成熟的階段，二者在某程度上相似甚至兼融，已廣爲人接受。蘇軾在這個基礎上，進一步強調其共通性，提出「詩中有畫、畫中有詩」的概念，說明詩歌中可以帶有畫意，繪

〔註60〕　《畫禪室隨筆》卷二，江蘇教育出版社 2005 年，170 頁。

畫中也可以蘊涵詩意,兩者可以寄生並存。他進而提出「詩畫一律」,闡明詩歌和繪畫有相同的審美特徵,因而理論可以互通。至於繪畫的技法理論,他強調的是「神似」、「常形」和「常理」,這些技法比較著重高層次的審美要求和判斷,而不及具體精微的繪畫造詣,和後世的畫論有明顯不同。除此之外,蘇軾更為著重的是文人思致和「畫外意」,這些要求已脫離純粹的繪畫技法,而是對畫家有繪畫造詣以外的要求,要達至這個境界,畫家不能只顧繪畫技法,而必須要有文學修養,才能在有限而具體的畫面,表達超越畫面內容的思想感情。到達這個階段,大家或者以為理論已很完備了,但蘇軾還要向上提升,他提出「天工」和「清新」作為更高的目標,要求繪畫和文學作品看齊,以此為鑑。他進而將技法和更玄妙的「道」連在一起,雖然他明白地把「技」與「道」相提並論,是出現在對李公麟《山莊圖》的題詠,但事實上對他有啟發,令他有深刻體會的,是文同的個人修養和行止。文同的思想、生活、行止完全和竹子混化,是以人生證道的最佳說明。蘇軾的畫論其實從頭到尾都緊扣著「文」與「道」,「文」指出繪畫技法的方向,而「道」則提供藝術修養的精神依據。

蘇軾「士人畫」論將繪畫藝術的功能提高了。在唐朝或以前,繪畫的功用主要在記錄圖象,甚至在唐朝佛道盛行之世,繪畫也多以壁畫形式出現,內容集中於宗教故事,這種現象在北宋因大量文士參與繪畫創作而有明顯改變。蘇軾的「士人畫」理論提倡「文人思致」的表達和文學技巧的滲入,特別是「畫外意」和「文入思致」的表現,使繪畫的功能逐漸從實用性過渡到寄託性,畫家開始利用繪畫表達個人情思。由宋入元,隱逸畫家以山水寒林寄託江山為外族所侵的無奈,是這種「以畫為寄」的明顯表現。

蘇軾的「士人畫」理論,重點在將繪畫與「文」掛鉤,這個概念在南宋得到認同,《畫繼》和《宣和畫譜》等重要畫論專著都反映這個事實,隨著時間的嬗遞和世情的轉變而逐漸有所改變,後世在當時環境的條件下提出與蘇軾「士人畫」論不一樣的命題,重要轉折發生在元朝趙孟頫的「士夫畫」論和明朝董其昌的「文人畫」論,尤其是後者。

與蘇軾的「士人畫」論相比,趙孟頫的「士夫畫」論顯得較為單薄。元朝在中國歷史上只能成為一個過渡性的朝代,趙氏的理論恰巧也只能是一個過渡性的理論,它只擔當了一個承先啟後的角色,與前面「士人畫」論接上,又與後面的「文人畫」論有關連。趙孟頫接受了蘇軾的「神似」和「文人思

致」的觀點，而他提出的「以書入畫」，基本上已脫離與文學的關聯，而續漸傾向純粹畫法的探討了。趙氏完成歷史任務，至於繪畫理論向畫法進一步靠攏的任務，就由董其昌接上。

董其昌雖然標榜「文人畫」，表面上是繼承蘇軾「士人畫」和趙孟頫「士夫畫」的理論，但綜觀前面對他的論述，可發現他的論畫已有很大的重心轉移。北宋時，士人對詩畫關係有所覺醒，於是提出將文人思致和文學技法引入繪畫，畫論都圍繞這個關節，蘇軾是這方面的先驅。南宋繼承了北宋人的觀點，並進一步肯定「文」在繪畫的作用，於是天下以此為依歸。經歷元代入明，詩歌以至文學與繪畫的關係，已是共識，沒有再討論的必要，反而繪畫藝術因世代變遷而陷入困境，董其昌適逢其會，利用其社會地位企圖扭轉畫風，因而他的論述就尤其偏重繪畫技法和風氣。翻閱他的畫論包括《畫禪室隨筆》、《畫旨》和《畫眼》，除了前面所述「筆墨論」和「甜俗」問題等畫論之外，其他的記述主要還是圍繞著繪畫，與蘇軾的畫論多涉及文人思致和文學技法應用，有相當明顯的分別。

董其昌的目的就是要將他心目中的「文人畫」比喻為禪家的南宗，由於他對禪宗還是有相當認識，又傾向以禪學文飾自己，所以他較多以禪論畫。與蘇軾把詩畫歸結於廣義之「道」不同，董其昌只是引用禪家語說明畫論，卻沒有將畫與禪作根本性的連結。蘇軾「以文論畫」，其貢獻是將繪畫的層次提升到詩歌或文學的高度，董其昌的論述集中在純粹的繪畫審美和技法，結果亦造就後世繪畫表現的多元化發展，使繪畫藝術在等同文學高度上仍有所發展，將「文學」概念擴展為文人個性和情趣的表現。

蘇軾所論以「文」和「文人思致」為核心，但卻以「士人畫」為名，存在名稱和內涵不統一的問題。董其昌雖然徵用「文人畫」之名，但內容並不繼承蘇軾以「文人思致」為依歸的方向，而是傾向純粹繪畫技巧的探討，實際上並不與「文」扯上關係，是蘇軾「士人畫」概念的異化。然而，憑藉董其昌的名氣和影響力，他的「文人畫」說逐漸佔據畫論重地，最終取代（更準確說是兼併）了蘇軾的「士人畫」論。

自董其昌「文人畫」之說面世，蘇軾「士人畫」的稱謂就被冷落。後來論畫者都以「文人畫」為研究對象，討論重心亦偏離蘇軾原來以「文人思致」為核心的路線。嚴格來說，董其昌並沒有建構「文人畫」的理論體系，我們在前面整理出來他的畫論元素，例如「筆墨」、「甜俗」等，其實和「文人畫」

沒有直接關聯，董其昌亦沒有特別將它們與「文人畫」扯上關係。董其昌其實不曾對他的「文人畫」有所解說，但他在討論繪畫技法時觸及的其他文人意趣如禪趣、書法等，逐漸被後世論者歸納入他的「文人畫」論體系之內，他們根據董論中「文人」二字將搜羅範圍擴大，變成凡是和「文人」有關的審美特徵和情趣都被納入「文人畫」論的範疇。於是不單是禪趣和書法，連印章、題詩，以至失意文人寄情山水、情操高尚的文人以蘭菊竹石為寄等，都被納入「文人畫」的範圍。「文人」的作品強調寄託，他們所畫的畫亦然。寄託強調「意」的表達，因此畫的「形」逐漸被置於次要地位，明清兩朝雄奇怪肆、以醜為美一路的畫風由此而生。蘇軾強調以「文人思致」入畫，是為繪畫「指出向上一路」，董其昌引發的「文人畫」說，是繪畫被「文學化」後，再向張揚文人意趣方向的傾斜。

蘇軾的「士人畫」論，和董其昌提出而被後世採納的「文人畫」論，雖然有關係，但卻是不同的概念。後世論者不獨用董其昌的「文人畫」論掩蓋了蘇軾的「士人畫」論，甚至將董論所衍生出來的文人意趣張揚，又歸結到蘇軾的「士人畫」裏面，這是不恰當的。我們應該正確辨析蘇軾的「士人畫」概念，才能認識這個將文學引入繪畫藝術理論所蘊涵的積極意義和重大貢獻。

結　語

　　蘇軾年青時看見王維和吳道子的壁畫，對兩人的繪畫都十分佩服，而王維「得之象外」的造詣，尤其令他產生好感，他的題詩表達了自己的看法，卻引來蘇轍的反駁，蘇轍的不同意見，激發起他對繪畫理論的思考和探索。此後數十年，蘇軾對繪畫理論的思考沒有間斷，雖然他不曾爲自己的體會著書立說，但從不同題跋和敘述留下的理論成果，爲當時和後世帶來巨大影響，不容忽視。

　　蘇軾對繪畫藝術思考的切入點是繪畫與詩歌的關係，這題目在北宋以前已有人討論，進入北宋，一般畫家和文士基本上都認同兩者有關聯。早期的比較從繪畫出發，認爲詩歌與繪畫同樣表達作家的意趣，只是畫作有形，而詩歌無形。後來參與討論的文人多了，他們多從詩人的角度看待兩者的差異，畫作不能像詩歌一樣可以誦讀，於是聲音（實質上是文字）變成詩和畫的主要分野。在蘇軾生活的年代，這個格局基本上已形成，他以宏觀視野，在前人的基礎上推進一步，總結出自己的理論體系。王維詩畫相融的境界和審美特點，給他很大的啓發，尤其令他欣賞的是，王維在「詩」和「畫」兩個領域都有高超成就，很適合用以說明詩畫相融的關係，於是他毅然標舉王維作爲這個理論的代表人物。「詩」和「畫」既然可以相融，兩者之間必然有審美要求上的一致性，蘇軾把這歸結爲「詩畫一律」。他這個觀點強調詩歌（或者是更廣義的文學）與繪畫藝術在一定程度和範疇的互通性，並不是說兩者如一。有些學者認爲「詩畫一律」等同「詩畫合一」〔註1〕，是對蘇軾原意的誤

〔註 1〕　臺灣學者戴麗珠在其專著《蘇東坡詩畫合一之研究》第四章第三節《詩畫合一之眞義》云：「詩人兼畫家蘇東坡，特以其通詩知畫之心，體悟王維詩畫合一之特色，拈出詩畫合一之立論。」臺灣文津出版社 2007 年，91 頁。

解。「詩畫一律」是蘇軾繪畫美學的綱領,從此衍生出來的審美元素有形、神、理數端,都圍繞著較為具體的畫技表現,雖然重要,但畢竟還是停留在技法的工拙層面,對於分辨「畫工畫」和「士人畫」,還未能起決定性的判別作用。真正劃分「畫工畫」和「士人畫」的準則,是「畫外意」和「文人思致」這兩個更高層次的審美元素,因為只有具備作詩屬文能力的畫家,才能將此等方法應用到繪畫上面,使有限的空間和凝固的畫面,可以帶出突破框框的信息和誘發觀者「出之象外」的思緒。這種以文學技巧注入繪畫的方法,才是蘇軾「士人畫」的核心精神和主張。怎樣才能更有效地將文學技巧應用到繪畫呢?蘇軾從文同的生活和墨竹創作得到啟示。文同「身與竹化」,使他的「技」與「道」相通,能夠「寓道於技」,換言之,士人的個人修養,變成了繪畫藝術的重要條件。至此,士人的修養補充了文學表現技巧的重要性,亦完整了蘇軾的「士人畫」概念。

蘇軾提出的「士人畫」論,並沒有隨著他離世被後人冷落,而是顯出強盛的生命力,除了被引用,還不斷發展、演化和產生影響。它的演化和對後世造成的影響,可以歸結成以下數點:

(一)名稱的轉變和概念的混淆

蘇軾最初提出的名稱是「士人畫」,根據他在不同場合的論述,其內容是緊扣文人思致,強調文人將個人修養和文學造詣,灌注入繪畫裏面。他的命名被接受下來,直到趙孟頫出現,才將名稱作了少許修改,變成「士夫畫」。

晚明董其昌提出「文人畫」,但他對「文人畫」概念的論述,已遠離蘇軾的原意,而是偏向純粹的繪畫技法,以至一般文人個性的張揚。

蘇軾強調「文人思致」,但「士人畫」這個詞所表達與文人的關連,不及「文人畫」這個詞直接。隨著董其昌「文人畫」論的廣泛流播,這個後出的詞兼併了蘇軾「士人畫」論的內容,這是後人輕率而粗疏的錯誤。人們在討論晚明之前,文人從事的繪畫,又會隨便用上「文人畫」這個在當時還沒出現的詞,這也是不符事實的。

(二)「士人畫」論內容的轉變

蘇軾「士人畫」概念,是圍繞著「文人思致」在繪畫中的功用,強調「文人思致」能提高繪畫的審美表現。換言之,這個論述是提倡將文學創作的表

現手法應用到繪畫方面，繼而強調畫家本身個人修養和素質對畫作的重要性。蘇軾的論述提出之後，被廣泛接受和引用。雖然後人在這基礎上作過不同角度的陳述，但並沒有根本性的否定和修正。

　　董其昌提出的「文人畫」論，不獨名稱上有所改變，連討論方向都變了。討論重心轉移到純粹繪畫審美，以至文人個性在畫作上的表現。這個轉變，是不再強調文學對繪畫的影響，而是集中討論繪畫和畫人的關係。我們不應認為，畫家不再覺得繪畫和文學有關係，而是，這個關係已經確認了，因而轉去另一個和繪畫關係更直接的方向。

（三）畫風以至繪畫功能的轉變

　　「士人畫」論的原意，是倡議在畫作中加入「文人思致」，提高繪畫的審美標準，讓畫作像文學作品一樣，有更深的表達層次，不再停留在純粹圖形寫貌上。這個觀念完全被接受，加上繪畫的地位提高了，吸引更多有素質的文人參與創作。由於時代和環境因素，一些文人逐漸變成以賣文字和繪畫為生，他們將一腔懷抱寄託到詩歌和繪畫上。於是，由傳統上「在心為志，發言為詩」慢慢發展到「落紙成畫」。文人兼畫家的身份，成就了他們隨意用詩歌或繪畫寄託懷抱。繪畫最終取得與文學作品同等高度的地位，這並不是蘇軾提「士人畫」論時所能預見的。

徵引及參考文獻

專　著

詩文集

1. 馬持盈註譯　《詩經今註今譯》，臺灣商務印書館 1976 年版。
2. 陳鼓應註譯　《莊子今註今譯》，臺灣商務印書館 1977 年版。
3. 〔梁〕蕭統編　《文選》，〔唐〕李善注，中華書局 1977 年版。
4. 〔晉〕陶潛撰　《陶淵明集箋注》，袁行霈箋注，中華書局 2003 年版。
5. 〔唐〕岑參撰　《岑參集校注》，陳鐵民、侯忠義校注，上海古籍出版社 1981 年版。
6. 〔唐〕高適撰　《高適詩集編年箋注》，劉開揚注，中華書局 1981 年版。
7. 〔唐〕杜甫撰　《杜詩詳注》，仇兆鰲注，中華書局 1995 年版。
8. 〔唐〕李白撰　《李太白全集》，王琦注，中華書局 1995 年版。
9. 〔唐〕王維撰　《王右丞集箋注》，趙殿成箋注，上海古籍出版社 1998 年版。
10. 〔唐〕王維撰　《王維集校注》，陳鐵民校注，中華書局 1997 年版。
11. 〔唐〕孟浩然撰　《孟浩然詩集箋注》，佟培基箋注，上海古籍出版社 1998 年版 2000 年版。
12. 〔唐〕《全唐詩》，中華書局 1979 年版。
13. 〔唐〕李商隱撰　《玉谿生詩集箋注》，馮浩箋注，上海古籍出版社 1998 年版。
14. 〔唐〕韋應物撰　《韋應物集校注》，陶敏、王友勝校注，上海古籍出版社 1998 年版。

15.〔唐〕柳宗元撰 《柳宗元詩箋釋》，王國安箋釋，上海古籍出版社 1998 年版。

16.〔唐〕白居易撰 《白居易集》，顧學頡校點，中華書局 1996 年版。

17.〔唐〕司空圖著 《司空表聖詩文集箋校》，祖保泉、陶禮天箋校，安徽大學出版社 2002 年版。

18.〔宋〕歐陽修撰 《歐陽修詩文集校箋》，洪本健校箋，上海古籍出版社 2009 年版。

19.〔宋〕歐陽修撰 《歐陽文忠公集》，四部叢刊集部，上海涵芬樓景印元刊本。

20.〔宋〕蘇洵撰 《嘉祐集箋注》，曾棗莊、金成禮箋註，上海古籍出版社 2001 年版。

21.〔宋〕文同撰 《陳眉公先生訂正丹淵集》，四部叢刊集部，上海涵芬樓藏明汲古閣刊本。

22.〔宋〕文同撰 《文同全集編年校注》，胡問濤、羅琴校注，巴蜀書社 1999 年版。

23.〔宋〕蘇軾著 《蘇軾詩集》，孔凡禮點校，中華書局 1996 年版。

24.〔宋〕蘇軾著 《蘇軾文集》，孔凡禮點校，中華書局 1996 年版。

25.〔宋〕蘇軾著 《東坡樂府箋》，龍沐勳校箋，臺灣商務印書館 1995 年版。

26.〔宋〕蘇軾著 《東坡詞編年箋證》，薛瑞生箋證，三秦出版社 1998 年版。

27.〔宋〕蘇軾著 《蘇軾選集》，王水照選注，中華書局 1984 年版。

28.〔宋〕蘇軾著 《蘇軾散文選集》，劉乃昌、高洪奎選注，上海古籍出版社 1998 年版。

29.〔宋〕蘇軾著 《蘇軾詩選》，徐績選注，三聯書店香港分店 1986 年版。

30.〔宋〕蘇軾著 《東坡禪喜集》，徐長孺輯，老古文化事業公司 1999 年版。

31.〔宋〕蘇軾著 《蘇軾散文賞析集》，周先慎主編，巴蜀書社 1994 年版。

32.〔宋〕黃庭堅撰 《山谷詩集注》，任淵等注，黃寶華點校，上海古籍出版社 2008 年版。

33.〔宋〕林逋撰 《林和靖集》，臺灣學海出版社 1974 年版。

34.〔宋〕蘇轍撰 《蘇轍集》，陳宏天、高秀芳點校，中華書局 1990 年版。

35.〔宋〕秦觀撰 《淮海集箋注》，徐培均箋注，上海古籍出版社 1994 年版。

36.〔宋〕晁補之撰 《雞肋集》，四庫全書薈要，吉林出版集團有限責任公司 2005 年版。

37. 錢鍾書注 《宋詩選注》，香港天地圖書 1990 年版。

38. 〔金〕元好問撰 《元好問全集》，李正民增訂，山西古籍出版社 2004 年版。

39. 〔元〕趙孟頫著 《趙孟頫集》，浙江古籍出版社 2016 年版。

40. 〔明〕沈周撰 《沈周集》，上海古籍出版社 2013 年版。

41. 〔明〕文徵明撰 《文徵明集》，上海古籍出版社 1987 年版。

42. 〔明〕唐伯虎撰 《唐伯虎全集》，北京市中國書店 1991 年版。

43. 〔明〕唐伯虎撰 《唐伯虎全集》，中國美術學院出版社 2002 年版。

44. 〔明〕徐渭撰 《徐渭集》，中華書局 1999 年版。

45. 〔明〕董其昌撰 《容臺文集詩集別集》，四庫全書存目叢書，齊魯書社。

46. 〔清〕劉熙載撰 《劉熙載集》，劉立人、陳文和點校，華東師範大學出版社 1993 年版。

47. 〔清〕孔尚任撰 《桃花扇》，人民文學出版社 1994 年版。

文學類

1. 〔宋〕劉義慶撰 《世說新語》，上海古籍出版社 1982 年版。

2. 〔宋〕黃庭堅著 《山谷題跋》，屠友祥校注，上海遠東出版社 1999 年版。

3. 〔宋〕洪邁撰 《容齋隨筆》，上海古籍出版社 1995 年版。

4. 〔元〕陶宗儀著 《南村輟耕錄》，中華書局 1980 年版。

5. 〔宋〕孫紹遠輯 《聲畫集》，文淵閣四庫全書本，臺灣商務印書館。

6. 〔宋〕邵雍著 《擊壤集》，文淵閣四庫全書本，臺灣商務印書館。

7. 〔宋〕費袞撰 《梁谿漫志》，文淵閣四庫全書本，臺灣商務印書館。

8. 〔宋〕釋惠洪撰 《石門文字禪》，文淵閣四庫全書本，臺灣商務印書館。

9. 〔宋〕釋惠洪撰 《冷齋夜話》，文淵閣四庫全書本，臺灣商務印書館。

10. 〔宋〕何薳撰 《春渚記聞》，中華書局 1983 年版。

11. 〔宋〕邵博撰 《邵氏聞見後錄》，中華書局 2006 年版。

12. 〔宋〕王灼撰 《碧雞漫志校正》，岳珍校正，巴蜀書社 2000 年版。

13. 〔宋〕張舜民撰 《畫墁集》，文淵閣四庫全書本，臺灣商務印書館。

14. 〔宋〕釋惠洪等撰 《稀見本宋人詩話四種》，張伯偉編校，江蘇古籍出版社 2002 年版。

15. 〔宋〕魏慶之編 《詩人玉屑》，古典文學出版社 1958 年版。

16. 〔宋〕蘇軾著 《東坡題跋》，許偉東注釋，人民美術出版社 2008 年版。

17. 〔宋〕蘇軾著 《東坡志林》，中華書局 1997 年版。

18. 〔明〕姜紹書撰 《無聲詩史》，印曉峰點校，華東師範大學出版社 2009 年版。

19.〔明〕何良俊撰　《四友齋叢說》，中華書局 1959 年版。

20.〔清〕厲鶚輯撰　《宋詩紀事》，上海古籍出版社 2008 年版。

21.〔清〕何文煥輯　《歷代詩話》，中華書局 1997 年版。

22.〔清〕丁福保輯　《歷代詩話續編》，中華書局 1997 年版。

23.〔清〕王夫之等撰　《清詩話》，上海古籍出版社 1978 年版。

24. 郭紹虞輯　《宋詩話輯佚》，中華書局 1987 年版。

25. 戴武軍著　《中國古代文人生活方式與詩學特式》，廣東人民出版社 2006 年版。

26. 孫立群著　《中國古代的士人生活》，商務印書館 2003 年版。

27. 皮述民著　《王維探論》，臺灣聯經出版事業公司 1999 年版。

28. 王水照著　《宋代文學通論》，臺灣高雄覆文圖書出版社 2000 年版。

29. 諸葛憶兵著　《宋代文史考論》，中華書局 2002 年版。

30. 沈松勤編　《宋代文學國際研討會論文集》，浙江大學出版社 2006 年版。

31. 張海鷗著　《宋代文化與文學研究》，中國社會科學出版社 2002 年版。

32. 張伯偉著　《禪與詩學》，浙江人民出版社 1993 年版。

33. 周裕鍇著　《中國禪宗與詩歌》，上海人民出版社 2000 年版。

34. 衣若芬著　《唐宋題畫文學論集》，臺灣中國交史哲研究所 2004 年版。

35. 衣若芬著　《蘇軾題畫文學論集》，臺灣文津出版社 1999 年版。

36. 孫昌武著　《禪思與詩情》，中華書局 2006 年版。

37. 張節末著　《禪宗文學》，北京大學出版社 2006 年版。

38. 孫昌武著　《佛教與中國文學》，上海人民出版社 2007 版。

39. 張海鷗著　《北宋詩學》，河南大學出版社 2007 年版。

40. 陳慶輝著　《中國詩學》，臺灣文史哲出版社 1994 年版。

41. 朱光潛著　《詩論》，臺灣頂淵文化事業有限公司 2004 年版。

42. 王樹海著　《詩禪證道》，新星出版社 2007 年版。

43. 程傑著　《北宋詩文革新研究》，內蒙教育出版社 2000 年版。

44. 傅璇琮、李珍華著　《河嶽英靈集研究》，中華書局 1992 年版。

45. 王水照、崔銘著　《蘇軾傳》，天津人民出版社 2000 年版。

46. 林語堂著　《蘇東坡傳》，宋碧雲譯，臺灣遠景出版事業公司 1997 年版。

47. 陶文鵬著　《蘇軾詩詞藝術論》，上海古籍出版社 2001 年版。

48. 劉乃昌著　《蘇軾文學論集》，齊魯書社 2004 年版。

49. 王水照著　《蘇軾論稿》，臺灣萬卷樓圖書有限公司 1994 年版。

50. 李廣揚、李勃洋著 《蘇軾禪學》，臺灣遠流出版事業股份有限公司 2004 年版。

51. 張惠民、張進著 《蘇軾文化人格與文藝思想》，人民文學出版社 2004 年版。

52. 王啓鵬著 《蘇軾文藝美論》，中山大學出版社 2007 年版。

53. 劉國珺著 《蘇軾文藝理論研究》，南開大學出版社 1984 年版。

54. 謝桃坊著 《蘇軾詩研究》，巴蜀書社 1987 年版。

55. 曾棗莊著 《三蘇文藝思想》，學海出版社 1995 年版。

56. 鄭幸朱著 《蘇軾以賦爲詩研究》，臺灣文津出版社 1998 年版。

57. 翟勇著 《晚明江南名士風貌管窺》，廣西師範大學出版社 2016 年版。

58. 王遜、周群注譯 《新譯徐渭詩文選》，臺灣三民書局 2016 年版。

59. 王鋼著 《徐渭》，臺北知書房出版社 2000 年版。

60. 戴麗珠著 《蘇東坡詩畫合一之研究》，臺灣文津出版社 2007 年版。

61. 冷成金著 《蘇軾的哲學觀與文藝觀》，學苑出版社 2004 年版。

62. 朱靖華著 《蘇軾論》，京華出版社 1997 年版。

63. 饒學剛著 《蘇東坡在黃州》，京華出版社 1999 年版。

64. 唐玲玲、周偉民著 《蘇軾思想研究》，文史哲出版社 1996 年版。

65. 曾棗莊著 《三蘇研究》，巴蜀書社 1999 年版。

66. 鄭芳祥著 《蘇軾貶謫嶺南文學作品主題研究》，巴蜀書社 2006 年版。

67. 蘇軾研究學會編 《論蘇軾嶺南詩及其他》，廣東人民出版社 1986 年版。

68. 潘殊閒著 《葉夢得與蘇軾》，巴蜀書社 2009 年版。

69. 陶文鵬著 《蘇軾詩詞藝術論》，上海古籍出版社 2001 年版。

70. 蘇軾研究學會編 《論蘇軾嶺南詩及其他》，廣東人民出版社 1986 年版。

71. 張惠民、張進著 《士氣文心：蘇軾文化人格與文藝思想》，人民文學出版社 2004 年版。

72. 張毅、陳翔編著 明代著名詩人書畫評論匯編，南開大學出版社 2016 年版。

書畫類

1. 〔唐〕張彥遠著 《法書要錄》，人民美術出版社 2005 年版。
2. 〔唐〕張彥遠著 《歷代名畫記》，人民美術出版社 1983 年版。
3. 〔唐〕朱景玄撰 《唐朝名畫錄》，四川美術出版社 1985 年版。
4. 〔唐〕段成式著 《寺塔記》，人民美術出版社 2005 年版。

5. 〔宋〕郭若虛著 《圖畫見聞志》，人民美術出版社 2005 年版。

6. 〔宋〕黃休復撰 《益州名畫錄》，人民美術出版社 2005 年版。

7. 〔宋〕鄧椿著 《畫繼》，人民美術出版社 2005 年版。

8. 熊志庭等編 《宋人畫論》，湖南美術出版社 2003 年。

9. 潘運告編 《宋人畫評》，湖南美術出版社 2004 年。

10. 〔宋〕佚名著 《宣和畫譜》，俞劍華注，江蘇美術出版社 2007 年版。

11. 〔宋〕黃伯思撰 《宋本東觀餘論》，中華書局 1988 年版。

12. 〔元〕夏文彥撰 《圖繪寶鑑》，文淵閣四庫全書本，臺灣商務印書館。

13. 〔元〕湯垕撰 《畫鑑》，文淵閣四庫全書本，臺灣商務印書館。

14. 〔明〕董其昌著 《畫禪室隨筆》，江蘇教育出版社 2005 年版。

15. 〔明〕董其昌著 《畫旨》，西泠印社出版社 2008 年版。

16. 〔明〕唐志契著 《繪事微言》，人民美術出版社 2005 年版。

17. 〔明〕何良俊撰 《四友齋叢說》，續修四庫全書，臺灣商務印書館 1981 年版。

18. 〔明〕曹昭撰 《格古要論》，文淵閣四庫全書本，臺灣商務印書館。

19. 〔明〕李日華撰 《六研齋筆記》，文淵閣四庫全書本，臺灣商務印書館。

20. 〔明〕朱存理撰 《趙氏鐵網珊瑚》，〔明〕趙琦美編，文淵閣四庫全書本，臺灣商務印書館。

21. 〔明〕張丑撰 《清河書畫舫》，文淵閣四庫全書本，臺灣商務印書館。

22. 〔清〕張照等撰 《石渠寶笈》，文淵閣四庫全書本，臺灣商務印書館。

23. 〔清〕王原祁撰 《麓臺題畫集》，續修四庫全書，臺灣商務印書館 1981 年版。

24. 〔清〕盛大士撰 《溪山臥遊錄》，續修四庫全書，臺灣商務印書館 1981 年版。

25. 〔清〕鄒一桂撰 《小山畫譜》，文淵閣四庫全書本，臺灣商務印書館。

26. 〔清〕陳邦彥輯 《御定歷代題畫詩類》，人民美術出版社 1995 年版。

27. 〔清〕鄭燮著 《板橋題畫》，張素琪編注，西泠印社出版社 2006 年版。

28. 俞劍華編 《中國古代畫論類編》，人民美術出版社 2004 年版。

29. 潘運告編注 《中國歷代畫論選》，湖南美術出版社 2007 年版。

30. 陳中浙著 《蘇軾書畫藝術與佛教》，商務印書館 2004 年版。

31. 湯麟編 《中國歷代繪畫理論評注》，隋唐五代卷，湖北美術出版社 2009 年版。

32. 楊成寅編 《中國歷代繪畫理論評注》，宋代卷，湖北美術出版社 2009 年版。

33. 張強著 《中國畫論體系》，河南美術出版社 2005 年版。

34. 陳傳席著 《中國山水畫史》，江蘇美術出版社 1988 年版。

35. 陳傳席著 《中國繪畫美學史》，人民美術出版社 2006 年版。

36. 鄭午昌著 《中國畫學全史》，上海書畫出版社 1985 年版。

37. 陳師曾著 《中國繪畫史》，中國人民大學出版社 2007 年版。

38. 陳師曾著 《陳師曾畫論》，李運亨等編注，中國書店 2008 年版。

39. 傅抱石著 《中國繪畫變遷史綱》，上海古籍出版社 2006 年版。

40. 傅抱石著 《中國古代山水畫史研究》，南通圖書公司版。

41. 童書業著 《童書業繪畫史論集》，中華書局 2008 年版。

42. 宗白華著 《中國美學史論集》，安徽教育出版社 2006 年版。

43. 呂澎著《兩宋時期山水畫的歷史與趣味轉形》，中國人民大學出版社 2004 年版。

44. 韓剛著 《北宋翰林畫院制度淵源考論》，河北教育出版社 2007 年版。

45. 葛路著 《中國古代繪畫理論發展史》，上海人民美術出版社 1982 年版。

46. 江洛一、錢玉成著 《吳門畫派》，蘇州大學出版社 2004 年版。

47. 鄧喬彬著 《宋代繪畫研究》，河南大學出版社 2006 年版。

48. 徐建融著 《宋代繪畫研究十論》，上海大學出版社 2008 年版。

49. 鄭文著 《江南世風的轉變與吳門繪畫的崛興》，上海文化出版社 2007 年版。

50. 汪滌著 《明中葉蘇州詩畫關係研究》，上海文化出版社 2007 年版。

51. 畢斐著 《歷代名畫記論稿》，中國美術學院出版社 2008 年版。

52. 吳企明、史創新著 《題畫詞與詞意畫》，雲南人民出版社。

53. 李棲著 《兩宋題畫詩論》，臺灣學生書局 1994 年版。

54. 吳敢著 《沈周》，河北教育出版社 2003 年版。

55. 陳辭著 《董其昌》，河北教育出版社 2003 年版。

56. 石莉著 《文徵明》，河北教育出版社 2003 年版。

57. 吳敢著 《沈周》，河北教育出版社 2003 年版。

58. 曹愉生著《唐代詩論與畫論之關係研究》，臺灣文史哲出版社 1997 年版。

59. 戴麗珠著 《詩與畫之研究》，臺灣學海出版社 1993 年版。

60. 曹玉林著 《董其昌與山水畫南北宗》，上海書畫出版社 2003 年版。

61. 嚴善錞著 《文人與畫》，江蘇教育出版社 2005 年版。

62. 萬新華著 《元代四大家》，遼寧美術出版社 2003 年版。

63. 石守謙著 《風格與世變》，北京大學出版社 2008 年版。

64. 李厚澤著　《美的歷程》，天津社會科學出版社 2008 年版。

65. 錢鍾書著　《七綴集》，三聯書店 2008 年版。

66. 李祥林著　《顧愷之》，中國人民大學出版社 2004 年版。

67. 陳滯冬著　《中國書畫與文人意識》，四川美術出版社 2006 年版。

68. 王金山著　《與可、蘇軾》，河北教育出版社 2006 年版。

69. 洪惠鎮著　《吳道子、王維》，河北教育出版社 2004 年版。

70. 李廷華著　《趙孟頫》，河北教育出版社 2004 年版。

71. 了廬、淩利中著　《文人畫新論》，上海畫報出版社 2002 年版。

72. 樓秋華、池長慶著　《趙孟俯畫語錄圖釋》，西泠印社出版社版。

73. 李維琨著　《趙孟頫與吳興畫派》山東美術出版社 2005 年版。

74. 張懋鎔著　《書畫與文人風尚》，文津出版社 1989 年版。

75. 斯爾螽著　《題畫詩話》，四川美術出版社 1987 年版。

76. 衣若芬著　《赤壁漫遊與西園雅集》，線裝書局 2001 年版。

77. 鄭文惠著　《詩情畫意》，臺灣東大圖書公司 1995 年版。

78. 鍾巧靈著　《宋代題山水畫詩研究》，中國社會科學出版社 2008 年版。

79. 韋賓著　《宋元畫學研究》，甘肅人民出版社 2009 年版。

80. 徐建融著　《元明清繪畫研究十論》，復旦大學出版社 2004 年版。

81. 阮璞著　《中國畫史論辨》，陝西人民美術出版社 1993 年版。

82. 薛穎著　《元祐文人集團與元祐體》，天津古籍出版社 2009 年版。

83. 林木著　《明清文人畫新潮》，上海人民美術出版社 1993 年版。

84. 林木著　《論文人畫》，上海人民美術出版社 1987 年版。

85. 林木著　《筆墨論》，上海畫報出版社 2002 年版。

86. 孔壽山著　《唐朝題畫詩注》，四川美術出版社 1988 年版。

87. 周雨著　《文人畫的審美品格》，武漢大學出版社 2006 年版。

88. 陸籽叙著　《題畫詩》，人民美術出版社 2008 年版。

89. 啓功著　《啓功叢稿論文卷》，中華書局 2000 年版。

90. 啓功著　《啓功叢稿題跋卷》，中華書局 1999 年版。

91. 啓功著　《啓功叢稿藝論卷》，中華書局 2004 年版。

92. 啓功著　《啓功叢稿詩詞卷》，中華書局 1999 年版。

93. 尚剛著　《中國古代的畫家與繪事》，北京大學出版社 2007 年版。

94. 徐復觀著　《中國藝術精神》，臺灣學生書局版。

95. 王學仲著　《王學仲談藝錄》，山東畫報出版社 2009 年版。

96. 曹玉林著　《董其昌與山水畫南北宗》，上海書畫出版社 2003 年版。

97. 牟世金等著　《中國古代文論精粹談》，齊魯書社 1992 年版。

98. 壽澤勤著　《中國文人畫思想史探源》，榮寶齋出版社 2009 年版。

99. 張其鳳著　《宋徽宗與文人畫》，榮寶齋出版社 2008 年版。

100. 劉墨著　《中國美學與中國畫論》，人民美術出版社 2006 年版。

101. 陳中浙著　《一超直入如來地》，中華書局 2008 年版。

102. 朱孟實等著　《中國古代美學藝術論》，臺灣木鐸出版社 1985 年版。

103. 林家治著　《文徵明》，河北教育出版社 2011 年版。

104. 石守謙著　《從風格到畫意》，石頭出版股份有限公司 2011 年版。

105. 朵雲編輯部編《清初四王畫派研究論文集》，上海書畫出版社 1993 年版。

106. 朵雲編輯部編　《中國繪畫研究論文集》，上海書畫出版社 1992 年版。

107. 朵雲編輯部編　《董其昌研究論文集》，上海書畫出版社 1998 年版。

108. 《趙孟頫研究論文集》，上海書畫出版社 1995 年版。

工具書、其他

1. 〔漢〕劉歆撰　《西京雜記校注》，〔晉〕葛洪集，劉克任校注，上海古籍出版社 1991 年版。

2. 〔晉〕皇甫謐撰　《高士傳》，文淵閣四庫全書本，臺灣商務印書館。

3. 〔唐〕房玄齡等撰　《晉書》，中華書局 1977 年版。

4. 〔元〕脫脫等撰　《宋史》，中華書局 1977 年版。

5. 〔宋〕范曄等撰　《後漢書》，〔唐〕李賢等注，中華書局 1996 年版。

6. 〔清〕永瑢、紀昀主編　《四庫全書總目提要》，海南出版社 1999 年版。

7. 孔凡禮著　《蘇軾年譜》，中華書局 2005 年版。

8. 四川大學中文系唐宋文學研究室編《蘇軾研究資料彙編》，中華書局 2004 年版。

9. 李福順輯　《蘇軾與書畫文獻集》，榮寶齋出版社 2008 年版。

10. 曾棗莊等著　《蘇軾研究史》，江蘇教育出版社 2001 年版。

11. 中國人民大學中文系編《中國蘇軾研究第一輯》，學苑出版社 2004 年版。

12. 中國人民大學中文系編《中國蘇軾研究第二輯》，學苑出版社 2005 年版。

13. 中國人民大學中文系編《中國蘇軾研究第三輯》，學苑出版社 2007 年版。

14. 顏中其編　《蘇東坡軼事彙編》，丘麓書社 1984 年版。

15. 全宋詩　北京大學出版社 1991 年版。

學位論文

1. 劉小寧　《蘇軾題畫詩研究》，天津師範大學碩士論文。

2. 頓子斌　《文人畫的書法化傾向研究》，中央美術學院博士學位論文。

3. 金鵬　《宋代文人畫風格的生成及其發展研究》，武漢理工大學碩士學位論文。

4. 楊孝鴻　《中國文人畫史上的四大座標》，南京藝術學院博士學位論文。

5. 廖偉　《蘇軾題畫詩考論》，福建師範大學研碩士學位論文。

6. 陳莎莎　《文人士大夫階層與文人畫產生之關係初探》，南京師範大學碩士學位論文。

7. 賈銀花　《試論趙孟頫的文人畫理論與實踐》，山東大學碩士學位論文。

8. 修遠　《文人畫在明代中後期的緣起》，吉林大學碩士學位論文。

9. 許外芳　《論蘇軾的藝術哲學》，復旦大學博士學位論文。

10. 任淑華　《文人繪畫美學中的雅俗觀》，國立成功大學藝術研究所碩士論文（臺灣）。

11. 崔在赫　《蘇軾文藝理論研究》，國立政治大學中國文學研究所博士學位論文（臺灣）。

12. 林紋琪　《董其昌文人畫論的檢討與反思》，私立淡江大學中國文學研究所碩士論文（臺灣）。

13. 施賽男　《何良俊及其「四友齋叢說」研究》，南京師範大學碩士學位論文。

14. 李文海　《文徵明詩文研究》，西北師範大學碩士學位論文。

期　刊

文人畫論部份

1. 郭長虹　《士大夫集團文化性格的完成與文人畫的產生》，南開學報 2004 年 3 期。

2. 韓英傑　《試談中國古化文人畫家的形神觀》，克山師專學報 2002 年 4 期。

3. 李勁松　《文而不弱——蘇軾「文人畫思想的解讀」》，鎮江高專學報 21 卷 3 期。

4. 周雨　《文人畫：戾家抑或行家》，文藝研究 2006 年 9 期。

5. 吳孜　《文人畫的審美流變與審美趨向》，中州大學學報 2007 年 7 月。

6. 蔡松立　《文人畫的審美情趣形式意味》，山東社會科學 2006 年 6 期。

7. 范景中　《文人畫的特色——一個比較的觀點》，新美術 2007 年 6 期。

8. 劉毅青 《文人畫的藝術精神》，惠州學院學報 2006 年 8 月。

9. 辜坤勇 《文人畫的發展及演變》，安陽工學院學報 2006 年 10 月。

10. 侯中淑 《文人畫平淡質樸的審美特徵》，邢臺學院學報 2008 年 6 月。

11. 萬青力 《由「士夫畫」到「文人畫」──錢選「戾家畫」說簡論》，美術研究 2003 年 3 期。

12. 張白露 《北宋末文人畫背景下郭熙藝術再探》，藝術百家 2007 年 5 期。

13. 陳雪影 《中國文人畫意境與畫家心境分析》，池州師專學報 2003 年 1 月。

14. 張璽 《中國文人畫中的「逸」》，貴州大學學報 2007 年 4 期。

15. 李治安 《中國文人畫淺談》，安徽文學 2008 年 8 期。

16. 文柳川 《中國傳統文人畫精神內涵構成分析》，洛陽師範學院學報 2008 年 1 期。

17. 劉向岩 《中國繪畫之文人畫的歷史演進及藝術特徵》，雁北師範學院學報 2006 年 8 月。

18. 任新和 《傅山繪畫與傳統文人畫的關係》，文學藝術 2006 年 1 期。

19. 周靜 《功過不可妄言──關於文人畫的幾點思考》，學院文萃 2007 年 11 月。

20. 堂湘東 《簡論古詩詞與書法在文人畫形成過程中的作用》，藝術理論 2008 年 2 月。

21. 周躍兵 《論文人畫的美學特徵》，藝術探索 2005 年 1 月。

22. 毛沛定 《論中國古代文人畫中的墨戲與心境》，藝術百家 2006 年 3 期。

23. 栗東旭 《淺論文人畫》，開封教育學院學報 2007 年 12 月。

24. 林兵 《淺論趙孟頫對元代文人畫的影響》，聊城大學學報 2007 年 6 期。

25. 蔡星儀 《白陽之「仙」與青藤之「禪」──兼論文人畫之主流與漂變》，大連大學學報 2008 年 2 月。

26. 杜元 《文人書與文人畫》，甘肅教育學院學報 2002 年專輯。

27. 尹滄海 《從王維到蘇軾──論詩畫交融及文人畫的歷史實現》，天津大學學報 2003 年 4 月。

28. 朱絳 《文人畫的號角──蘇軾畫論》，棗莊師專學報 1994 年 3 期。

29. 季若霄 《簡論蘇軾對文人畫理論的貢獻》，四川師範大學學報 1992 年 4 期。

30. 高淮生 《由題畫詩透視中國文人畫家的人格精神》，中國礦業大學學報 2002 年 1 期。

31. 閻景翰 《中國古代畫論和文論的互滲與融合》，陝西師範大學繼續教育學報 2002 年 2 期。

32. 滕志明 《文人畫論：中國古典文學理論研究的重要疆域》，東方叢刊 2008 年 3 月。

33. 傅合遠 《宋元文人畫的審美追求》，文史哲 1999 年 6 月。

34. 鄧喬彬 《論文人畫從北宋到南宋之變》，浙江大學學報 2005 年 9 月。

35. 陳則恕 《文人畫精神實質之我見》，西北師大學報 1992 年 3 月。

36. 沈偉 《北宋文人畫思想情境略述》，美術觀察 2002 年 12 月。

37. 方楚雄 《文人畫衰落之我見》，廣州美術學院美術學報 1997 年。

38. 鄧喬彬 《論北宋文人畫》，東南大學學報 2005 年 3 月。

39. 張萍 《禪宗影響下的北宋文人心態探微》，玉溪師專學報 1996 年 1 期。

40. 張惠民、張進 《簡論蘇軾高風絕塵之美的美學內涵》，蘇州大學學報 2004 年 5 月。

41. 曠浩源等 《神‧意‧道：蘇軾文論、畫論、書論的比較研究》，湖南農業大學學報 2007 年 10 月。

42. 孫國喜、教富斌 《文人畫的「雅化」發展趨勢》，天津大學學報 2006 年 7 月。

43. 吳秋野、周智娟 《新視覺解讀王維畫風及文人畫語權》，北華大學學報 2007 年 10 月。

44. 白琨、楊小霞 《中國古代文人畫家的人格類型其繪畫風格》，宜春學院學報 2007 年 12 月。

蘇軾論部份

1. 朱靖華 《蘇軾的想像創作論——蘇軾藝術創作奧秘之一章》，樂山師範學院學報 2007 年 1 月。

2. 朱靖華 《蘇軾的靈感論》，樂山師範學院學報 2005 年 1 月。

3. 蔣寅 《對王維「詩中有畫」的質疑》，文學評論 2000 年第四期。

4. 楊小莉 《蘇軾學佛禪》，咸陽師範學院學報 2006 年 10 月。

5. 侯薇薇 《詩畫本一律、天工與清新》，延安文學 2006 年 3 期。

6. 原紹鋒 《中國傳統文化的經典體現——論中國文人蘇東坡》，中央財經大學學報 2004 年 8 月。

7. 肖寒 《試論蘇軾的「自然」論文藝觀》，社會科學輯刊 2007 年 2 期。

8. 劉立士 《試論蘇軾傳神論的多樣性及其影響》，內蒙古農業大學學報 2007 年 4 期。

9. 郭莉潔 《一蓑煙雨任平生——論蘇軾作品的生命意識》，成都大學學報 2007 年 12 月。

10. 黃建華 《蘇軾與士大大趣味》，上海大學學報 2002 年 9 月。

11. 張連舉 《論蘇軾詩歌景物描寫的繪畫美》，湛江海洋大學學報 2004 年 4
    期。

12. 楊漢瑜 《論蘇軾出世與入世的矛盾情結》，重慶石油高等專科學校學報
    2004 年 6 卷。

13. 楚冬玲 《東坡書畫藝術探微》，科技信息 2007 年 15 期。

14. 鄧豔斌 《簡論蘇軾文藝創作觀》，郴州師範高等專科學校學報 2003 年 6
    月。

15. 曹洞頗 《論蘇軾「不求形似」的藝術觀》，河南師範大學學報 2003 產年
    2 期。

16. 陳中浙 《論蘇軾「寓意而不留意」——書畫觀的禪門精神》，孝感學院
    學報 2004 年 9 月。

17. 嚴明 《論蘇軾詩歌的繪畫美》，長沙大學學報 1998 年 3 月。

18. 張岩 《論蘇軾跋畫的美學意義》，山東藝術學院學報 2004 年 1 期。

19. 劉俊麗 《從蘇軾自然觀論文藝的創作過程》，和田師範專科學校學報 2006
    年 7 月。

20. 殷坤娣 《簡論蘇軾寓惠時期的審美人格》，惠州學院學報 2005 年 2 月。

21. 呂永 《略論蘇軾詩畫異同說》，武漢大學學報 1986 年三期。

22. 鄺文 《略論蘇軾的禪宗思想及對詩論詩作的影響》，華南師範大學學報
    1995 年 3 期。

23. 高雲鵬 《蘇軾的審醜理論闡釋》，渤海大學學報 2007 年 4 期。

24. 張岩 《蘇軾的性格對其繪畫思想的影響》，陝西師範大學學報 2005 年 3
    月。

25. 沈麗紅 《蘇軾文化人格價值分析》，貴州民族學院學報 2007 年 2 月。

26. 許外芳 《蘇軾藝術哲學論綱》，文學研究 2007 年 10 期。

27. 王曉英 《蘇軾隨物賦形學說的生成及意蘊》，和田師範專科學校學報 2008
    年 7 月。

28. 喬翔 《千古妙文——蘇軾文與可畫篔簹谷偃竹記》《新西部》，2007 年
    24 期。

29. 石海光 《蘇軾藝術意境論淺探》，廣播電視大學學報 2005 年 1 期。

30. 曾棗莊 《蘇軾研究的回顧》，中華文化論壇 1999 年 3 月。

31. 朱靖華 《蘇軾的綜合論及綜合研究蘇軾》，中國人民大學學報 2002 年 3
    期。

32. 金燕《略論蘇軾詩書理論的内在契合及其成因》，樂山師範學院學報 2003
    年 2 月。

33. 莫礪鋒 《蘇軾的藝術氣質與文藝思想》，中國韻文學刊 2008 年 6 月。
34. 張連第 《蘇軾的詩歌理論》，吉林大學社會科學學報 1996 年 1 期。
35. 曾子魯 《試論蘇軾詩詞文會通的主要原因》，江西師範大學學報 1993 年 1 月。
36. 冷成金 《走出自然——從蘇軾䰟山水詩看自然詩化的走向及其意義》，中國人民大學學報 1990 年 4 期。
37. 霍然 《蘇軾「離形得似」與宋代文人畫》，天府新論 2004 年 4 期。
38. 張維《試論蘇軾的美學思想與道學的聯繫》，社會科學研究 1994 年 4 期。
39. 桂鳳 《蘇軾對杜甫題畫詩的接受與發展》，經濟與社會發展 2007 年 12 月。
40. 張忠全 《蘇軾的題畫詩》，四川師院學報 1984 年 4 期。
41. 陳祖美 《「以意逆志」論蘇軾》，文史哲 1994 年 3 期。
42. 張亞平 《蘇軾與文人畫理論的興起》，中華文化論壇 2000 年 2 月。
43. 何玉蘭 《蘇軾畫論對文學欣賞的啓示》，樂山師專學報 1997 年 2 期。
44. 張岩 《蘇軾的性格對其繪畫思想的影響》，陝西師範大學學報 2005 年 3 月。
45. 馬茂軍 《論蘇軾的文人品格與詩風》，學術研究 1997 年 9 期。
46. 凌南中 《論蘇軾的藝術美學思想》，文史哲 1987 年 5 期。
47. 胡軍《論蘇軾畫論形成與魏晉玄學之關係》，衡水學院學報 2008 年 6 月。
48. 饒學剛、朱靖華 《二十世紀蘇軾文學研究述略》，黃岡師範學院學報 2003 年 7 月。
49. 鄒建雄、伍寶娟 《論蘇軾審美本源》，綿陽師範學院學報 2007 年 3 月。
50. 劉穎、王墨玲 《厚積與意造——蘇軾藝術論的學習與思考》，邯鄲農業高等專科學校學報 2004 年 21 卷。

其 他

1. 嚴迪昌 《「市隱」心態與吳中明清文化世族》，蘇州大學學報 1991 年 1 期。
2. 王允端《徐渭繪畫理論與創作實踐之探討》，臺灣國立高雄師範大學 2003 年 15 期。
3. 何惠鑑 《元代文人畫序說》，新亞學術集刊 1983 年第四期。